WALTHER BÜHLER

Das Maß des Regenbogens

WALTHER BÜHLER

DAS MASS
DES REGENBOGENS

Beiträge
zu einer geisteswissenschaftlichen
Natur- und Menschenkunde

Herausgegeben von
Georg Kniebe

VERLAG FREIES GEISTESLEBEN

Wer die mit Liebe betrachtet und...

Die Deutsche Bibliothek – CIP-Einheitsaufnahme

Bühler, Walther:
Das Maß des Regenbogens: Beiträge zu einer
geisteswissenschaftlichen Natur- und Menschenkunde /
Walther Bühler. Hrsg. von Georg Kniebe. –
Stuttgart: Verlag Freies Geistesleben, 1993

ISBN 3-7725-1174-0

INHALT

Vorwort von Georg Kniebe 7

I. Zur Einleitung:
Involution als schöpferisches Weltprinzip 13

II. Wegschritte von einer goetheanistischen
zur kosmologischen Pflanzenkunde

Die Entdeckung der Urpflanze – eine Geistestat 43
  Die Organik am Wendepunkt 50
  Geist-Erleben in der Natur 56

Neue Wege der Heilpflanzenerkenntnis – Metamorphosen
zwischen Stachel- und Giftbildung 63

Die neungliedrige Pflanze – Urpflanze und Kosmos 86

Das Pflanzenleben als Bild der Weltentwicklung 107

III. Lebendige Sternkunde und planetarische Rhythmik

Das Atmen des Makrokosmos 121

Der 33jährige Rhythmus von Sonne und Merkur 136

Marssphäre und Sprachbildung 142

IV. Das anthroposophische Menschenbild als Grundlage
einer erweiterten Medizin

Vom Wesen des Rhythmus im menschlichen Organismus 161
    Der Atemrhythmus im Spannungsfeld der Polaritäten 163
    Das dreigegliederte Nieren-Blasen-System 165
    Der Verdauungstrakt 167
    Zirkulations- und Nervensystem 168
    Vom Ursprung des Rhythmus 169
    Vom Lebenswillen der Organe 170
    Das Wechselspiel der Wesensglieder 171
    Die Rolle von Sympathie- und Antipathiekräften 173
    Krankheit durch Rhythmusstörung 174
    Stärkung der Mitte als Weg zur Gesundheit 175

Der Atemrhythmus als psychosomatisches Lebensgeschehen .. 177
    Der Atem zwischen Lebenswillen und Bewußtseinspol 177
    Ein Spiegel des menschlichen Organismus 179
    Willensmäßige Handhabung 180
    Lautgebung und Sprache 181
    Kosmologische Gesichtspunkte 182
    Das Menschenleben – ein Weltentag 184

Die Haut als Organ des Ich 186
Zur Sinnesfunktion der Herzklappen 208
Die Mundpartie. Eine kosmologische Betrachtung 212

V. Die Bedeutung meditativer Naturerkenntnis

Vom Ursprung und Wesen des sinnlich-sittlichen Fühlens 227
    Moralisches Naturerleben als Aufgabe der Geistesschülerschaft 229
    Vom Ursprung und Wesen des sinnlich-sittlichen Fühlens 239
    Der neue Jogawille und seine Widersacher 249

VI. Vom Leben mit der Erde

Die Erde – ein beseelter Organismus 265
Das Maß des Regenbogens 277

Anmerkungen und Nachweis der Aufsätze 291
Bibliographie: Werke von Walther Bühler 300
Über Walther Bühler 310

VORWORT

Am 2. April 1993 begeht Dr. med. Walther Bühler seinen 80. Geburtstag. Aus diesem Anlaß will der vorliegende Sammelband einen repräsentativen Überblick über sein reiches wissenschaftliches Lebenswerk geben.

Der Forscher, Schriftsteller und Redner Walther Bühler hat sich seit 1945 in der anthroposophisch-goetheanistischen Arbeitsrichtung einen Namen gemacht, den er als Vertreter der Anthroposophie, als Arzt und Menschenkenner immer wieder aufs neue bestätigte. Er sprach zu Ärzten als Arzt und förderte ihre Aus- und Fortbildung; er sprach öffentlich ein breites aufgeschlossenes Publikum durch seine plastischen Schilderungen, seinen lebendigen Sprachstil an, mit dem er Grundgedanken der Anthroposophie stets neu zugänglich machte. Er war aber auch forschender Astronom, Pflanzen- und Menschenkundler und entdeckte überraschende Zusammenhänge im Reich des Mineralischen und des Lebendigen.

Bühler ist ein Goetheanist, d. h. ein Forscher, der die Goethesche Arbeitsmethode weiterzubilden trachtet. Er kann sich dabei auf die erkenntnistheoretischen Grundlagen stützen, die Rudolf Steiner gelegt hat. Sein Goetheanismus stiftet dort Zusammenhänge, wo Einzelergebnisse der Wissenschaft schon vorliegen, in ihrer Beziehung aber nicht gewürdigt worden sind.

Solche Zusammenhänge erforschte Bühler insbesondere zwischen Astronomie und Biologie, einem Arbeitsfeld, dem schon seine Doktorarbeit gegolten hatte. Dabei sah er die Astronomie vornehmlich als Rhythmologe, hier war er schöpferisch erkennend tätig. Man muß sich nur bewußtmachen, daß Rhythmus ein Urphänomen des Lebens ist, und man sieht das weite Feld Bühlerscher Forschung vor sich.

Bloß als typischer Goetheanist mag Bühler allerdings auch nicht gelten. Er sucht tiefer zu dringen, als es Goethe zu seiner Zeit möglich war. Hierzu greift er die Gedankenfülle und -tiefe der Anthroposophie auf.

Von Walther Bühler sind etliche Bücher und eine Fülle von Einzelaufsätzen erschienen. Die Bücher sind meist gut zugänglich, einige werden immer wieder neu aufgelegt. Anders sieht es bei den Zeitschriftenartikeln aus. Sie enthalten aber nicht selten eigenständige Forschungsergebnisse, die nicht verlorengehen dürfen. Einen Überblick über diesen bedeutenden Schatz an Arbeitsresultaten zu geben, ist das Anliegen der vorliegenden Sammlung. Naturgemäß hält sie sich deshalb von den bekanntesten Erfolgstiteln Bühlers – wie z.B. den weitverbreiteten *Merkblättern des Vereins für ein erweitertes Heilwesen* – fern. Das weniger Bekannte, das Besondere sollte hier als Anregung für Leser gesammelt werden, die Bühler schätzen oder in seine Arbeitsweise Einblick nehmen wollen.

Den Anfang der Sammlung bildet die schriftliche Ausarbeitung eines Vortrags, den Bühler vor Patienten des von ihm geleiteten Paracelsus-Krankenhauses hielt. Hier wird grundlegend die Goethesche Idee von Polarität und Steigerung auf Werden und Vergehen in der Natur angewendet und der Stufenbau der Naturreiche in ihrem Licht neu durchsichtig gemacht.

Der erste Themenkreis unserer Sammlung enthält pflanzenkundliche Betrachtungen. Ausgangspunkt ist eine Einführung in die Goethesche Metamorphosenlehre. Die Aufsätze, die sich anschließen, suchen konkret die Verbindung der Pflanzenerkenntnis mit den Gesetzen des Kosmos, insbesondere der Planetenbewegung. Daraus sind Betrachtungen erwachsen, die die Stufen der Pflanzenmetamorphose an die Gesetzmäßigkeiten der einzelnen Planeten anschließen und so den Ausblick auf eine künftige kosmologische Pflanzenkunde eröffnen.

Bühlers Ausgangspunkt in seiner gesamten wissenschaftlichen Arbeit, seine Dissertation über Lunarperiodik und Nativität, zeigte bereits einen Bezugspunkt seines Forschens an: die Betrachtung von Sternengesetzen und ihrer Bedeutung für den Menschen. Die meisten der in Teil III wiedergegebenen Aufsätze handeln von planetarischen Rhythmen; einige hat Bühler selbst erst in die Betrachtung eingeführt. Die gründlichsten Arbeiten sind in verschiedenen Jahrgängen des *Sternkalenders* enthalten, in denen er seine Forschungen niederlegen konnte. Einige weniger spezialisierte darunter sind hier in die Sammlung aufgenommen.

In seinem Buch *Der Leib als Instrument der Seele* hat Bühler weit ausholend das anthroposophische Menschenbild aufgebaut. In den vorliegenden Aufsätzen von Teil IV variiert er das Thema vielfältig. Beherrschendes Motiv der Betrachtung ist das Wesen des menschlichen Rhythmus. Dabei geht es ihm nicht nur um Rhythmen, die dem Menschen eingeprägt sind, sondern auch um die Rhythmik der eigenen Lebensgestaltung, d. h. um einen hygienischen Aspekt. Einige Beiträge enthalten wichtige goetheanistische Entdeckungen, so die Aufsätze über «Die Sinnesfunktion der Herzklappen» oder «Die Mundpartie».

Neben seinen Forschungen zu einzelnen naturwissenschaftlichen Problemen hat Walther Bühler auch Fragen einer goetheanistisch-anthroposophischen Methodik reflektiert. Bedeutende Beiträge stellte er in Zeitschriften für einen anthroposophisch vorgebildeten Leserkreis dar. So will auch der Aufsatz aus Teil V gelesen werden. Daß auch die methodischen Überlegungen aus dem Herzen der Anthroposophie heraus nicht vergessen werden, ist ein Anliegen des Autors und des Herausgebers.

Den Schluß der Sammlung bilden zwei Aufsätze, die den Blick auf Wesen und Erscheinungen unseres Planeten richten.

An der Zusammenstellung des Materials, das im Auftrag der Pädagogischen Forschungsstelle beim Bund der Freien Waldorfschulen gesammelt wurde, hat Walther Bühler selbst einen großen Anteil. Die weitere Arbeit besorgte Herr Angelus-Johannes Redslob, der auch die Bibliographie erstellte. Ihm sei herzlich gedankt.

Stuttgart 1992   *Georg Kniebe*

I.

ZUR EINLEITUNG

INVOLUTION
ALS
SCHÖPFERISCHES WELTPRINZIP

In der Herbsteszeit geht man mit anderen Gefühlen in die Natur hinaus als im Frühling, denn die Natur zeigt sich uns von der niedergehenden Seite. Die Lebensprozesse, die wir im Pflanzenreich und im Tierreich in Frühling und Sommer in so erfreuender und erfrischender Weise kennengelernt haben, sind im Rückgang begriffen. Die Pflanze geht als einjährige Pflanze durch einen Absterbeprozeß hindurch, durch die Ruhe des Samenkorns. Sie verschwindet in ihrer ganzen Gestalt, und viele Tiere gehen in die Winterstarre über oder in den Winterschlaf. Auch da tritt das Leben weitgehend zurück. Mit der Kälte, mit der Armut von Wärme und Licht im Winter, mit der Schneedecke, die alles zudeckt, treten wir ja wirklich in die Jahreszeit ein, die wir als die Jahreszeit des Todes bezeichnen können. Und der Herbst ist eben der Übergang zu dieser eigentümlichen Zeit, in der die Naturgewalten, die dem Leben feindlich sind, das Leben fast ganz zurückdrängen. Es ist die Zeit, in welcher der Regentropfen sich in den schönen Schneekristall umwandelt, die Zeit, in der die leblose Natur in ihrer Eigengesetzlichkeit stärker hervortritt und uns zum Bewußtsein bringt, daß sie im Bereich der Erde einen eigenen Bereich, den Bereich des Anorganischen, des Leblosen darstellt. Ihm können nur durch ganz besondere Umstände und Einwirkungen die Reiche des Lebens abgerungen werden.

So gemahnt uns der Herbst mit seinen Abbauvorgängen, mit

seinem Hinwelken an das eigene Altwerden, an die Abbauvorgänge, die Rückbildungsvorgänge im eigenen Organismus. Und da liegt die Gefahrenseite, wo der Herbst droht, uns gewissermaßen melancholisch zu machen, oder von uns eine gewisse Aktivität fordert, um eben das zu überwinden oder um im Innern etwas aufzubauen an Lebensstimmung, welches uns die Natur draußen zu versagen scheint. Es ist also die Betrachtung des Herbstes für den Menschen verknüpft zugleich mit der Frage des rechten Alt-Werdens und des Verlierens der Angst vor Alter und Tod. Wir dürfen uns da an das Wort Goethes erinnern, der hinblickt auf die Absterbe- und Todesprozesse, die in der Natur so überreich in Erscheinung treten, und sagt: «Der Tod ist der Kunstgriff der Natur, um mehr Leben zu haben.» Goethe blickt auch auf das Negative, den Tod, hin und versucht einen tieferen Sinn darin zu erblicken; er glaubt ihn in einer Steigerung des Lebens zu finden. Eine solche Betrachtung ist wirklich ganz tief aus der Art hervorgeholt, wie Goethe als Natur- und Lebensbetrachter selbst im Leben gestanden hat. Er hatte vom Leben eine ganz besondere Auffassung, die gewissermaßen immer moderner und moderner wird. Er konnte das Leben niemals nur als eine Summierung der anorganischen Vorgänge der Natur betrachten. Mit anderen Worten: Er war fern von einer bloß materialistischen Auffassung der Lebensprozesse. Das ist nicht selbstverständlich; denn unendlich viele Erklärungsversuche dessen, was ein Organismus ist, gipfeln in der Idee, es liege nur eine Verkomplizierung und bloße Summierung der schon bekannten chemischen oder physikalischen Gesetze vor. Das Leben sei gar nichts Besonderes, es sei eben nur ein vielfaches Sich-Zusammenbauen der schon bekannten Naturgesetze. Wer so denkt, erklärt das Leben aus dem Leblosen, aus dem anorganischen Bereich heraus.

Für Goethe war eine solche Auffassung unmöglich, und das zeigt er uns in seiner Pflanzenlehre, in seiner Metamorphosenlehre. Hier hat er ja in einer ganz neuen Art versucht, sich grundlegende

Gedanken über das Wesen des Lebendigen, zunächst des organisch Lebendigen, zu machen. Goethe entdeckt die Abwandlung des Blattes, entdeckt, daß das Blatt das Urorgan ist, das alle Gestalten der Pflanzen hervorbringt. Er sieht, wie das Blatt durch Zustände der Ausdehnung und der Zusammenziehung hindurchgeht. Er sieht, wie bei der typischen einjährigen Pflanze keine Blüte zustande kommt, ohne daß das grünende Sprießen, die Ausdehnung auf der Sproßblattstufe, langsam in den sogenannten Hochblättern, in den blütennahen Sproßblättern, zurückgebildet wird. Er spricht von der Zusammenziehung des Blattes, das ja bis zu den Kelchblättern, wo immer noch verkümmerte grüne Blättchen da sind, zurückgebildet wird. Erst durch diese Zurückbildung, durch die Zusammenziehung, wie Goethe sagt, wird die neue Ausdehnung im Blütenblatt möglich. Und wiederum entdeckt Goethe: Ein Übergang aus dem Blühen ins Fruchten als dem dritten Stadium pflanzlichen Wachstums ist nur möglich über die Rückbildung des wunderbaren Blütenblattes in Staubgefäße, in welche das Blütenblatt sich zusammenzieht. Dabei geht das Blatt wirklich in einen Abbauprozeß über, der in einen Zerstörungsprozeß mündet: Es zerstäubt. Aber Goethe erkennt eben im sogenannten Staubgefäß das Staub*blatt*, ein zurückgebildetes Blatt. Und in der dritten Zusammenziehung, im Samen mit den Keimblättern, geht nun die ganze Pflanze wie in ein Nichts über. Es ist die äußerste Zusammenziehung, die der Pflanze überhaupt möglich ist. Sie verschwindet als Ganzes in einem kleinen, unscheinbaren, äußerlich wie toten Körnchen. Goethe spricht davon, daß erst durch das Gegenspiel, durch die Polarität von Ausdehnung und Zusammenziehung, die Steigerung des Lebendigen zustande kommt, die Steigerung des sprießenden Lebens zum blühenden Leben zum Beispiel.

Was Goethe Zusammenziehung nennt, ist aber ein gelenktes organisiertes Absterben. Dieses Absterben ist nicht von außen bewirkt, wie es vorliegt, wenn eine Pflanze durch Wassermangel verwelkt oder einfach zugrunde geht, weil ich sie abgepflückt habe.

Ein solches gelenktes, aktives Sich-Zurückbilden nennen wir *Involution*. Wie wir das sprießende, blühende, fruchtende Leben in der *Evolution* sehen, in der voranschreitenden, aufbauenden Entwicklung, so gehört zum Gesamtbegriff der Entwicklung der Begriff der Involution. So sprechen wir ja auch etwa beim alternden Menschen von einem Involutionsprozeß und nicht bloß von einem einfachen, langsamen Zugrundegehen. Es ist da eben ein Unterschied.

Goethe sieht in der Dynamik der dreifachen Ausdehnung und Zusammenziehung der Blätter, in der Polarität und in der Rhythmisierung, die dadurch zustande kommt, ein schaffendes, aktives Lebensprinzip. Er sieht, wie die Pflanze mit der Materie, mit dem Stofflichen, ringt und wie ein Höheres mit der Urform des Blattes spielt; er findet dieses Höhere, die eigentliche Gesetzmäßigkeit der Pflanze, in dem, was er Urpflanze nennt. Für ihn ist die Urpflanze das in allen einzelnen Pflanzen, in jedem pflanzlichen Organismus auftretende, schaffende, der Materie übergeordnete Lebensprinzip. Da er es nur gedanklich fassen kann, sprechen wir von der Idee der Urpflanze. Aber die Idee ist jetzt nicht etwas bloß Ausgedachtes, Nominalistisches, welches in einem Menschengehirn durch Zufall entsteht. Nein! Wir können sagen: Diese Idee ist auch da, ohne daß der Mensch sie denkt; sie waltet als schaffende Macht in der Natur und hat die Kraft, die Materie umzugestalten. Der Einschlag dieses schaffenden Prinzips ringt der anorganischen Weltenebene, ringt der toten Materie das Leben ab. Und so ist für Goethe dieses Sich-Zusammenziehen der Sproßblätter, zum Beispiel bei der Rose, wenn ein siebenteiliges Blatt ins fünfteilige übergeht und schließlich bis zum Kelchblatt sich zurückbildet, nicht bloß irgendein zufälliges Sich-eben-Zurückbilden; da sagt Goethe: Die schaffende Idee zieht sich aus der Arbeit an der Materie, im Sproß, langsam wiederum zurück und wird von der Pflanze gleichsam neu eingeatmet, tritt neu im Mantel der Materie in Erscheinung, wenn die Pflanze erblüht. Die Idee ist gewissermaßen im Blütenblatt auf einer höheren Ebene neu inkarniert, obwohl der Ausdruck «sich verfleischlichen», weil die Pflanze kein Fleisch hat, nicht ganz angebracht ist. Im Pollenstaub, in der Auflösung des Blütenblattes, befreit sich erneut dieses schaffende Prinzip von der Verhaftung an die organische Materie und löst sich heraus. Es greift danach neu Fuß, strebt neu schaffend hinein, und jetzt kommt es wirklich zu einer Inkarnation, zu einer Verfleischlichung: im Fruchtfleisch! Und im Samenkorn hat sich dieses schaffende Prinzip erneut zurückgezogen und wartet ab, bis die Bedingungen da sind, um materiell neu in Erscheinung treten zu können.

Die geschilderte Ausdehnung und Zusammenziehung ist, man könnte sagen, ein Atmen dessen, was da immer noch sehr abstrakt «Idee» genannt wird in der Stoffeswelt. Wir blicken auf ein rhythmisches Geschehen, auf ein Ineinanderwirken zweier Welten. Eine übermaterielle Daseinsebene, die hineingreift in die materielle Ebene, ruft dort stufenweise die Erscheinung der Pflanze hervor. So gesehen ist Involution Rückgang, Absterben, aber gelenktes Absterben, eben ein aktiver Prozeß dieses Prinzips, das sich systematisch aus der Verhaftung an die Sinneswelt zurückzieht und von dieser Bindung an die Materie relativ befreit. Wir können nicht einfach sagen, nur im Einatmen seien wir aktiv und im Ausatmen ganz passiv. Wenn wir sprechen oder singen, können wir sogar die größte Aktivität in die Ausatmung nehmen. So, möchte man sagen, kann eine größte verborgene Aktivität darin liegen, etwas, was man erreicht hat, eine Stufe, die man sich aufgebaut hat, zu verlassen, aber gelenkt, organisiert zu verlassen. Das ist der Ausatmung vergleichbar. Und so wird für Goethe der Rückgang, die Involution, die er Zusammenziehung nennt, der Kunstgriff der Natur, um mehr – nein, um *höheres* Leben zu haben. Es gibt ohne Rückbildung, ohne «Absterben» des Sprosses, ohne die Involution des Sprießens kein neues Aufleben in der Blüte. Die Steigerung zu einer höheren Lebensstufe ist nach Goethe nur möglich, indem vorangeht eine Involution, ein dem Leben sozusagen feindlich gesinnter Prozeß. Für Goethe ist also die Entwicklung des Lebens nie ein einfaches kontinuierliches Emporstreben, sondern ist gewissermaßen ein Bergauf und -ab. Prozeß und Gegenprozeß wechseln sich ab. Überall dort, wo die äußere Erscheinung zurückgeht, wird die Voraussetzung geschaffen für einen neuen Durchbruch der schaffenden Idee und für eine Steigerung des Lebens.

Goethe war sich bewußt, daß diese Art der Anschauung auf die gesamte Natur angewendet werden kann, und hat selbst einmal gesagt, er möchte am liebsten auch noch nach Indien reisen, um dort alle neuen Pflanzen so anzusehen, wie er es konnte. Er wußte, daß man seine Art des naturwissenschaftlichen Vorgehens, ein der organischen, der belebten Natur gemäßes Vorgehen, auf alle lebendigen Naturreiche anwenden könnte.

Gehen wir nun mit diesem Gedanken an die Natur heran, dann bemerken wir, daß das große Gesetz der Polarität, der Rückbildung und Steigerung, bereits waltet, wenn aus dem anorganischen, toten Bereich das Reich des organischen Lebens entsteht. Die anorganische Welt bildet, wenn sie in ihren eigenen Gesetzen in besonders schöner, kräftiger und ungestörter Weise hervortritt, den Kristall aus. Der Kristall ist die höchste Stufe, welche die Materie durch die mit ihr verbundenen physikalischen und sonstigen Gesetzmäßigkeiten in dieser Sinneswelt erreichen kann. Wir können nun nicht sagen, die Natur gehe so vor, daß sie diese schöne Gestalt des Kristalles noch etwas verbessere, umbilde und abwandle, und dann entstehe eine Pflanze. Das ist ganz ausgeschlossen. Die Voraussetzung dafür, daß in dieser kristallinen, toten, anorganischen Welt lebendige Gestalten, wie Blätter oder Blüten, auftreten, ist, daß der Kristall zurückweicht, daß alles, was hart, kantig, geradeflächig ist, vernichtet und zertrümmert wird. So verwittern ganze Gebirgsmassive durch die meteorologischen Prozesse, durch Luft, Wasser, Eis, Schnee, versanden und werden eingeebnet. Der Berg muß sozusagen involviert werden, damit die Abgründe zum fruchtenden Tale sich füllen, und die Füllmasse ist ja die rückgebildete kristalline Welt. Das Zermahlene ist die Voraussetzung dafür, daß in der Ebene, im Tal, überhaupt etwas anderes eingreifen kann.

In ähnlicher Weise muß die Schwerkraft überwunden werden; denn die Pflanze wächst ja entgegen der Schwerkraft, sie richtet sich auf und saugt das Wasser in einer schwer durchschaubaren Weise bergan empor. Alle Gestalten, die sie hervorbringt, sind nichtkristalliner Natur, es sind runde, rhythmisierte, wunderbar flächenhafte Formen, die jeder von den Blattformen her kennt. Da ist die ganze kristalline Gestaltungskraft völlig verschwunden. Das gilt für das Tier, das gilt selbstverständlich auch für den Menschen als ein belebtes Wesen. Würden etwa im Menschen oder an einer Pflanze die Eigengesetze des Kalkes oder Kiesels hervortreten, dann würden wir ja eben verkalken oder versteinern oder verkieseln. Wir könnten nicht lebendige Wesen sein. So könnten wir im gesamten chemisch-physikalischen Geschehen eines Organismus viele Prozesse anführen, die zeigen, wie er sich gestaltet und wie er wächst – Prozesse, die alle nur möglich sind, weil anorganische Kräfte und Gesetze bis zu einem gewissen Grade zurückgedrängt oder überwunden werden, in die Involution hineingetrieben werden. Dann erst wird der Involution die neue Evolution, die lebendige Stufe des Seins, die pflanzliche Stufe, abgerungen. Aber dieses pflanzliche Leben ist in der materiellen Welt nur möglich, weil deren Gesetze zurückgedrängt wurden und aus einem anderen, nichtmateriellen Bereich ein Einschlag erfolgt ist. Mit Goethe können wir also sagen: Die Idee, das geistig Schaffende, ein nicht materiell Greifbares, ein nur in der anschauenden Urteilskraft Auffindbares, ein Übermaterielles greift in die Welt der Materie ein und ringt ihr eine Umbildung ihrer Gesetze ab; so erst entsteht organische Chemie, organische Gesetzmäßigkeit und organische Gestaltung. Hier wird das Zurückdrängen, das Beherrschen, Überwinden der anorganischen Naturgesetze Ausdruck dafür, daß ein höher geartetes Prinzip einschlägt und dadurch zugleich die

Voraussetzung schafft für das Aufsprießen einer neuen Welt. So ist die Pflanze, ja alles Leben Ausdruck der Begegnung zweier Welten. Goethe, der uns durch seine Art der Betrachtung die Möglichkeit gegeben hat, die Natur so anzuschauen, hat etwas ganz Großartiges geleistet, er hat gewissermaßen im Abendlande und für das ganze abendländische Geistesstreben die Möglichkeit geschaffen, eine rein mechanisch-materialistische Betrachtung im Fundament zu überwinden.

Steigen wir auf von der Pflanze zum Tier! Äußerlich bestehen das Tier und die Pflanze aus Materie. Alle diese Stofflichkeit ist, soweit wir es verfolgen können, aus der umgebenden Welt auf irgendeine Weise in den tierischen oder pflanzlichen Organismus hineingekommen. Aber nicht die äußere Gestalt und nicht die Tatsache, daß das Tier aus allen möglichen neuartigen organischen Stoffen besteht, ist das Wesentliche, sondern die Tatsache, daß das Leben im Tier vom organischen Leben zum seelischen Leben aufsteigt. Das Entscheidende ist, daß das Tier oder die Stufe des Lebens im Tier Innerlichkeit gewinnt, daß empfindendes Leben und Erleben möglich wird, daß im Innern eines Organismus Seele auftreten kann, die sich als Lust, als Unlust, Sympathie, Antipathie, in Begierdekräften, Schmerzempfinden, Freudempfinden äußern kann. Wie kommt es nun zur Steigerung des dumpfen, für uns unbewußten organischen pflanzlichen Lebens zum bewußten Leben? Denn das Tier hat ja wie der Mensch die Daseinsstufe des Schlafens und des Wachens, und erst mit dem Erwachen, mit dem In-Tätigkeit-Treten der Sinne beginnt das seelische Leben, an dem das Tier, indem es wächst, sich fortpflanzt und regeneriert, teilhat.

Wiederum wäre es eine ganz verkehrte Auffassung, wenn wir dächten, die Natur mache das organische Leben noch etwas feiner, noch etwas komplizierter, die chemischen Gesetze würden weiter abgeändert, und am Schluß komme aus der organischen Chemie etwas ganz Feines heraus, eben die Seele, die Empfindung und alles, was da im Menschen und im Tier auftritt. Daß das nicht so ist, kann man regelrecht beweisen. Denn es gilt das Gesetz: Ohne die Überwindung der Grundgesetzmäßigkeit pflanzlich-organischer Art sind Aufstieg und Steigerung zum seelischen und bewußten Leben nicht möglich. Wir wissen, daß die Ureigenschaft der Pflanze die Möglichkeit der Assimilation ist. Die Tatsache, daß die Pflanze aus totem Wasser, aus toter Luft bzw. aus dem Bestandteil, den wir Kohlensäure nennen in der Luft, und aus Licht und Wärme lebendige Substanz bilden kann, daß sie ergrünen kann mit Hilfe der wunderbaren Kräfte und Substantialität des Chlorophylls, das Licht so verarbeiten kann, daß die Ursubstanz des Lebendigen, die Stärke, entsteht, das ist der Grundprozeß pflanzlichen Lebens. Es gab in Urzeiten, als das Leben entstand, Pflanzen ohne Wurzeln und Pflanzen ohne Blüten, aber mit dem grünen Blatt fing es an. Und es ist ja auch im Sinne der Goetheschen Betrachtung, daß das Blatt das Urorgan ist; Blüte und Wurzel sind Sekundär-Organe.

Blicken wir nun auf das Tier hin, dann stellen wir in einer ganz grundlegenden Weise fest, daß das Tier die Fähigkeit der Assimilation überwindet, wir können auch sagen, daß der tierische und menschliche Organismus dieser Fähigkeit verlustig geht. Es wäre natürlich ganz großartig, wenn wir bloß unsere Handflächen auszustrecken und dem Lichte entgegenzuhalten brauchten, um ein bißchen in der Handfläche zu ergrünen und uns so aus dem Licht ernähren könnten. Denn Kohlensäure und Wasser sind ja wirklich genug in der Welt da.

Die Pflanze macht das! Sie streckt sozusagen bloß ihre Hände – sprich: Blätter – aus und ist ernährt. Das Tier und der Mensch sind dazu vollkommen unfähig. Die Natur scheut sich also nicht, diese großartige Errungenschaft, das Fundament alles organischen Lebens, preiszugeben und an die Stelle der Assimilation die Dissimilation zu setzen. Die Grundeigenschaft des tierischen Lebens wird so die Atmung. Es wird der geschilderte Prozeß förmlich auf den Kopf gestellt, denn wir nehmen nun Sauerstoff herein und geben die Kohlensäure ab. Die Pflanze dagegen nimmt bekanntlich die Kohlensäure herein und gibt den Sauerstoff ab. Gewiß, es ist in jeder Pflanze schon die Möglichkeit veranlagt, Sauerstoff zu benützen und gewisse Prozesse damit zu vollziehen, aber diese Oxidationsprozesse treten in der Pflanze gegenüber dem Substanzaufbau ganz in den Hintergrund. So kann etwa ein Baum tonnenweise lebendige Substanz bilden, die erhalten bleibt in dem, was wir dann als Zellulose und Holzgerüst kennen. Die Grundlage des tierischen Lebens, des beseelten Lebens ist hingegen die Atmung. Und da ist ein eigenartiger Zusammenhang. Er zeigt sich in der Tatsache, daß die Atmung nur möglich ist über die Hämoglobinbildung, über den roten Blutfarbstoff, der die innere Atmung ermöglicht, indem er den Sauerstoff, den wir einatmen, aufnimmt und weitergibt. Nun ist dieser Blutfarbstoff dieselbe Substanz wie das Blattgrün. Der ganze chemische Aufbau ist der gleiche, nur tritt an die Stelle des Magnesiums das Eisen. Dadurch aber wird die ganze Funktion auf den Kopf gestellt. Indem wir atmen, höhlen wir uns dauernd aus, bauen wir die organische Substanz und das organische Gerüst in uns ab.

Wenn das zum Beispiel ein Baum machte, dann würde er hohl werden. Nun, für den alternden Baum besorgen das die Bakterien, und es gibt ja faules Holz, das leuchtet in der Nacht. In der Tat findet da ein langsamer, gelenkter Oxidations- oder Verbrennungsprozeß statt, und es beginnt die Materie zu glimmen. Wir dürfen uns aber vorstellen, in unserem Organismus, ich will nicht sagen, verfaulen wir fortwährend, aber ich darf sagen, glimmt es fortwährend. Denn wir verbrennen ja! Nun, es entsteht nicht gerade ein großes Licht, aber es glimmt, es wird Substanz abgebaut, und wir spüren dieses innere Feuer, das durch die Atmung einzieht, in der Erwärmung, in der Tatsache, daß wir Warmblütler sind. Aber dafür, daß wir, über die Pflanze hinausgehend, uns von dem direkten Sonnenlicht unabhängig machen und eigene Wärme entwickeln, sozusagen eine eigene Sonnenkraft in uns erschaffen, dafür müssen wir bezahlen mit Substanzabbau. Diese fortwährende innere Aushöhlung im Freimachen von Licht- und Wärmeprozessen ist die Voraussetzung dafür, daß das seelische Leben Platz hat. Es wird also das Grundgesetz, das Goethe entdeckt hat, hier offenbar: Erst die Involution, die Rück- und Umbildung des entscheidenden organischen Prozesses, der Assimilation, macht den Aufstieg zum sich beatmenden, zum beseelten, zu einem sich verinnerlichenden Wesen möglich. Und es ist gewissermaßen tief wahr, wenn in der Bibel steht, daß der Schöpfer Adam, dem Lehm- und Erdenkloß, den lebendigen Odem einhauchte und darauf Adam ein beseeltes Wesen wurde. Da weist die Bibel auf das Geheimnis hin, daß mit dem Atemzug die Voraussetzung zur Beseelung geschaffen wird. Wir sagen ja auch: Es haucht jemand seine Seele aus. Da empfinden wir diesen Zusammenhang, wie mit dem Atem auch die Seele zugleich weggeht. Und umgekehrt wissen wir, wenn das Kind, das soeben geboren ist, den ersten Atemzug macht und dann den ersten Schrei tut: Jetzt lebt es, das ist die Garantie, daß es lebt! Und macht es diesen Atemzug nicht, dann kann es eben nicht weiterleben. Aber Atem ist gegenüber der pflanzlichen Assimilation ein Abbauprozeß und im Gegensatz zur organischen Substanzbildung eine Zerstörung; aber wiederum macht erst dieser Involutionsprozeß den Platz frei für ein Höheres. Und was jetzt in den Organismus hereinkommt, ist eben das beseelende Prinzip. Eine ganz neue, übersinnliche Kräftewelt bricht jetzt herein und zwingt die Pflanze zur Rückbildung. Erst auf dieser Grundlage kann langsam dem organischen Leben beseeltes Leben, tierisches Leben in einer langwierigen Steigerung abgerungen werden. Je mehr die Lebewesen atmen, je mehr Wärme sie entwickeln, um so mehr steigen sie auf vom Kaltblüter zum Wechselblüter und zum Warmblüter. Also die Entwicklung bewußten Lebens ist nur möglich bei einer relativen Involution des organischen Lebens. Selbstverständlich darf die Involution nicht so weit gehen, daß das ganze organische Leben ausgelöscht wird. Es muß aber zurückgedrängt werden, so

wie ja auch nicht alle Chemie und Physik in der Pflanze ausgelöscht wird, damit die Pflanze leben kann. Aber es werden diese
Gesetzmäßigkeiten zurückgebildet und abgeändert.

Nun, wir wissen alle, daß das bewußte Leben beim Tiere und
beim Menschen – und damit eben unser seelisches Leben – sich an
den Sinnesorganen entzündet. Der morgendliche Augenaufschlag
zeigt uns: Jetzt ist die Seele wieder da! Jetzt hat sie ihr Instrument
ergriffen, sie schlüpft sozusagen durch die Tore der Sinnesorgane
in den Leib und kann die Außenwelt ergreifen. Sehen, Hören,
Tasten, Schmecken, Riechen oder was es auch immer ist, heißt ja,
Berührung haben mit der Umwelt, heißt wahrnehmen, heißt
Sinnesempfindung haben, heißt, etwas erleben. Damit sind aber
erst die Voraussetzungen für alles innere seelische Leben geschaffen. Denn ein völlig blinder, völlig tauber, ein völlig unfühlender
Mensch könnte kein Mensch sein: Er wüßte ja nicht, wo er wäre.
So entzündet sich das bewußte seelische Leben durch die Bindung
der Seele an die Sinnesorgane. Aber was spielt sich denn physiologisch ab im Sinnesorgan, im Nerv, ohne den es kein Sinnesorgan
gibt, und was spielt sich ab im Gehirn, wo alle Sinnesnerven hin-
laufen und sich zusammenfassen, wenn die Seele empfindet und
etwas erlebt? Was dabei vorgeht, ist mit einem Wort zu kennzeich-
nen: Es spielen sich ab Abbauvorgänge im Sinnesorgan, in den
Nerven und im Gehirn. Wir können nichts sehen, hören, tasten,
schmecken, ohne unser Nervensystem zu «ruinieren», und den
Beweis dafür können wir alle selbst erbringen. Wir brauchen nur
einmal einen starken Sinneseindruck zu haben, etwa in die aufge-
hende Sonne zu blicken. Dann merken wir sofort, daß die Sinnesempfindung des Lichtes ein Loch in der Netzhaut hinterläßt. Und
es muß erst dieses Loch, das aus der Zerstörung einer organischen
Substanz resultiert, nämlich des Sehpurpurs, wieder zugestopft
werden, die organische Substanz muß erst wieder aufgebaut werden in einem Lebens- und Aufbauvorgang, damit wir weitersehen
können. Und jeder erneute Lichteindruck baut die Netzhaut wie-

der ab. So ruinieren wir unseren Sehnerv, so ruinieren wir mit jedem Wahrnehmen und Vorstellen unser Gehirn. Jemand könnte einwenden: Ja, dann müßten wir aber doch eigentlich bald zugrunde gehen. Wir tun es ja auch beinahe. Stehen wir doch jeden Abend schon am Abgrund der Krankheit; denn die Summierung all dieser Abbauprozesse, mit denen wir unser seelisches Leben bezahlen, spüren wir als abendliche Ermüdung, als die absolute Unfähigkeit, in dieser Weise weiter mit dem wunderbaren Instrument des Sinnes-Nerven-Systems umzugehen. Der Organismus kann sich in dieser fatalen Situation als lebendiges Eigenwesen, welches das pflanzliche Gesetz ja doch auch in sich trägt, nur helfen, indem er das ganze seelische Leben abstellt. Er sagt zur Seele gleichsam: Genug damit, bitte heraus mit dir, es muß jetzt wieder aufgebaut werden aus der pflanzlichen Grundlage des Lebens! So kehren wir jede Nacht im Schlaf in das Paradies pflanzlicher Aufbaukräfte zurück. Und jeden Morgen, indem wir das seelische Leben im Wachen entwickeln, bauen wir erneut die organische Grundlage vom Nervensystem her ab. So sehen wir jetzt nicht nur im Bereich der Mitte, im Bereich des Atmens das Gesetz der Involution verwirklicht, sondern auch im Bereich dieses feineren Atmens, des Atmens der Sinnesqualitäten in den Sinnesorganen. Auch dort ist Involution des organischen Prozesses die Voraussetzung für die Evolution eines seelischen Prozesses. So muß das, was da eingreift und tierbildend, beseelend, bewußtseinsbildend wirkt, dem pflanzlichen Prinzip entgegentreten und es zur Involution führen; dann erst ist Steigerung, seelisches Leben möglich. So gesehen entpuppt sich auch der Wechsel von Schlafen und Wachen nur als ein Sonderfall der Polarität von Involution und Evolution. Aber die Involution in ihrer Summierung bedeutet hier die Unfähigkeit, weiterleben zu können, und führt zur abendlichen Ermüdung. Wir sehen das Grundgesetz verwirklicht: ohne Rückbildung, ohne Abbau, ohne Involution der niederen Stufe kein Aufstieg zu einer höheren Lebensstufe. Wir müssen einen

Preis bezahlen, um uns weiterzuentwickeln. Die ganze Natur muß einen Preis bezahlen, sie muß die Schönheit pflanzlicher Gestaltung in die Vernichtung führen, um tierische Gestalten hervorbringen zu können. Und wenn ein Rind das Gras frißt, der Steinbock auch noch die letzte Arnica abfrißt im Gebirge, dann ist das nur der äußere Ausdruck dafür, daß abgebaut werden muß Pflanzliches, um Tierisches aufzubauen.

Auch in einer anderen Weise spiegelt sich das Urgesetz, das Goethe entdeckt hat. Wir wissen, daß die Tierreihe eine lange Evolutionsreihe darstellt, die durch Jahrhunderttausende geführt hat, daß immer höher entwickelte Tiere auftreten, immer höher organisierte. Je höher organisiert aber ein Tier ist, um so bewußter wird es. Es nimmt das Nervensystem in seiner Ausbildung immer mehr zu, das bewußte Leben nimmt zu, und es entstehen schließlich z.B. die dressurfähigen Tiere, die sogenannten gescheiten oder die intelligenteren Tiere, welche die Stufe des Menschen schon vorbereiten. Der ganze Evolutionsprozeß der Phylogenese des Tierreiches ist also eine Steigerung des seelischen Lebens, des Innenlebens, ein Hinanführen zum bewußtesten Wesen der Schöpfung, zum Menschen. Aber welcher Preis wird gezahlt? Nun, es spiegelt sich das Gesetz in folgender Tatsache: Die Regenerationskraft nimmt mehr und mehr ab, je höher organisiert, je bewußter die Lebewesen sind. Eine Eidechse kann ihren Schwanz noch regenerieren. Aus einem zerschnittenen Regenwurm entstehen zwei lebensfähige Regenwürmer. Eine ungeheure, unvorstellbare Regenerationskraft ist das. Und diese Regenerationskraft nimmt ab, je höher ein Wesen organisiert ist. Sie verschwindet immer mehr, je weiter wir in der Tierbildung, in der Höherentwicklung des Tierreiches vorankommen. Und im gleichen Maße, wie hier die Regenerationskraft, die Lebenskraft zurückgeht, tritt das bewußte Leben hervor, kommt es zur Steigerung des seelischen Innenlebens. Beide Richtungen sind eben einander entgegengesetzt.

Nun ist der Mensch, wie immer auch sein Zusammenhang mit

der Tierreihe sein mag, das bewußteste Wesen der Schöpfung. Die im Tier aufglimmende Innerlichkeit erreicht in ihm einen Höhepunkt. Bewußtsein wird im Menschen zum Selbstbewußtsein. Tierisches Erleben und Lebensgefühl wird im Menschen Selbstgefühl, tierisches, mehr oder weniger noch traumhaft-bewußtes Leben erblüht im Menschen zum Ichbewußtsein. Und nur der Mensch kann die Blüte des Ichbewußtseins hervorbringen. Von diesem Gipfel aus kann er sich nun – rückblickend auf alles, was geworden ist – wie kein anderes Wesen den gesamten Schöpfungsprozeß zum Bewußtsein bringen. Wunderbare Sagen, wo der Schöpfer etwa den Adam auffordert, allen Wesen, allen Tieren, Pflanzen und Steinen ihre Namen zu geben, weisen auf diese Würde und Bewußtseinskraft des Menschen hin, der nicht nur wie das Tier durch die Sinnesorgane die Welt empfindet, sieht, hört, schmeckt, tastet, sondern sich das Geschmeckte, das Gesehene, das Getastete und Gefühlte neu zum Bewußtsein bringt, vorhält, vorstellt und mit einem Namen durchdringt. Das kann der Mensch eben nur, weil er denkt, weil er ein vernunftbegabtes Wesen ist. Wenn wir fragen, wo denn der Mensch seine höchste Wachheit, seine hellste Bewußtseinsklarheit erreiche, dann ist das zweifellos im Denken. Das können wir nicht vom Fühlen, auch nicht vom Wollen behaupten. Im Denken sind wir am wachsten. Wenn ein Mathematiker denkt mit der mathematischen Klarheit und Logik und Konsequenz der Gedankenführung, dann ist wirklich ein Höhepunkt der Schöpfung erreicht – so wie in der anorganischen Schöpfung ein Höhepunkt erreicht ist, wenn etwas allgemein Gestaltendes sich zu einem Bergkristall aufklart oder sich zu einem Edelstein aufschwingt. So ist in der Bewußtseinsentwicklung ein Höhepunkt erreicht, wenn ein Naturforscher mathematisch klar denkt. Dabei erreicht das Leben im Menschen etwas ganz Neues. Es geht seelisches Leben – bloßes Empfinden, bloßes Leben in Sympathie und Antipathie, bloßes Leben in Instinkten, in Trieben, in Begierden – über in selbstbewußtes, in denkendes Leben. Es geht das seelische

Leben des Tieres in das *geistige* Leben über. Im Menschen gewinnt die Schöpfung – abgesehen von der Steigerung der Gestalt zu einem aufrecht stehenden und schreitenden Wesen – eine neue Lebensstufe, die wir als geistige Lebensstufe bezeichnen können. So sprechen wir ja von einem geistigen Leben der Menschheit. Wir können nicht in gleicher Weise sprechen von einem geistigen Leben der Tiere, wohl aber von einem seelischen Leben der Tiere.

Nun entsteht die Frage: Wenn hier wirklich eine neue Lebensstufe in Erscheinung tritt, müßte dann nicht auch hier unser Gesetz gelten, daß dieses Höhere nur in Erscheinung treten kann, wenn das vorher Erreichte zurückgebildet wird? Wiederum können wir nicht erwarten, daß nur durch eine gewisse Verbesserung der tierischen Vorgänge in der physiologischen Ebene oder in der tierpsychologischen Ebene einfach ein Mensch geschaffen wird – auch wenn es die Naturwissenschaft so darstellt, weil sie den Gedanken der Involution als Schöpfungsprinzip nicht kennt. Wenn im Menschen nun wirklich ein Neues einschlägt in die Schöpfung, der Geist, das Unsterbliche, ein göttlicher Funke, dann dürfen wir uns daran erinnern, daß jeder neue Einschlag bisher nur möglich war, indem das Alte irgendwo zurückgebildet wurde. Da nun dieses «Himmelslicht» im Menschen in der Vernunft aufstrahlt, wird es im Denken – auch für die eigene Selbstbeobachtung – am ehesten greifbar sein. So müssen wir einmal fragen: Wo ist denn die Involution, die jeder Vernunftentfaltung parallel geht? Muß denn auch etwas weichen und zurückgedrängt werden, zur Involution geführt werden, wenn wir denken wollen?

Nun, um über etwas nachdenken zu können, braucht man Material. Das Material zum Denken liefert das Erleben, liefern uns die Tore der Sinnesorgane. Denn was wir gesehen haben, was wir gehört haben, was wir erlebt haben, das wollen wir ja, weil wir Menschen sind, innerlich verarbeiten, durchdenken, durchschauen und innerlich beleuchten. Die Philosophen sagen: Nun ja, denken heißt eben, dasjenige, was man gesehen und erlebt hat und in der

Erinnerung als Bilderschatz weiterträgt, mit der Idee zu versehen. Wenn wir zu irgend etwas, was wir gesehen und erlebt haben, im Nachdenken den Begriff gefunden haben, dann ist das Denken zu einem Resultat gekommen. Dann haben wir die Sache verstanden. So findet der denkende Naturforscher das Naturgesetz. Oder man sieht ein bekanntes Gesicht, weiß aber nicht mehr, wer es eigentlich ist. Plötzlich aber weiß man: Ach, das ist der Herr Sowieso. Da ist die Idee, der Gedanke, von innen da. Dann ist die Sache klar, dann braucht man nicht mehr weiter zu denken, wer das ist. Was ist dieses rätselhafte Denken? Nun, das Denken ist ein Verarbeiten der Wahrnehmungen. Und wenn wir etwa dabei zu einem Naturgesetz kommen, das mathematisch formuliert wird, dann sprechen wir ja auch von einer Abstraktion. Wer etwa sieht, wie ein Stein fällt, wie ein Kind fällt, wie irgendeine Kugel eine schiefe Ebene herunterrollt, ein Ball dahinrollt, hüpft und wieder herunterfällt, kann die Geschwindigkeiten, die dabei auftretenden Beschleunigungen usw. studieren. Es gibt tausend Einzelfälle eines solchen Falles. Was ist nun die Aufgabe des Denkens? Alle diese tausend Einzelfälle zu reduzieren, auf ein einziges Gesetz zu bringen und gar nicht mehr an den Kinderball, an die Kugel, an das fallende Kind zu denken, sondern das Gesetz des Falles aufzufinden und zu entdecken, wie es pro Sekunde zu soundsoviel Beschleunigung kommt im Zusammenhang mit der Wirkung der Schwerkraft usw. Was bleibt denn da noch übrig? Ein Gesetz, eine bloße mathematische Formel! Für uns eine Abstraktion. Was heißt denn abstrahieren? Das kommt von trahere = ziehen und von ab = weg; eine Abstraktion heißt ein «Weggezogenes». Eine Abstraktion ist ein von der konkreten Fülle des Daseins, von der Wirklichkeit der Welt Abgezogenes. Nun, wir kennen ja den Ausdruck «Abzüge» in der Fotografie. Da macht man Abzüge, und da wird die Welt immer dünner. Wir werden, wenn der Abzug auch noch so schön und farbig ist, doch nicht behaupten, daß das die Wirklichkeit ist; er ist eben nur ein Bild, mehr oder weniger gelungen, ein Schemen, ein

Schatten der ganz konkreten Wirklichkeit, die draußen weitergeht, weiterwächst, weiter sich gestaltet. Und so empfinden wir Menschen ja vielfach unsere Gedanken nur wie Schatten, wie einen Abglanz der Wirklichkeit. Das aber heißt: Der Gedanke ist unwirklich, ist subjektiv, ist nur ein Schema!

Wenn wir einen Tisch sehen, wissen wir, der sieht so und so aus, der hat vier Beine, besteht aus diesem und jenem Holz. Er hat diese bestimmte Form, ein anderer Tisch eine andere. Wir sehen einen runden Tisch, einen viereckigen. Ja, wir sehen vielleicht sogar einen dreibeinigen Tisch oder einen einbeinigen. Welcher Tisch ist nun der richtige? Wenn wir uns die Idee des Tisches bilden wollen, müssen wir davon absehen, daß ein Tisch vier Beine haben kann; ein ganz großer Tisch kann sogar fünf haben, in der Mitte eine Hauptstütze und vier Nebenbeine. Jeder Tisch hat eine Fläche, sie kann rund sein, sie kann eckig sein. So denken wir nach und kommen allmählich zur Idee des Tisches: eine Fläche – sie kann aus Holz sein, sie kann aus einem ganz anderen Material gearbeitet sein –, die durch eine Stütze hochgehoben ist, so daß sie einer menschlichen Betätigung dienen kann. Ist letztere das Essen, ist es ein Eßtisch, ist es Schreiben, ist es ein Schreibtisch; will man bloß eine Lampe draufstellen und irgendeine Kleinigkeit, ist es vielleicht ein Nachttisch. Doch jetzt fängt die Vielfalt schon wieder an! Wir müssen aber trotz der verschiedenen, konkreten Zwecke aller möglichen Tische zurechtkommen. Was ist also der Tisch als solcher? Die Frage wird schon ganz philosophisch, wird immer abstrakter! Ein Tisch ist also ein Gebrauchsgegenstand für den Menschen. Aus dieser Idee des Tisches kann ein ganzer Beruf geboren werden, der des Tischlers, der nun wirklich weiß, wie man aus dieser bloßen Abstraktion eines Tisches immer wieder in die Konkretheit der Welt kommt. Was wäre ein Tischler, der bloß in der Idee des Tisches steckenbliebe – ein «philosophischer Tischler»? Wir meinen aber den praktischen Tischler, und doch braucht der praktische Tischler für jede Handhabung die Idee des Tisches, den er machen will. Aber was ist diese Idee? Ist sie überhaupt noch etwas? Oder ist sie nur ein blasses Schema, ein Name, um die wahre Wirklichkeit, die aus Holz oder einem anderen Material besteht, zu bezeichnen?

Die ganze Entwicklung des abendländischen Denkens geht darauf hin, das Denken selbst aufzufassen als ein bloßes Etikettenkleben, als ein bloßes Namengeben. Das Denken wurde immer mehr so erlebt, daß der Mensch sagte: *Ich* denke, *ich* bringe die Idee hervor, die Idee ist meine subjektive Angelegenheit, meine Erfindung; ich beanspruche wirklich nicht, daß die Idee eine Realität ist, das ist nur ein Hilfsmittel, um mich in der Welt zurechtzufinden, in der konkreten wirklichen Welt. Die Wirklichkeit aber ist das, was ich sinnlich wahrnehme, und unwirklich ist der Gedanke, er ist ja nur gedacht. Goethe war anderer Meinung! Goethe sieht die Pflanzen, die Kompositen, die Lippenblütler, die Doldengewächse, die Tausende von Einzelarten, von Einzelexemplaren und sucht auch zum Wesen der Sache zu kommen. Er findet dabei auch eine Idee: die Urpflanze. Nun können wir es wie Schiller machen und Goethe zurufen: Das ist bloß eine Idee, das ist bloß gedacht, das ist keine Wirklichkeit! Oder man kann sich auf Goethes Seite stellen und schockiert sein von einer solchen Auffassung, daß das, was der Mensch denkt, nur Schatten sein soll einer materiellen Wirklichkeit. Goethe selbst sagte: Nein, ich sehe doch meine Idee mit Augen, sie ist doch auch eine Art Wahrnehmung, sie ist so real wie jede andere Wahrnehmung! Für Goethe war die Idee ein vom menschlichen Denken unabhängig existierendes, schaffend-schöpferisches Weltprinzip. Sie war etwas Reales. Nun, eine solche Auffassung des Denkens und der Gedanken nennen wir ja Realismus. Und alles, was dahin geht, die Ideen und Gedanken nur als Abklatsch, als Abstraktion und Schatten zu betrachten, nennen wir Nominalismus. Das ganze Mittelalter hindurch ging ja der Geisteskampf zwischen Nominalismus und Realismus, und gesiegt hat der Nominalismus. Das ganze moderne naturwissenschaftliche Denkleben ist bis zu 98 Prozent in sämtlichen Universitäten des westlichen und östlichen – ich meine jetzt nahöstlichen – Geisteslebens beherrscht vom Nominalismus.

Hier entsteht die Aufgabe, in die Erkenntnis des geistigen Lebens das Weltgesetz von Involution und Evolution hineinzutragen. Dann finden wir, wie Goethe denkend, folgenden Prozeß: Da ist, schematisch jetzt, die äußere Wirklichkeit, das sind die Bäume, die Pflanzen, die Tische. Der Mensch nimmt diese Wirklichkeit wahr. Sie verwandelt sich in ihm in Bilder, in viele, viele einzelne Bilder, die er von der Wirklichkeit in sich trägt. Jedes solches Bild ist selbstverständlich keine volle Wirklichkeit. Um die Fülle der Bilder zu bewältigen, um sich zurechtzufinden, um ihre relative Dunkelheit, die Zusammenhänge, die man nicht gleich mitsieht, zu durchschauen, werden die Bilder verarbeitet; dabei werden sie immer blasser; es werden auch immer weniger; die Konkretheit der Bilder verschwindet, und schließlich bleibt scheinbar nur noch übrig: der Gedanke, die Idee. Auf jeden Fall wird die Fülle der Wahrnehmungswelt, der Wahrnehmungen, der Wahrnehmungsbilder immer mehr zusammengezogen, verdünnt, «verpunktet», immer abstrakter gemacht. Und nun ist es jedem überlassen zu sagen: Ja, am Schluß bleibt der Schatten des Schattens, das Bild des Bildes, das Allerunwirklichste, was man überhaupt sich denken kann, übrig – der Gedanke! Denkend leben wir den Schatten dar im Kopfe, wie in einem inneren Gefängnis, durch das nur die Sinnesorgane hinausführen. Oder aber wir erleben eben das Denken so neu und so großartig, daß wir spüren: *Denkend* drängen wir die Materie, das Wahrnehmungsmaterial, immer mehr in den Hintergrund, machen immer mehr Platz und machen es immer dünner und immer weniger, damit eine neue Fülle einströmen kann, damit die geistige Seite der Welt, die *geistige Realität* der physisch wahrgenommenen Realität von innen her begegnen kann. So gesehen heißt denken «sich befreien» vom Material der Wahrnehmung, es zur Involution führen, nicht, indem man es wegwirft, sondern eben organisiert involviert, organisch zum Absterben bringt, verdaut. Wenn dann der rechte Punkt da ist und man den rechten Abstand von der Sinneswelt gewonnen hat, kann das Licht der geistigen Welt über den Funken des denkenden Menschen einschlagen. In diesem Augenblick sagt er: Jetzt wird's hell, jetzt ist die Sache klar. Jetzt durchschaue ich sie, jetzt «geht mir ein Licht auf».

Ja, sollen wir denn nun glauben, daß das Licht des Denkens, das uns aufgeht, daß der gedankliche Zusammenhang und die Idee, welche nun die Fülle der Wahrnehmungsbilder durchleuchtet, daß das ein Nichts ist? Könnte der Schatten der Wirklichkeit etwas beleuchten? Der kann doch nur verdunkeln! Wenn wir den vierbeinigen Tisch innerlich nicht loswerden und über den einbeinigen nachdenken wollen, dann deckt uns der Schatten des Vierbeiners den Einbeiner zu! Wir müssen das loswerden, um die Idee Tisch zu finden. So mußte Goethe die Konkretheit einer Sonnenblume, einer Glockenblume, einer Orchidee loswerden, um die Idee der Pflanze zu finden. Er mußte alle einzelnen Blattformen verarbeiten, damit über die tausend Einzelfälle hinaus das Urgesetz von Ausdehnung und Zusammenziehung überhaupt sichtbar werden konnte. Denken heißt: so viel Abstand nehmen von der Welt der Wahrnehmung, daß man von ihr loskommt, aber doch noch so viel Beziehung hat zu dieser Welt, daß der innere Bezug der geistigen Seite aufleuchten kann.

Es war Rudolf Steiner, der in einer erstmaligen und einmaligen Gedankenarbeit von Jahrzehnten Ende des vorigen Jahrhunderts eine neue, tragfähige Erkenntnistheorie begründet hat. Er hat mit einer Ausgabe der Goetheschen naturwissenschaftlichen Schriften in mühevoller Kleinarbeit und anderen grundlegenden philosophischen Schriften die Menschen hingeführt zu einem neuen Erlebnis des Denkens, zu einer neuen Auffassung des Denkens und damit des Menschen. Er begründete einen modernen Realismus. So sagt Rudolf Steiner: Wer denkt, sucht in der äußeren Wirklichkeit, die nur ein Teil der vollen Wirklichkeit ist, die höhere Wirklichkeit, die dazugehört. Und so gehört zu allem, was in der Wahrnehmungsebene materiell in Erscheinung tritt, ein ideell Schaffendes, Geistiges hinzu. Mit dem Öffnen des äußeren Auges nehmen wir die Außenseite der Welt wahr; denken heißt, ein inneres Auge öffnen, es so weit aufmachen können, daß die geistige Welt hereinkann. Denken heißt, ein Sinnesorgan entwickeln für die geistige Seite der Welt. Denken heißt nicht bloß, die Seele abziehen von der Realität, sondern sich in entgegengesetzter Richtung in eine neue Realität hineinarbeiten. So ist Denken eine reale Arbeit, ein realer Prozeß im Menschen, ein Aufschließen der Beschränktheit seiner subjektiven Organisation. Denken heißt, eine Grenze überschreiten, die die Schöpfung dem Tier ein für allemal gezogen hat, die die Schöpfung dem Menschen ebenfalls gezogen hat; aber dem Menschen gab der Schöpfer die Kraft mit, diese Grenze, diese Befangenheit zu sprengen. Ohne diesen inneren Sprengungsprozeß aus dem Ichpunkte der Vernunft heraus vollziehen zu können, könnte die Verarbeitung der Wahrnehmungen im seelischen Leben nicht eintreten.

Wenn das, was durch die Empfindungskraft der Seele in den Sinnen empfunden und erlebt ist, immer mehr zurückgedrängt, verarbeitet und verdaut wird, dann kann in der Involution des Seelenschatzes, den wir als Gedächtnisbilder, als Wahrnehmungserlebnisse in uns tragen, die Evolution des geistigen Lebens stattfinden. Mit jedem Gedanken blüht und leuchtet auf geistiges Leben! Mit jedem Denken bilden wir Sinneseindrücke zurück, um sie zu vergeistigen. Wir vollziehen denkend einen Involutionsprozeß gegenüber der Welt der Wahrnehmungen, um die Steigerung des inneren Lebens zum geistigen Leben, zum Gedankenleben – jetzt in Realität – vorzubereiten. So ist der wirkliche Philosoph nicht ein abstrahierender Eckensteher in der Welt, wenn er sich selber richtig versteht. So sind wir alle als wirklich denkende Menschen nicht Exemplare, die sich von der Wirklichkeit loslösen, sondern die sich in einem viel tieferen Sinne suchen und finden können. So gibt es für den Menschen wirklich nichts Wichtigeres, als denkend in der Welt zu stehen. Denn denkend verbindet er sich in Freiheit jedesmal neu mit seinem eigentlichen Heimatlande, mit der geistigen Welt, die zu empfangen er sich denkend bereitmachen muß. Daß wir heute als denkende Menschen noch nicht so weit sind, diese geistige Welt in ihrer Fülle zu erfassen, daß sie nur im Abglanz der Ideen und der Vorstellungen sich uns offenbart, das ist eine andere Sache. Aber dadurch, daß sie überhaupt in uns einstrahlen kann, sind wir denkend Seher! Dies spüren wir, wenn wir sagen: Es wird hell, es geht uns ein Licht auf! Wir sind denkend echte Hellseher im Keimstadium. Und deshalb braucht man wirklich nicht Trancezustände zu erstreben und sich hypnotisieren zu lassen, um etwas Besseres über die Welt zu wissen. In solchen Zuständen entfernt man sich tatsächlich von der Wirklichkeit. Das Denken ist das einzige zeitgemäße Tor des abendländischen Menschen, um zur Wahrheit zu gelangen; und in der Wahrheit leben bedeutet, im Geiste leben zu können; aber Geist ist jetzt nicht als ein Abstrahieren, Schematisieren, «Logisieren», Hypothesenmachen gemeint, nein, Geist wird hier als ein Eintauchen in eine schöpferische, schaffende Wirklichkeit erlebt.

So haben wir auf der höchsten Stufe des Lebens, dort, wo das Leben sich am meisten verinnerlicht, im denkenden, ichbewußten Menschen, das Urgesetz der Schöpfung nachgewiesen. So wie die Pflanze, um sich blühend dem Lichte öffnen zu können, das sprießende Blatt zurückbilden muß, müssen wir alle Wahrnehmungsbilder zurückbilden und verarbeiten lernen, damit in dieser Konzentration wie in einer inneren Knospenbildung die Sprengung der menschlichen Organisation auftritt und der Geist einstrahlen kann. Dann können wir sagen: Jetzt habe ich ihn ergriffen, ich halte ihn gleichsam in der Hand und verspüre einen Abdruck, der übrigbleibt; ich nenne ihn daher *Begriff.* Wir können dann spüren, daß er ein Resultat eines schöpferischen Willensprozesses, eines Hineingreifens in die Welt des Geistes ist. Wer klopfet, dem wird aufgetan! Das gilt auch hier. Klopfen Sie ruhig mit den inneren Fingern ihrer Denkbemühungen. Dann wird eines Tages aufgetan. Dann werden sich Fragen lösen, dann wird der Geist uns durchdringen. Derjenige steigt selbst eine Stufe in seinem Menschsein weiter, der über das Denken in rechter Weise nachdenken lernt. Er setzt in seinem Selbstbewußtsein eine neue Blüte an, möchte man sagen. Denn man wächst wirklich als Mensch, man gewinnt ein neues Bild von sich selbst, wenn man merkt, was es heißt, denken zu dürfen, denken zu können.

Was hier auf der Stufe des Erkennens gilt, auf der Erkenntnisebene – denn beim Denken hat man es mit Erkennen zu tun –, das gilt auch für die moralische Ebene. Auch dort muß der Mensch immer neu gezeugt und geboren werden, und wir werden nur so viel Mensch in unserem Willensleben – wo wir ja auf dem Umwege über die Blutprozesse, über die Instinkte, Triebe, Bluts- und Vererbungsgebundenheiten mit dem Tiere verwandt sind – wir werden nur so viel wirklich Mensch in dieser Ebene, wie wir die tierische Natur überwinden. Immer dann, wenn es gelingt, einen Trieb, einen Instinkt, ein Treibendes, was uns unfrei macht, zur Involution zu führen und vom Ich her die Handlung zu leiten im Lichte eines Gedankens, sind wir als handelnde Menschen freie Menschen. Können wir das nicht, dann droht uns der Begriff des Menschen, der Mensch, verlorenzugehen; denn der Mensch, der sich – nehmen wir das einmal an – ganz hingibt seinen Trieben, Instinkten, Egoismen, der droht zum Unmenschen zu werden. Und wir haben hier nur die Wahl, fortwährend den im Keime vorhandenen Unmenschen zu überwinden, zur Involution zu führen, um wahrer Mensch zu werden, oder uns dem Unmenschen auszuliefern. Niemand ist Mensch. Menschsein heißt, fortwährend damit ringen, es sein zu können.

Nun möchte ich abschließen mit einem Ausblick auf eine noch höhere Ebene. Unsere religiösen Vorstellungen sagen: Die Gottheit ist allwissend. Sie sieht alles, und sie wird dargestellt im

Bilde des Dreiecks, aus dem ein Auge blickt. Und wenn sie zuweilen herunterschauen mag auf uns Menschen, so weiß sie ganz gewiß, daß das, was wir werden können, noch lange nicht wirklich ist. Wo tritt denn die Idee Mensch voll in Erscheinung, ohne Trübung durch das Tier, durch die niedere Hüllennatur? Ja, droht nicht die Idee Mensch immer mehr verlorenzugehen? Sie geht tatsächlich immer dort verloren, wo der Mensch z.B. das Denken – und sei es ein noch so hoher Wissenschaftler und noch so intelligenter Mensch – nur nominalistisch auffaßt. Da ist die wahre Idee des menschlichen Seins noch gar nicht geboren. Nun, wir brauchen Übergangsstufen. Es hat vieles seine relative Berechtigung; das Bewußtsein ist ja in der Entwicklung. Aber andererseits sehen wir, wie die Menschheit moralisch abzustürzen droht. Wir haben ja auch in der christlichen Glaubenswelt die Vorstellung des Sündenfalls und sprechen damit aus, daß wir sündige Menschen, d.h. unvollkommene Menschen sind. Wir sind Karikaturen vielleicht nur oder Zerrbilder vom wahren Urbild. Und das Auge des Schöpfers blickt heute auf eine unvollkommene Schöpfung, auf einen Menschen, der seine Freiheit mißbraucht und von dem Mephistopheles in Goethes «Faust» sagen kann.

> Ein wenig besser würd' er leben,
> Hättst du ihm nicht den Schein des Himmelslichts gegeben;
> Er nennt's Vernunft und braucht's allein,
> Nur tierischer als jedes Tier zu sein.

Welch ein Vorwurf der Gegenmacht an den Schöpfer, daß der Mensch Mißbrauch treibt mit der höchsten Kraft, die er besitzt! Das nimmt der Schöpfer wahr und steht sozusagen – nehmen wir das einmal hypothetisch an – vor der Aufgabe oder Frage: Wie kann ich denn den Menschen wieder neu zu sich selber führen? Wie kann ich ihm die Kraft geben, sich überall zu involvieren in seinen Unvollkommenheiten, um sich zu steigern in seinen

Vollkommenheiten? Wie kann ich ihm sein Urbild, so wie es im Urbeginne gedacht war, erneut nahebringen?

Wenn wir auf christlichem Boden stehen, dann können wir zurückblicken um Jahrtausende dorthin, wo Johannes der Täufer am Jordan stand und seinerseits die Menschen aufrief: Metanoeite, denket um! Er, der so in der Menschheit drinnen stand, als Aufrufer zum grundsätzlichen Umdenken, er war ja berufen, jene Taufe zu vollziehen, bei der aus den Wolken heraus die Stimme der Gottheit ertönte: «Dies ist mein vielgeliebter Sohn, heute habe ich ihn gezeuget.» Was ist geschehen? Ein Urvorgang! Der Himmel tat sich auf, und ein Geistwesen inkarnierte sich, ein göttliches Wesen inkarnierte sich in einer leiblichen Hülle; und fortan gab es einen Menschensohn, einen Menschensprößling, der vorher Jesus hieß, der jetzt Gottes Sohn war. Eine Steigerung tritt ein in unserer Sprache. Also ein Mensch schreitet über die Erde, Gefäß der Gottheit, berufen, sich zu füllen und ins Übermenschliche emporzuwachsen. Das Ziel der Menschheitsentwicklung sollte sich einmal voll verwirklichen, der Funke des Geistes zur Flamme vollen Menschseins entbrennen. Und wozu beruft die Weltnotwendigkeit, das Weltenschicksal diese wunderbare Gestalt? Zu einem ungeheuren Involutionsprozeß! Denn dem Gottessohn ist das Kreuz auf Golgatha vorbestimmt. Dadurch wird bis zu einem gewissen Grade unwesentlich, was gelehrt wird, welche Gleichnisse gesprochen werden, welche religiösen Ansichten da geäußert werden; das Christentum ist nicht dadurch Realität, daß es eine neue Lehre ist, eine bessere als frühere, es ist doch nur dadurch Realität, daß ein Erdenwesen, das zugleich Gotteswesen ist, in einer geradezu unvorstellbaren Weise sein Sein opfert, d.h. aber, durch den Prozeß absoluter Involution hindurchgeht. Und in urbildhafter Weise wird das Urgesetz aller Höherentwicklung der Schöpfung sichtbar: Dem Sterben des Gottes folgt die Auferstehung! Der Tod wird ein für allemal in grundlegendster Weise überwunden. Äußerlich gesehen geschieht ein Unglück, ein schwerster Schicksalsschlag, den die Jünger zunächst ja auch gar nicht verstehen können, und doch ist dieser Hindurchgang durch den Abbau, durch das Sterben nötig, um dem Sterben höheres Leben, um dem Menschensein ein für allemal ein gesteigertes Sein abzuringen.

Und so möchte ich nur einmal unter diesem Gesichtspunkt auf die Mysterien des Christentums hinweisen. Stehen wir doch vor der Aufgabe, den Gegensatz von Wissen und Glauben, von Wissenschaft und Religion, irgendwie zu überwinden. Wenn es uns gelingt, Naturwissenschaft zu «metanoein», umzudenken im Sinne Goethes, im Sinne einer Geistbetrachtung, dann führt ganz von selber die Realität geistig durchdrungener Naturwissenschaft zum Verständnis des Christentums. Denn das Grundgesetz aller organischen Entwicklung wird auf einer höchsten Ebene im Christentum sichtbar! Und alles Zukunftsleben der Menschheit wird sich, insofern es christliches Zukunftsleben ist, orientieren an diesem Weltgesetz, das sich auch im Tod am Kreuz und in der Auferstehung ausspricht. Wir können diese Polarität ganz modern und wachbewußt bejahen, weil wir überblicken dürfen, es lebt darin das Urgesetz des Seins. Soll die Idee Mensch neu in Erscheinung treten, soll sie sich weiterentwickeln, dann mußte ein Einschlag erfolgen aus der geistigen Welt; jeder Neueinschlag aber aus einer höheren Ebene erfordert Rückbildungsprozesse in der unteren. So wird der Tod auf Golgatha, wenigstens in anfänglicher Weise, verständlich. Paulus hat das gewußt; er faßt in wenigen Worten das ganze Geheimnis der Steigerung des Menschen zu seinem Zukunftsziel zusammen: «Ich lebe, aber nicht mehr ich, der Christus lebt in mir.» (Galater, 2,20) Dies ist ja nichts anderes als die ungeheure Forderung, in allen Seinsebenen – im Denken, Fühlen und Wollen – das Gesetz der Involution beherrschen zu lernen. Bewußt zurückzutreten, aber in der richtigen Weise, sich selbst zu besiegen ist der größte Sieg, der Sieg des Geistes über die Materie.

Und so dürfen wir vielleicht diese Betrachtungen abschließen in einer Meditation, die uns Angelus Silesius gibt, der nun in dichterischer Weise, viel besser, als man das in langen Ausführungen kann, unsere Gedankengänge zusammenfaßt in seinem Spruch:

Das Kreuz von Golgatha kann dich nicht von dem Bösen,
Wo es nicht auch in dir wird aufgericht't, erlösen.

II.

WEGSCHRITTE
VON EINER GOETHEANISTISCHEN
ZUR KOSMOLOGISCHEN
PFLANZENKUNDE

DIE ENTDECKUNG
DER URPFLANZE –
EINE GEISTESTAT

Ende des 17. Jahrhunderts erschien in England von John Ray
(1627 – 1705) auf 2860 Folioseiten die *Historia plantarum gene-*
ralis, das erste Handbuch der Botanik im Sinne moderner Wissenschaft. Knapp 200 Jahre vorher hatte als erster in Europa Otto
Brunfels (1488 – 1534) es gewagt, nach Aristoteles und Theophrast
in seinen *Herbarum vivae eicones* neue Pflanzen zu beschreiben. In
dieser sprunghaften Entwicklung der Botanik spiegelt sich die so
überraschend in das Geistesleben der abendländischen Menschheit
einbrechende naturwissenschaftliche Denkweise. Mit der Entdeckung der Raumesgröße der Erde und des Weltalls und der Erforschung ihrer Gesetze durch Kolumbus, Kepler, Galilei, Kopernikus u.a. hielt die Entwicklung der Botanik zunächst durchaus
Schritt. Das Pflanzenkleid des gesamten Erdballs trat mit in das
erwachende Bewußtsein der Menschheit ein. Kein Orchideen-
pflänzchen auf irgendeinem Urwaldbaum im tiefsten Afrika, keine
Flechte der Arktis, keine Alge des fernsten Meeres blieb dem for-
schenden Menschenauge verborgen.

Während jedoch die Physik und Chemie mit Hilfe des die
Wahrnehmungen ordnenden und verarbeitenden logischen Denkens bis zu den Gesetzen der anorganischen Erscheinungen vor-
stießen und so die Beherrschung der toten Naturkräfte einleiteten
und das Fundament der heutigen Technik und Zivilisation liefer-
ten, blieb die Wissenschaft der höheren Naturreiche (Botanik,

Zoologie, Biologie) einschließlich des Menschen in gewisser Beziehung in den Kinderschuhen stecken. Zwar hatte z.B. Linné (1707 – 1778) mit genialem Scharfblick und unendlichem Forscherfleiße in seinem Buch *Systema naturae* die Fülle der Pflanzenwelt in übersichtlicher Weise klassifiziert, aber es geschah die Einordnung nicht aus einem Einblick in das Wesen der Pflanzen. Trotz der Überführung dieses sogenannten «künstlichen Systems» in das «natürliche» der heutigen Botanik, trotz der Entdeckung der Zelle und anderer unzähliger Einzelheiten kam man dem Wesen des organischen – geschweige des beseelten oder geistigen – Lebens nicht auf die Spur. Der Galilei oder Kepler der Organik ist anscheinend noch nicht erstanden. Die Frage des naturunkundigen Laien nach dem Wesen eines Veilchens oder einer Rose, der inneren Triebkraft eines Grashalmes oder der Majestät eines Eichbaums kann auch der Fachmann nicht beantworten, oder die Antwort lautet so, daß der Laie, der etwa die Pflanzenwelt als Erzieher im Unterricht oder als Künstler in einem Gemälde oder Gedicht sachgemäß und doch lebendig darstellen möchte, das Gefühl bekommt, er habe «die Teile fest in der Hand, fehlt leider nur das geistige Band».

Ein solches Gefühl des innersten Unbefriedigtseins gegenüber naturwissenschaftlichen Betrachtungen oder Erklärungen der höheren Naturreiche hat Schiller beschlichen in jenem Vortrage der Naturforschenden Gesellschaft in Jena, von dem Goethe (in «Glückliches Ereignis») berichtet. Wie tief mußte sich Goethe von der entsprechenden Äußerung Schillers berührt fühlen; war doch ein solches Gefühl, das sich an dem Zwiespalt der künstlerischen, sinnlich-sittlichen und der scheinbar allein objektiven naturwissenschaftlichen Weltauffassung entzündete, für Goethe der wesentliche Anlaß, sich viele Jahre seines Lebens rein naturwissenschaftlichen Studien zu widmen, deren Früchte er unter anderem in seiner Farbenlehre und der Metamorphose der Pflanzen niedergelegt hat.

Inwieweit war es nun Goethe gelungen, «eine so zerstückelte Art, die Natur zu behandeln», die «den Laien, der sich gern darauf einließe, keineswegs anmuten könne» – wie Schiller meint –, zu überwinden und «die Natur nicht gesondert und vereinzelt vorzunehmen, sondern sie wirkend und lebendig, aus dem Ganzen in die Teile strebend, darzustellen»? Wir wollen im folgenden die Idee der Urpflanze kurz skizzieren, so wie sie Goethe in jenem denkwürdigen Gespräch, das der Ausgangspunkt der Freundschaft zweier unserer größten Geistesheroen bildete, «mit manchen charakteristischen Federstrichen» vor Schiller entstehen ließ.

Die schier unübersehbare Mannigfaltigkeit der Pflanzenwelt, die uns in Kräutern, Blumen, Sträuchern, Bäumen, Gräsern und niederen Pflanzen entgegentritt, wiederholt sich in jeder einzelnen Pflanze und stellt uns vor das gleiche Problem: Welches ist die wirkende Ursache, die scheinbar so völlig verschiedene Organe hervorbringt, wie Wurzel, Sproß, Blätter, Knospen, Blütenkronen, Staubgefäße, Früchte usw., und trotzdem alle diese so weitgehend differenzierten Teile in dem Ganzen des Organismus zusammenfaßt, in gegenseitiger Wechselwirkung erhält und ihre gesetzmäßige, zeitliche Aufeinanderfolge, ihr Entstehen und Vergehen regelt?

Selbst innerhalb der grünen Sproßblätter der gleichen Pflanze finden wir oft bereits die verschiedensten Formen! Gerade daran kann uns aber der Grundbegriff der Metamorphose, der Umbildung oder Gestaltverwandlung, wie ihn Goethe gebrauchte, aufgehen. Die Blätter der Wiesenskabiose machen z.B. eine Verwandlung durch, die von den relativ einfachen, lanzettlich runden Formen der Keim- und Niederblätter zu immer größeren, stark zerteilten, mehr oder weniger rhythmisch durchgegliederten Bildungen aufsteigt und gegen die Blüte hin, in den sogenannten Hochblättern, wieder in vereinfachte, verkleinerte, dreieckig zugespitzte, winzige Formen übergeht. Es ist das gleiche Blatt, das sich in stets verwandelter Gestalt zwischen der großen Polarität von erdzugewandter Wurzel und sonnenlichtverwandter Blüte offenbart. In ähnlicher Weise entdeckt Goethe in allen Teilorganen der Pflanze eine einzige Urform – eben das *Blatt*. Es ist das Grundorgan, das in mannigfaltigen Abwandlungen auf verschiedenen Entwicklungsstufen die Pflanze zusammensetzt.

Am leichtesten ist dies an dem sogenannten Kelch zu ersehen, der nichts anderes als ein Gebilde von einem Punkt ausgehender, stark zurückgebildeter, noch grüner Sproßblätter ist. In den jede Rosenknospe überragenden Zipfelchen erkennt auch der Laie sofort die letzten Rudimente verkleinerter Sproßblätter. Aber auch die Teile der Blütenkrone sind nichts anderes als verwandelte, farbige, bezüglich der Form zumeist vereinfachte Blätter. Goethe war der Überzeugung, daß die Natur kein Geheimnis besitze, das sie nicht an bestimmter Stelle offenbare. Er beobachtet deshalb mit der gleichen Sachlichkeit, Hingabe und wissenschaftlichen Exaktheit besonders auch die pathologischen Formen etwaiger Mißbildungen. Er findet z.B. eine Tulpe, bei der ein an atypischer Stelle des Blütenstiels sitzendes grünes Blatt zur Hälfte die Röte der Blütenkrone aufweist, hinwiederum fehlt dieser Blüte der sechste Kronenteil – ein Blüten-*Blatt*. Die neue Entfaltung des Blattes auf der Stufe des Blühens offenbart jedoch zugleich eine neue Fähigkeit der Pflanze. Das Sproßblatt zeigt zwar eine Beziehung zur Farbigkeit der Welt, es kann «ergrünen». Als Blütenblatt aber vermag es zu «erröten», zu «erblauen», zu «gelben», es strahlt auf in allen Farben des Lichtes; es hat – und mit ihm die ganze Pflanze – im Goetheschen Sinne eine *Steigerung* erfahren.

An jeder (gefüllten) Gartenrose sehen wir hinwiederum, wie nach innen zu die Blütenblätter sich zusammenziehen, verkrümmen, verkümmern und mehr oder weniger kontinuierlich in die Staubgefäße übergehen, die sich so als stark zusammengezogene Blattorgane – als Staub-*Blätter* entpuppen. In ähnlicher Weise geht die Frucht aus einer Ausdehnung jetzt nicht nur auf einen Punkt zusammengezogener, sondern sogar verwachsener Blätter des Fruchtknotens hervor. Die Erbsenhülse z.B. bildet sich aus einem zusammengeklappten Blatt, während echte Schoten aus zwei Fruchtblättern bestehen. Doch kann die Ausdehnung des Fruchtprozesses auch auf andere Blütenteile übergreifen. Der Same hinwiederum enthält bekanntlich nichts anderes als eine winzige, aus einem oder zwei Keimblättchen bestehende Pflanze, den Keimling.

Indem Goethe so die Mannigfaltigkeit jeder Pflanze als die Metamorphose *einer* Urform nachwies, hat er eine Entdeckung gemacht, die auch heute noch von der Fachbotanik unter dem Begriff der «Identität der Anhangsorgane des Sprosses» anerkannt wird. Wäre Goethe hierbei stehengeblieben – was die Botanik allerdings tut –, dann wäre das Urteil Du Bois-Reymonds über Goethe berechtigt, das besagt, daß auch ohne Goethe die Wissenschaft an den Punkt gekommen wäre, den sie erreicht hat. So hatte z.B. bereits der Italiener Cesalpino um 1600 die Blütenkrone als modifiziertes Laubblatt erkannt. Goethe hat jedoch nicht nur die Metamorphose des Blattes, sondern auch das Gesetz entdeckt, dem diese folgt, und damit das Gesetz aller Pflanzenwerdung, ja allen Lebens überhaupt.

Zu den Begriffen der Metamorphose und Steigerung tritt der Begriff der Polarität als dritter Schlüssel jeder goetheanistischen Betrachtungsweise. Das Sich-Gestalten, das Wachsen eines Organismus ist nicht ein fortlaufend sich vervollkommnendes Geschehen; jede Steigerung, jede wahre Höherentwicklung des Organismus kann nur erreicht werden, indem dieser sich selber wieder *ent*wächst. Jeder Ausdehnung folgt eine Zusammenziehung. Der Auferstehung des Blattes in Form der Blütenkrone muß die Rückbildung des Sprosses in Hochblatt und Kelch vorausgehen. Die schönste Blüte hinwiederum wäre zur Unfruchtbarkeit verurteilt, wäre sie nicht bereit, im Staubgefäß ihr Eigenwesen «hinzuopfern», sich «in Staub aufzulösen». Ein tiefstes Geheimnis des Lebens leuchtet für Goethe auf: Es gibt kein wahres sich vervollkommnendes Leben auf Erden, keine Steigerung, ohne das

Hineinverweben des Todes in den Lebensprozeß. Jeder neuen Evolution auf höherer Stufe muß ein Involutionsprozeß vorausgehen. Im Gesamtprozeß des Lebens muß der Rückbildung, dem Sterben, dem Abbau, die als Einzelprozesse betrachtet scheinbar nur negative Elemente darstellen, eine positive, die Entwicklung fördernde Rolle zuerkannt werden.

Was aber ist imstande, die Polarität zum Ausgleich zu führen? Wer verhindert, daß die zwei großen, einander entgegengesetzten Arten des Organisierens, die sich in den Organen der Ausdehnung einerseits – in Sproßblatt, Kronblatt, Frucht – und der Organgruppe der Zusammenziehung andererseits – Kelchknospe, Staubgefäß und Same – offenbaren, nicht auseinanderfallen? Es ist die Fähigkeit der Pflanze zu *rhythmisieren*. Rhythmus offenbart sich auch Goethe in ungesuchter Weise als ein Urprinzip allen Lebens.

Was in dieser Art jede einzelne Pflanze durchdringt, was die stetige Metamorphose der Urform, des Blattes, bewirkt, was die polaren Organisationsformen in regelmäßige, gesetzmäßige Wechselwirkung bringt und so die Teilprozesse zu einer harmonischen Ganzheit durch den Kunstgriff des Rhythmus steigert und zusammenfaßt – das ist die *Urpflanze*. Sie ist die eigentliche Ur-Sache, die einen Stoffzusammenhang der Sinneswelt zum Organismus, zur Pflanze macht und die verhindert, daß die anorganischen Stoffe ihren eigenen Gesetzen folgen und z.B. die Schwefelsubstanz der Zellen etwa als Schwefelkristall ausfällt. Sie ist das schöpferische Prinzip, das, in stetem «Stirb und Werde» begriffen, alle Pflanzen durchzieht.

In solcher Art mag Goethe seine «symbolische Pflanze vor Schillers Augen» entwickelt haben. Dieser «vernahm und schaute das alles mit großer Teilnahme, mit entschiedener Fassungskraft; als ich aber geendet, schüttelte er den Kopf und sagte: Das ist keine Erfahrung, das ist eine Idee.»

Schiller, philosophisch geschult an Kants kritischen Schriften,

erkannte sofort, was Goethe bis dahin entgangen war, daß die
«Urpflanze» kein Ergebnis sinnlicher Wahrnehmung ist – er ent-
larvte sie als «bloße» Idee. Mit dieser Erwiderung des «gebildeten
Kantianers» tritt Goethe eine Auffassung der Natur des menschlichen Denkens gegenüber, die, einseitig weiterentwickelt, den
meisten Biologen der Neuzeit ein wirkliches Verständnis der
Goetheschen Entdeckung restlos verunmöglichte. Im Sinne des
Nominalismus, der als philosophische Richtung in allen möglichen Abwandlungen fast das gesamte Denken des Abendlandes
durchsetzt hat, kommt den Ideen kein vom Menschengeiste unab-
hängiges Sein zu; sie liegen nicht als objektive, reale Schöpferkräfte
dem Dasein zugrunde; sie sind nur subjektive Gespinste, Vorstel-
lungsnormen, die das Menschenhirn künstlich ersinnt, um die
Wahrnehmungen ordnend und abstrahierend zu beherrschen; sie
können höchstens auf ein reales, aber unerfahrbares «Ding an sich»
hinweisen. Kant war zwar wie Goethe der Überzeugung, daß jeder
Organismus im Gegensatz zu Gebilden der anorganischen Welt
und zur Maschine so beschaffen sei, daß in ihm ein Ganzes vorlie-
ge, das die Teile aus sich hervorgehen lasse, und gab theoretisch
auch die Möglichkeit eines «Intellectus archetypus» zu, dem es
gegeben sein könne, in das Wesen eines Organismus einzudringen;
aber der menschlichen Urteilskraft sprach er gerade diese Fähigkeit
ab. Mit anderen Worten: Goethe konnte bei den Philosophen seiner Zeit und besonders bei Kant nicht nur keine Stütze für seine
Art des Vorgehens finden, sondern dieser hatte ihm scheinbar
durch seine Erkenntnistheorie den Boden unter den Füßen wegge-
zogen und damit für alle sich der *Kritik der Urteilskraft* anschlie-
ßenden Denker die Goethesche Methode der Naturbetrachtung
als unwissenschaftlich beziehungsweise phantastisch erwiesen.

Für jene Biologen hinwiederum, die, im Gegensatz zu Kant,
besonders in Auswirkung der materialistischen Welle des 19. Jahrhunderts im Sinne der «Entwicklungsmechanik» den Organismus
nur als komplizierte Maschine auffaßten, war eine Urpflanze im

Goetheschen Sinne ohnehin indiskutabel. Diese konnte höchstens als im physischen Sinne reales, einzelliges Lebewesen gedacht werden, von dem alle anderen Einzelpflanzen durch Fortpflanzung, Vererbung und Höherentwicklung abstammen.

Die Organik am Wendepunkt

Nur eine völlig neue Auffassung der Natur des menschlichen Denkens selber konnte Goethe rechtfertigen. Es ist das Verdienst Rudolf Steiners, als Herausgeber der Naturwissenschaftlichen Schriften Goethes in Kürschners deutscher Nationalliteratur,[1] zum ersten Male bereits vor der Jahrhundertwende die Möglichkeit zu einer grundlegenden Wandlung in der Auffassung der Goetheschen Naturwissenschaft geschaffen zu haben. In den Einleitungen zu diesen Schriften und in seinen philosophischen Grundwerken, von denen nur *Wahrheit und Wissenschaft, Grundlinien einer Erkenntnistheorie der Goetheschen Weltanschauung* und *Goethes Weltanschauung*[2] genannt seien, hat er in eindringlichen, klaren erkenntnistheoretischen Untersuchungen die Art der Goetheschen Naturbetrachtung als wissenschaftliche Methode gerechtfertigt, die allein geeignet ist, dem Wesen der organischen Phänomene beizukommen. Im Rahmen unserer Ausführungen ist nur ein kurzer Hinweis auf das Wesentliche der Gedankengänge Steiners möglich.

Rudolf Steiner führt in den genannten Schriften den Leser einen Weg, auf dem er selbst erfahren kann, daß das Denken nicht nur ein subjektiver Prozeß des Menschen ist, sondern eine Tätigkeit unseres Geistes, durch den sich dieser in einen objektiven, geistigen Gehalt der durch die Sinne gegebenen Wahrnehmungswelt hineinarbeitet. Das Denken wird erkannt als Organ einer höheren Erfahrung in der äußeren Erfahrung; es ist ein geistiges Tasten und

Greifen, das im Begriff zur Wahrnehmung einer geistigen Umwelt führt. Die Idee ist im ursprünglichen Sinne dieses Wortes ein innerlich Geschautes, die andere Seite der Sinnenwelt.

Mit Recht wurde deshalb Goethes Art des Denkens als «anschauende Urteilskraft» bezeichnet. Mit Goethe setzt ein Umschwung in der Entwicklung der naturwissenschaftlichen Denkweise des Abendlandes ein. Letztere hatte bis dahin nur in die Gesetzmäßigkeit der unorganischen Welt eindringen können, da sich dort jede Wirkung auf eine durch die äußeren Sinne wahrnehmbare Ursache zurückführen läßt. Aus dem entsprechenden, durch das logische Denken erkannten Zusammenhang ergibt sich das Naturgesetz. Insofern man in den höheren Naturreichen nicht direkt wahrnehmbare Ursachen «seelischer» oder «geistiger» Art hypothetisch annahm, sprach man das Ignoramus-Ignorabimus aus oder verwies auf die Gebiete des Glaubens.

Trotzdem blieb aber die Naturwissenschaft bei den beiden Grundsäulen ihrer Methode, Wahrnehmung und Denken, nicht unmittelbar stehen. Sie verschärfte den Wahrnehmungspol. Sie erweiterte durch künstliche Verbesserung der dem Menschen von der Natur geschenkten Sinnesorgane, durch Mikroskop, Teleskop usw., die Ebene ihrer Erfahrung in außerordentlicher Weise. Die Fülle neuentdeckter Einzeltatsachen, besonders auch in der Biologie, Physiologie und Anthropologie, wuchs dadurch ins Unermeßliche und konnte längst nicht mehr mit den nötigen Ideen durchdrungen werden, was von zahlreichen Forschern auch ausgesprochen wird.

Dieser in ihrer Art berechtigten Veräußerlichung des abendländischen wissenschaftlichen Lebens tritt in dem Denken des deutschen Idealismus, vorzüglich aber in Goethe, ein ergänzender, absolut notwendiger und gleichberechtigter Verinnerlichungsprozeß zur Seite. Goethe ist einer der ersten, der auch am anderen Pol des naturwissenschaftlichen Vorgehens, dem Instrument des Denkens, die «künstliche Verbesserung» unternimmt. Er erkraftet das Denken zur anschauenden Urteilskraft. Er entwickelt dieses jüngste Glied der Weltschöpfung, das noch relativ schlummernde «Geistesauge», in systematischer Bemühung und Schulung – teils aus einer instinktiven, genialen Veranlagung seiner umfassenden Natur, teils in bewußter Weise – ein Stückchen weiter. Er benutzt die Vorstellungskraft nicht nur dazu, die Natur gewissermaßen exakt abzufotografieren, zu registrieren, zu klassifizieren (siehe Linné) und logisch zu verarbeiten; er beschreibt z.B. nicht nur die verschiedenen Skabiosenblätter, sondern plastiziert den Übergang von Blatt zu Blatt mit, er lebt sich in innerer Aktivität in das Werden der Formen hinein. So schafft er sich erst das Seeleninstrument, durch das ihm die Pflanzennatur ihr Inneres, das in der Tat zunächst unwahrnehmbare «Ding an sich» entgegentragen kann. Die Urpflanze ist zwar eine Idee – aber sie ist zugleich eine Erfahrung! Goethe muß Schiller antworten: «Das kann mir sehr lieb sein, daß ich Ideen habe, ohne es zu wissen, und sie sogar mit Augen sehe!» Goethe übergeht nicht in leichtfertiger Weise das Grundelement aller exakten Wissenschaft, die Erfahrung, um sich in Spekulationen über eine Lebenskraft, Ganzheiten oder andere metaphysische Ursachen zu verlieren, sondern steigert sein Denken, um es auf einer höheren Erfahrungsebene als inneres Sinnesorgan anzuwenden.

Er kann so als erster Naturforscher modernen Stils, ohne den Bereich der Erfahrung zu überschreiten, für eine Erscheinung der materiellen Ebene – den Organismus – eine nicht mit den äußerlichen Sinnen wahrgenommene – also eine *übersinnliche* – Ursache, mit anderen Worten den Geist in die Naturwissenschaft einführen. Indem er diese Methode des Vorgehens für den Bereich der organischen Wesen ausbildet und dieselbe durch Rudolf Steiner als eine wissenschaftliche nachgewiesen werden kann, wächst aus der Entwicklung der Menschheit, das gewaltige Gebäude der Naturwissenschaft ergänzend, das Fundament einer echten Geisteswissenschaft empor! In Goethe erstand, wie Steiner betont, «der Kopernikus und Kepler der organischen Welt».

In der modernen Biologie finden wir zwei Hauptströmungen. Eine mehr mechanisch-materialistisch eingestellte Richtung glaubt, dem Leben beikommen zu können, indem sie die in der anorganisch-toten Welt so bewährte Forschungsmethodik *unverwandelt* auch auf die Organismen anwendet. Auf solcher Basis haben zahlreiche Fachleute ersten Ranges in dem beachtenswerten Werke *Die Evolution der Organismen* (1943) die modernsten Ergebnisse und Theorien über die Entstehung der Lebewesen dargestellt. Das Kapitel «Idealistische Morphologie» zeigt, daß auch diese Forscher sich mit der Auffassung Goethes auseinandersetzen müssen. Einige Schlußsätze lauten: «... die Idealistische Morphologie Goethes sind Beispiele für solch subjektive Schau ... Es sind alle die Versuche, der idealistischen Morphologie wieder einen Platz in der Wissenschaft zu erkämpfen, als anachronistisch abzulehnen ... Die von Goethe intuitiv erschaute und dichterisch gestaltete Einheit in allem Wechsel und in aller Mannigfaltigkeit der Formen enthüllt sich dem modernen Forscher als das dem Lebendigen zugrunde liegende Erbgut.» Solche Sätze zeigen, in welch geradezu grotesker Weise man Goethes Entdeckung mißverstehen kann. Das Erbe materialistischer und nominalistischer Denkweise vergangener Jahrhunderte hat diese Forscher mit Blindheit geschlagen. In dieser Beziehung «anachronistisch» festgefahren, fehlt ihnen einfach das Organ, das Wesentliche der Methode Goethes auch nur andeutungsweise zu erfassen.

Ein anderer Teil der Naturforscher hingegen sieht sich durch unbefangene Betrachtung der Phänomene selbst und durch bestimmte experimentelle Ergebnisse der modernsten Biologie gezwungen, von einer mechanistischen Erklärung der Lebenserscheinungen Abstand zu nehmen. Ein einfaches, sehr bekanntes Experiment solcher Art ist z.B. das folgende: Man löst vorsichtig den aus dem befruchteten Ei eines Seeigels entstandenen Keim im Vierzellenstadium auseinander. Die vier Einzelzellen gehen nun nicht etwa zugrunde, noch bilden sie je ein Viertel eines Seeigels aus, sondern es entstehen vier ganze, in sich vollkommene, wenn auch kleinere Tiere! Solche und ähnliche Tatsachen widersprechen in mannigfaltiger Weise den Vorstellungen der Entwicklungsmechanik. Sie zeigen eindeutig, wie im Teil die Idee des Ganzen veranlagt ist und nicht das Ganze eine Summe seiner Teile ist. Deshalb entstehen Begriffe folgender Art: Ganzheit, Äquipotentielles System, Organisator, Imagoid usw. Driesch, der in bahnbrechender Weise hier voranging, wagt es sogar, wieder von der «Entelechie» zu sprechen. In dieser Hinsicht ist die Stimme eines unserer modernsten Physiker von Bedeutung. Jordan schreibt am Schluß seines Buches *Anschauliche Quantentheorie* (1936): «Was ich erreichen wollte und erreicht zu haben hoffe, ist die Klarstellung: Trotz des heute noch recht unbestimmten Charakters der Begriffe Zweckmäßigkeit, Ganzheit, Individuum müssen die bekannten Meinungen, daß jede Benutzung solcher Begriffe eine Einführung von Mystik oder Metaphysik bedeutet, als vollkommen abwegig und irreführend erachtet werden. Diese Meinung hat aus der Erörterung der biologischen Zentralprobleme endgültig zu verschwinden!»

Um so brennender aber wird die Frage: Wie sollen diese Begriffe einen konkreten Inhalt bekommen? Zugestandenermaßen ist ja auch für Driesch seine Entelechie nur ein «konstruktiver Faktor». Durch diese seine nominalistische Auffassung schlägt er sich aber die Türe zum Wesen des Organischen, die zu öffnen er im Begriff ist, selbst wieder zu! Er zeigt in typischer Weise, wie auch Denker seiner Art, obwohl sie teilweise bewußt auf Goethes Organik zurückgreifen (siehe z.B. die Schriftenreihe *Die Gestalt*), gerade das Zentrale seiner Entdeckung und Methode immer noch verkennen. Solange dies der Fall ist, besteht aber der Einwand der Mechanisten zu Recht, daß man auf solchen Wegen in Gefahr komme, den Bereich exakter naturwissenschaftlicher Erfahrung zu überschreiten und sich in mehr oder weniger wesenlose, metaphysische Spekulationen subjektiver Art zu verlieren. Rudolf Steiner zeigt in seiner Erkenntnistheorie (s.o.), daß Goethe bereits vor 150 Jahren durch die Ausbildung der anschauenden Urteilskraft den einzig möglichen Weg gegangen ist, um die erwähnten Ganzheitsbegriffe ihres «noch recht unbestimmten Charakters» (Jordan) zu entkleiden. Er macht ersichtlich, wie die Erarbeitung eines wirklichen Verständnisses der Goetheschen Naturbetrachtung die Voraussetzung ist, um die moderne Biologie und Anthropologie am entscheidenden Wendepunkte ihres Ringens um das Problem des Lebens weiterzuführen. Goethe hat selbst ausgesprochen, daß sich seine Methode auf allen Gebieten des organischen Lebens anwenden lassen müsse. Sie führt in der Tat zu einer Revolutionierung und Reformierung der gesamten Organik, ohne etwa zu deren Einzelergebnissen in Widerspruch zu stehen. Sie wird die Begriffe der Biologie in einer dem Gegenstande ihrer Forschung gemäßen Weise erweitern, befruchten und vertiefen. Was sagt zum Beispiel die Biologie über das Wachstum aus? Es ist Substanzvermehrung, Vergrößerung eines Organismus, Summierung sich teilender, befruchteter Zellen, verbunden mit mancherlei chemisch-physikalischen Prozessen. Eine solche Begriffsbildung ist zwar logisch richtig, aber äußerlich und nicht wirklichkeitsgemäß! Goethe kann in Teilprozessen, den Molekülen oder Atomen der anorganischen Stoffe die letzte Triebkraft all dieser Erscheinungen nicht auffinden; er ergreift dieselbe in der Idee des Organismus. Sie wird erfahren als ein aus sich selbst heraus arbeitender, die Stoffe als Bausteine handhabender und mit den Bedingungen der Umwelt rechnender Faktor. Ein solcher Faktor, der die letzte Ursache, das Ziel seiner Wirkung in sich selbst trägt, darf im Sinne des Wortgebrauchs von Aristoteles Entelechie genannt werden.

In jeder wachsenden Pflanze tritt uns also die Urpflanzenentelechie im sinnlichen Stoffgewande entgegen. Wachstum, Ausdehnung eines Sproßblattes etwa, ja jegliches Organisieren überhaupt sind Ausdruck einer Entelechie, die sich in die Stoffeswelt hineinarbeitet. Die Steigerung und sogenannte Höherentwicklung ist nichts anderes als die vollkommenere Durchdringung der Sinneswelt mit der Idee, die um ihre Manifestation ringt. Jene kann selbstverständlich durch äußere Faktoren in ihrer Entfaltung gehemmt oder gefördert werden; sie wird in dem einzelnen Individuum nie vollkommen in Erscheinung treten und muß sich «im Kampf um ihr Dasein» den gegebenen Verhältnissen anpassen. Bei völligem Wassermangel z.B. kann sie die bisherige Art des Organisierens nicht aufrechterhalten und zieht sich aus ihrer Organisation zurück, die Pflanze welkt oder stirbt. Jegliches Sterben ist das Sich-Zurückziehen einer Entelechie aus der Stoffeswelt. Warum sollte sie bei geeigneter Gelegenheit nicht wieder an anderer Stelle auftauchen, wie es Lessing in *Die Erziehung des Menschengeschlechts* ausspricht? Auch in der äußersten Zusammenziehung der Pflanze, im Samenkorn, hat sich die Idee weitgehendst aus der Welt der Erscheinung zurückgezogen, sie ist ihrer Organisation fast ganz *ent*wachsen.

In dem Rhythmus von Ausdehnung und Zusammenziehung verfolgen wir das Ergreifen und Wieder-Loslassen der Stofflichkeit durch die Urpflanze. In Evolution und Involution der Organismen erleben wir das «Atmen» des Geistes in der Stoffeswelt, stehen aber auch vor dem Kampfe, den die Idee mit der ihrem Wesen oft recht unangemessenen sinnlichen Umgebung führt. Goethe wird uns so ein Führer zum konkreten Geist-Erleben in der Natur.

Geist-Erleben in der Natur

Von seiner italienischen Reise, auf der ihm nach jahrelangen Bemühungen die Idee der Urpflanze zum ersten Male voll aufgegangen war, schrieb Goethe an Herder: «Mit diesem Modell und dem Schlüssel dazu kann man alsdann noch Pflanzen ins Unendliche erfinden, die konsequent sein müssen, das heißt, wenn sie nicht existieren, doch existieren könnten und nicht etwa malerische oder dichterische Schatten sind, sondern eine innere Wahrheit und Not-wendigkeit haben.» Versuchen wir einmal in diesem Sinne einen speziellen Baum zu erfinden, um die Fruchtbarkeit der Methode Goethes an einem konkreten Beispiel der Botanik, wenn auch nur skizzenweise, zu zeigen. In charakteristischer Weise müssen wir da-bei aus der Idee des Ganzen die Teile des speziellen Organismus und diesen selbst lebendig entwickeln. Wir lassen im Wechselspiel der Polaritäten die Zusammenziehung extrem überwiegen. Das Blatt wird demnach bereits bei der ersten Ausdehnung stark gehemmt erscheinen, und das Gegenteil der Bildung eines Bananen- oder Rhabarberblattes wird entstehen. Im extremsten Falle wird es sich bis zur Rippe zusammenziehen! Die Entfaltung bzw. Ausdehnung der Baumkrone wird also gleichfalls zurücktreten, dagegen müßte der ohnehin relativ zusammengezogene Stamm überwiegen und die Verzweigung und Verästelung möglichst vermeiden. Wir gelangen von der allgemeinen Idee der Urpflanze zu einem Typus, der sich in der Nadelbaumbildung, besonders der Tanne, sinnlich manifestiert. Das Blatt ist zur «Nadel» reduziert und verhärtet.

Gehen wir zur Blüte über. Statt eines im Blütenschnee aufleuch-tenden Baumes (etwa eines Apfelbaums) wird hier charakteristi-scherweise der Zustand der zweiten Ausdehnung, der Blütenblät-ter, ganz unterdrückt. Die Tanne besitzt nur Staubgefäße – die Organe der zweiten Zusammenziehung. Statt einer schwellenden Ausdehnung in saftiges Fruchtfleisch finden wir harte, verholzte Schuppenzapfen, die jedoch reichlich Samen bergen. Diese sind, wie die Botanik lehrt, nicht von richtigen Fruchtblättern umhüllt; die Nadelbäume sind «Nacktsamer» (Gymnospermen). Also auch die dritte Ausdehnung kommt nur spärlich zur Geltung. Was bei einer oberflächlichen Betrachtung als Gegenbeweis für die Rich-tigkeit der Goetheschen Urpflanze ins Feld geführt werden könnte, daß die Organe der zweiten und dritten Ausdehnung fehlen, führt bei einer wesensgemäßen Betrachtung geradezu in das Wesen der Sache hinein.

In den Nadelgewächsen ist die Urpflanze noch nicht voll zur Entfaltung gelangt! Sie verharrt in einem Zustand relativer Involution und imprägniert die ganze Pflanze mit derjenigen Art des Organisierens, die normalerweise im Samen ihre höchste Steigerung erfährt. Im Samenkorn entwindet sich die Pflanze so weit der Sinnenwelt, daß sie sich sogar über Jahre hinaus dem Rhythmus des Umkreises entziehen kann in einem Zustand vollkommener Erstarrung und Ruhe. Letztere tritt uns in dem «dunklen, ernsten, schweigsamen» Wesen der *ganzen* Tanne entgegen. Wir verstehen, warum ihre «Blätter» im Winter nicht abgeworfen werden und auf ein Mitschwingen im Rhythmus der Jahreszeiten verzichten. – Aus dem spezifischen Involutionszustand der Urpflanze ergibt sich jedoch eine Steigerung ihrer Fähigkeiten in anderer Hinsicht. Was sonst nur der Same vermag: das Leben durch die Unbilden des Winters hindurchzutragen, vermag hier eine *ganze* Pflanze. Der Tannenbaum wird als «Dauergrüner» zum Symbol eines Sieges des Lebens über die Todeskräfte der Finsternis und Kälte. Seine aus der Wärme geborenen ätherischen Öle, die andere Pflanzen in blütenhafter Ausdehnung verschwenden, durchziehen sein innerstes Wesen bis in Nadeln und Holz mit verborgenem Duft und Blütenfeuer. Sein Charakterbild entstammt der Verinnerlichung.

Wandeln wir den so gefundenen Typus etwas nach der Seite der Evolution hin ab, dehnen die Nadeln aus, machen sie etwas länger und schmiegsamer, so verliert zugleich der ganze Baum seine strenge Form, der Stamm lichtet sich nach oben in heller Bräune auf und weitet sich zur üblichen runden Krone – die Kiefer steht vor uns.

In der zarten, hellgrünen, weichnadeligen Lärche aber kommt die eigentliche Pflanzenidee noch stärker zum Durchbruch. Die Lärche wirft ihre Nadeln im Rhythmus der Jahreszeiten ab und schafft so den Übergang zu den Laubbäumen. Ein Wald, der nur aus Fichten, Kiefern und Lärchen bestünde, wäre gewissermaßen eine Dreiheit, in der die Polarität von Fichte und Lärche durch die vermittelnde Kiefer ausgeglichen würde. Ein solcher Dreiklang zieht sich in der Tat als riesiger Wäldergürtel von Lappland bis zum Stillen Ozean durch die Weiten des nördlichen Rußlands hin. Als Gesamtbild relativer Involution bringt er das Absterben der Vegetation der Erde gegen die Tundra bzw. die Eisgefilde der Arktis zum Ausdruck. Die Urpflanze zieht sich am Nordpol, gezwungen durch die äußeren Bedingungen, ganz von der Erde zurück und tritt vorher in einem Zustande größter «Ausatmung», bzw. physischer Zusammenziehung, in Erscheinung.

In dieser Weise läßt sich aus der Urpflanze der Typus der Nadelbäume entwickeln. Er ist ein spezialisiertes, aber stets wandelbares Gestaltbild, das als innerer «Proteus», als reale ideelle Ganzheit, jedem einzelnen ausdifferenzierten Nadelbaum zugrunde liegt. – «Der Typus spielt in der organischen Welt dieselbe Rolle wie das Naturgesetz in der unorganischen. Wie dieses uns die Möglichkeit an die Hand gibt, jedes einzelne Geschehen als das Glied eines großen Ganzen zu erkennen, so setzt uns der Typus in die Lage, den einzelnen Organismus als eine besondere Form der Urgestalt anzusehen.» In der Organik «handelt es sich darum, die einzelne Form, die in unserer Erfahrung auftritt, aus dem Typus heraus, den wir erfaßt haben müssen, zu entwickeln … Eine Organik muß daher, wenn sie in dem Sinne Wissenschaft sein will, wie es die Mechanik oder Physik ist, den Typus als allgemeinste Form und dann auch in verschiedenen ideellen Sondergestalten zeigen.»[3]

Auch in der Zoologie und Anthropologie hat Goethe seine Art der Betrachtung ausgeübt, ohne auf der Suche nach dem «Urtier» zu einem Abschluß zu kommen. Die Fortführung des Goetheanismus zeigt, daß sich jenes Prinzip, das in der Pflanzenwelt – unbewußt – zu gleicher Zeit in unzähligen Individuen *verteilt* auftritt, im menschlichen Organismus auf *einen* Körper konzentriert. Die Entelechie ergreift bei dieser höchsten Steigerung sich selbst im Ichbewußtsein und erwacht zur *Individualität*, zur Persönlichkeit.

Der goetheanistisch geschulte Erzieher wird daher künftig in dem Gedeihen des Kindes nicht nur die Auswirkung einer gut funktionierenden Zellteilung oder das Ergebnis der Erbfaktoren und des Milieus erblicken, er erkennt im Werden des ihm anvertrauten Lebensgutes die Offenbarung einer Entelechie, die um ihre echte Verkörperung ringt. Er fühlt sich als ihr Geburtshelfer. Er kann ihre Entwicklung in der pädagogischen Praxis um so besser fördern, je mehr er sich selbst von einer geistgemäßen Natur- und Menschenkunde im angeführten Sinne durchdringen läßt.

Nicht nur eine intellektuelle Vertiefung und Wissensbereicherung wird die Ausbildung einer goetheanistisch orientierten Naturwissenschaft mit sich bringen, sie ist umfassend und wirklichkeitsgemäß genug, auch in unseren Herzen die Ehrfurcht vor den Erscheinungen des Lebens zu wecken, ohne daß wir uns in nebulose Gefühlsschwärmerei zu verlieren brauchen oder Anleihen bei überlebten Traditionen machen müssen. Goethe führt uns zur Anschauung eines Höheren, Geistigen in den Naturerscheinungen, an das wir nicht nur glauben, das wir im klaren Lichte lebendigen Denkens erkennen und in Begeisterung erleben dürfen. Er heilt uns von jenem anfangs erwähnten Gefühl des Unbefriedigtseins. Durch die Weiterführung seiner Methode kann der Intellektualismus dort, wo er nicht am Platze ist, in sachgemäßer Weise überwunden werden. Zugleich aber wird dadurch ein echt künstlerisches Element im Ausübenden wachgerufen. Goethes Methode der Naturbetrachtung beansprucht eben den ganzen Menschen und verbindet ihn neu und tiefer mit dem Wesen des Weltenlebens.

Das offizielle Bildungsleben der letzten hundert Jahre, das durch die Popularisierung einer materialistisch eingestellten Naturwissenschaft bis in die letzten Dörfer drang, hatte kaum noch einen Funken goetheanistischer Betrachtungsweise und daraus resultierender Gesinnung aufzuweisen. Mit dem dadurch geschaffenen geistigen Vakuum in Mitteleuropa hängt zusammen, daß – um mit Nietzsche zu sprechen – «die Exstirpation des deutschen Geistes zugunsten des Deutschen Reiches» im Jahre 1933 in die völlige Negierung, ja Zerstörung der wahren Aufgabe des Deutschtums einlief. Nicht nur die breite Masse des Volkes, sondern auch der größte Teil der sogenannten Gebildeten fiel dem biologischen Materialismus, einer «Weltanschauung» zum Opfer, die den fragwürdigen Mut hatte, in konsequenter Fortführung darwinistisch-monistischer *Theorien* den Menschen nun auch in der Lebens-*praxis* nur noch als mehr oder weniger brauchbares Zellenkonglomerat, als Vererbungsprodukt aus Blut und Boden, zu behandeln. In eindringlicher Weise wurde ersichtlich, daß in der Tat die überlieferten Begriffe von Geist, Seele, Individualität usw. zu schemenhaften Ideologien verblaßt waren.

In den alten Menschheitskulturen wurde der Geist noch real erlebt, so stark, daß demgegenüber die materielle Seite des Daseins als «Maja», als Schein, aufgefaßt wurde. Mit der großen «Götterdämmerung», dem Erwachen des Ichbewußtseins im exakten Beobachten und Denken der Neuzeit, ist die Menschheit in einen polaren Zustand eingetreten. Je mehr wir nach Westen kommen, um so mehr wird nur noch die Materie als real angesehen; die Realität des Geistes wird in Frage gestellt oder erstirbt in Dogma oder Phrase. Im 18. Jahrhundert jedoch setzt – am klarsten erkennbar in Goethe – der bereits angedeutete Umschwung in der naturwissenschaftlichen Entwicklung des Abendlandes ein. Inmitten der «geistlosen Materie», in der sinnlichen Wahrnehmungswelt selber, wird keimhaft das Wirken des lebendigen Geistes erfahren und als neue Methode gehandhabt. Im Goetheanismus entsteht so ein Heilmittel, das nicht nur die Kluft zwischen Mechanisten und Vitalisten, sondern auch den Gegensatz zwischen alter, zumeist dekadenter östlicher Geistigkeit und westlichem Materialismus zu überbrücken vermag.

Möchten unsere Ausführungen bei dem Leser «und zugleich der deutschen nach dem Guten und Rechten hinstrebenden Jugend» (Goethe) die Überzeugung wecken, daß in einer modernen

Weiterbildung des richtig verstandenen deutschen Idealismus Mitteleuropa zu einer seiner zentralsten Aufgaben zurückfinden kann; es vermag so jenen geistigen Beitrag für die Menschheit zu leisten, den diese von ihm erwartet. «Möchten wir aus ihnen frische Teilnehmer und künftige Beförderer heranlocken und erwerben!» (Goethe, *Glückliches Ereignis*)

NEUE WEGE
DER HEILPFLANZENERKENNTNIS –
METAMORPHOSEN ZWISCHEN
STACHEL- UND GIFTBILDUNG

Die selektive Wirkungsweise der vegetativen Giftstoffe, etwa der Sympathico- oder Parasympathicomimetica, die wie Schlüssel der Natur ins Schloß des menschlichen Organismus passen, hat Ärzte und Physiologen immer wieder ins größte Erstaunen versetzt. Die Homöopathie geht unter anderem von der Vorstellung aus, daß ein ähnlicher spezifischer Zusammenhang zwischen fast allen anorganischen und organischen Stoffen und bestimmten Organen und Organprozessen des Menschen besteht. Der klassische homöopathische Arzneimittelversuch stellt ein vielverwandtes Mittel dar, um solche Zusammenhänge ausfindig zu machen, und hat zu einer beträchtlichen Summe gut erprobter Heilmittel geführt.

Eine Versuchsperson, die zum Beispiel einen Auszug des Cactus grandiflorus, der Königin der Nacht, jener beliebten Zierde unserer Gewächshäuser, in entsprechender Menge wiederholt zu sich nimmt, verspürt bald unangenehme Sensationen in der Herzgegend, wie Ziehen und Unbehagen oder ein Spannungsgefühl, das sich schließlich zu krampfartigen Schmerzen, die in den linken Arm ausstrahlen, steigern kann. Besonders unangenehm werden dabei auch das zumeist auftretende Druckgefühl in der ganzen Brust und die gleichzeitige Atembeklemmung empfunden. Interessanterweise greift die Wirkung auch auf die Psyche über, die mit «ärgerlicher Reizbarkeit», «unüberwindlicher Gedrücktheit»,

«Alleinseinwollen», ja mit Todesfurcht reagiert – Phänomene, die den Versuchsleiter zum Abbruch des Versuches zwingen.

Gemäß dem «Similia-Similibus-Prinzip» wurde Cactus in entsprechender Zubereitung und Dosierung u.a. zu einem Hauptmittel in der Behandlung anginöser Herzzustände, wo er nach Madaus neben Crataegus an erster Stelle steht und sich in vielfacher Weise ausgezeichnet bewährt hat.

Dort, wo ein relativ eng begrenztes, charakteristisches Symptombild sich ergibt, wie beim Cactus, fällt es nicht schwer, die entsprechende Indikation herauszuarbeiten. Trotz etwaiger Bewährung in der therapeutischen Anwendung darf aber nicht übersehen werden, daß der zumeist durch reine Empirie gefundene Zusammenhang eines solchen homöopathischen Heilmittels und der entsprechenden Krankheit mit einem wirklichen Durchschauen desselben bzw. einer im tiefsten Sinne rationellen Anwendung nicht das geringste zu tun hat. Weder der Fachbotaniker und Pharmazeut noch der «biologisch eingestellte» Arzt würde dem Cactus oder der Digitalis ihren spezifischen Herzbezug ansehen. Weder in den botanischen und pharmakologischen noch in homöopathischen Werken finden wir auch nur einen Versuch, Sproßgestalt, Blatt- und Blütenform, mit anderen Worten die spezifische Eigenart einer Pflanze, mit dem Bilde des Menschen bzw. der Krankheit wesensgemäß zu verbinden. Auch dort, wo die Chemie, wie im Falle der Digitalis, die fragliche Wirkungsweise auf eine ganz bestimmte, in Reinstruktur darstellbare Molekülgruppe zurückführt, kommen wir in der angeführten Fragestellung nur einen allerersten Schritt weiter. – Wie kommt gerade jene bestimmte Pflanze dazu, diesen oder jenen Stoff hervorzubringen, und warum greift er bereits in geringster Menge in spezifischer Weise – als Gift – zerstörend oder – als Heilmittel – aufbauend in den menschlichen Organismus ein? Zweifellos werden hier Fragen einer Grundlagenforschung berührt, vor denen die Wissenschaft vielfach zurückscheut. Dem Arzt, der nicht nur Handlanger der Natur (oder gar einer chemischen Industrie) sein will, brennen sie hingegen in der Seele.

Zumindest aber wird die relative Undurchschaubarkeit eines Heilmittels für den sich mit der Homöopathie auseinandersetzenden Arzt bald ein praktisches Problem, wenn das Arzneibild die zur Genüge bekannte schier unübersehbare, schillernde Symptom- und Indikationsfülle ergibt, die vor allem dem «Anfänger» eine gezielte Therapie verunmöglicht oder zumindest sehr erschwert. Der in diesem Zusammenhang oft erhobene Vorwurf gegenüber der Homöotherapie soll hier jedoch nur angedeutet werden, um zu zeigen, wie der bisherige, oft durch mühsame, fleißige Kleinarbeit in Arzneimittelversuch und Praxis gesammelte Erfahrungsschatz auf seine Hebung bzw. gedankliche Durchdringung wartet, ja geradezu eine *neue Fragestellung* nach einer wirklichen Ratio in Pharmakologie und Therapie herausfordert.

In unserem Beispiel müssen wir also den Mut zu der Fragestellung aufbringen: Besteht zwischen dem Cactus, dieser starren, stachelbewehrten, entblätterten, wie entarteten Pflanze, und dem in Sklerose und Krampf sich verhärtenden Herzmuskel eine reale Beziehung? Sind die speziell in dieser Pflanze und Pflanzenart tätigen Naturprozesse mit dem Geschehen, das zu Aufbau und Abbau unseres zentralen Zirkulationsorgans führt, irgendwie verwandt, und wie ist diese Verwandtschaft zu deuten?

Die Beantwortung solcher Fragen ist nur möglich, wenn wir auch den gesunden und kranken Organismus mit neuen Augen ansehen lernen. Wir können das Herz als Teilorgan nur verstehen, wenn wir von der Erkenntnis des ganzen Menschen ausgehen. Er webt sich, wie die hier vertretene Menschenkunde zeigt, aus verschiedenen Wesensgliedern zusammen. Indem der Mensch die Stoffe der materiellen Welt an sich trägt, besitzt er einen physischen Leib. Insofern derselbe nicht nur aus Atomen, sondern Zellen besteht, wachsend mit innerer Regsamkeit und die Kristallgestaltung überwindend auftritt, erleben wir in ihm den

Abglanz des Bildekräfteleibes. Dieses erste, nur mit den geschulten Erkenntniskräften wahrnehmbare übersinnliche Wesensglied, das der Hauptträger aller Aufbau-, Regenerations- und Heilkräfte ist, hat der Mensch mit der Pflanzenwelt gemein; es macht seine innerste Verwandtschaft mit ihr aus. Im tierischen und menschlichen Organismus greifen jedoch zweifellos Gesetzmäßigkeiten ein, die diesen der Pflanzenwelt entfremden. Sie finden zum Beispiel in der Modifikation der Zelle zur Muskel- oder Nervenzelle ihren Ausdruck. Sie hängen mit Eigenbeweglichkeit und Bewußtsein des überpflanzlichen Wesens zusammen. Diese Fähigkeit haben im Astralleib, als dem realen Träger der Empfindungskräfte, der Sympathien und Antipathien, aber auch aller Instinkte, Triebe, Begierden und Leidenschaften, ihren Ursprung. Diese dreifache Hüllennatur wird im Menschen von der Ich-Wesenheit ergriffen, die das tierische Bewußtsein zum Selbstbewußtsein des vernunftbegabten Wesens steigert.

Die Geisteswissenschaft schildert, wie sich im Schlafe Ich und astralische Organisation aus der Verhaftung mit dem Sinnes-Nerven-System loslösen und sich in die seelisch-geistige Umwelt hinein gleichsam ausdehnen. Sie ziehen sich im Erwachen wieder zusammen und ergreifen in verstärktem Maße die physisch-ätherische Hülle. Dieser große Rhythmus von Diastole und Systole wiederholt sich in mannigfachen Abwandlungen in den einzelnen Organfunktionen, insofern sie rhythmischer Natur sind. Wer sich beim Aufwachen beobachtet, kann erleben, wie wir erst nach und nach unseren Leib ergreifen. Absolut still, aber bereits wach daliegend, kommt uns mit der ersten Regung eines Armes dieses Glied erst richtig zu Bewußtsein; so «durchwachen» wir nach und nach im Aufstehen den ganzen Körper bis in die Gliedmaßen. In der vom Willen durchzuckten Muskelgruppe haben Ich und Astralleib ein anderes Verhältnis zur physisch-ätherischen Organisation als in der schlaffen Gliedmaße. Jeder Atemzug ist so gesehen ein Zupakken und Loslassen des astralischen Leibes, der mit einer unbewußt bleibenden Sympathiekraft die belebende Luft hereinsaugt und mit einer entsprechenden Antipathie die verbrauchte ausstößt. Es wäre jedoch verkehrt, in dem so durchseelten Brustkorb die Lunge als nur passiv bewegtes Organ im Sinne einer Blasebalgwirkung zu erblicken. Insofern die Lunge in der glatten Muskulatur der Bronchien und Bronchiolen die Möglichkeit zur Zusammenziehung und Ausdehnung besitzt, im Flimmerepithel Beweglichkeit und in der Sensitivität der Schleimhaut Bewußtsein entfaltet, ist sie auch innerlich von der Regsamkeit einer speziellen astralischen Organisation durchdrungen, die auf den Lebensströmen des Bildekräfteleibes spielt, ja dieselben dirigiert und verhindert, nach Art der Pflanze sich etwa in sprießendem Blattwerk physisch auszuleben oder gar Assimilationsprozesse zu vollziehen.

In ähnlicher Weise werden auch Funktion und Entstehung des Herzens nur verständlich aus dem Zusammenklang von mindestens drei Wesensgliedern, wobei in der Systole mehr der Astralleib, in der Diastole mehr der Ätherleib überwiegt. Ebenso spiegelt sich im wechselnden Tonus der Gefäße das Wechselweben von ätherischen und astralisch-beseelenden Kräften, weshalb wir in der Durchblutung und am Teint eines Menschen so viel von seinem Gesamtwesen ablesen können, ja in Schamröte und angstvollem Erbleichen gleichsam in sein Innerstes hineinblicken. Die Geisteswissenschaft muß gründlichst aufräumen mit der Vorstellung, daß das Gehirn der alleinige Sitz der Seele sei, die von da aus durch nervöse Vorgänge nur indirekt den Körper steuere.

Überall, wo wir es mit rhythmischen Funktionen im Organismus zu tun haben, deren «Zentrum» im Brustkorb als dem eigentlichen rhythmischen System des Menschen liegt, kommt es vorzüglich auf ein harmonisches Wechselspiel der ätherisch-aufbauenden und astralisch-abbauenden Kräftewirksamkeiten an. Diese Zone physiologischer Prozesse schafft zwischen dem Gegensatz des schlafend-aufbauenden Stoffwechsel- und Fortpflanzungspols und dem Nerven-Sinnes-Pol, in dem Abbau und Wachen überwiegen, den Ausgleich. Sie garantiert mit dem Gleichgewicht der Wesensglieder zugleich die Gesundheit des Menschen.

Ein zu starkes Eingreifen des Astralleibes, das vielfach in der Hast des modernen Lebens, in Sorge, Angst, Unmäßigkeit, intellektueller oder gemütsmäßiger Überbeanspruchung seinen letzten Ursprung hat, führt zu einem übermäßigen oder vorschnellen Verbrauch der ätherischen Kräfte. Kann dieser Abbau im Schlaf nicht voll rückgängig gemacht werden, so führt die chronische Schwächung des Bildekräfteleibes durch Jahre hindurch zu den mannigfachsten Krankheitsdispositionen. Es wird so ersichtlich, warum die anthroposophisch orientierte Geisteswissenschaft – unter dem Gesichtspunkt des organischen Lebens betrachtet – im Ätherleib vorzüglich den Träger der Gesundheit, im Astralleib den Verursacher der Krankheit erblicken muß.

Eine an der Erkenntnis der Wesensglieder orientierte Pathologie führt zu einem vertieften Verständnis der Krankheiten und Krankheitsdispositionen. Ein sogenannter «Muskelkater» zum Beispiel zeigt, wie im normalen physiologischen Prozeß der krankhafte Vorgang bereits veranlagt ist und jederzeit ins eigentlich Pathologische umschlagen kann, wenn vom Bewußtsein her eine Überbeanspruchung des Organs erzwungen wird. Der Aufbau, der im erschlafften Muskel in metamorphosierter Weise eine Art Schlafwirkung darstellt, kann mit dem Abbau nicht mehr Schritt halten. Wird das Polster der Lebenskräfte zu schwach, so schlägt die astralische Organisation leicht durch und prallt sozusagen unsanft gegen die physische Organisation oder verhakt sich in ihr. Der Muskelkrampf entsteht als eine Art isolierten, übersteigerten Wachwerdens, welches zugleich das normale, traumhafte Organ- oder Lebensgefühl zum Schmerzbewußtsein steigert. Liegt primär eine schwache ätherische Organisation vor oder entsteht dieselbe durch die oben angedeuteten jahrelangen Abbauvorgänge, so kann der gleiche Prozeß in den lebenswichtigen zentralen Organen zu schwersten Krankheiten führen, wie sie im rhythmischen System sich etwa in der Angina pectoris oder im Asthma bronchiale manifestieren. Dabei zehrt im Krampf der zu stark eingreifende Astralleib übermächtig an den ohnehin schwachen ätherisch-pflanzlichen Kräften, so daß ein Circulus vitiosus entsteht. Als Folge davon entzieht sich die physische Organisation relativ immer mehr den Lebenskräften und ergibt sich den Eigengesetzen der vom Ätherischen nicht mehr voll beherrschten Stofflichkeit, die sich in Verhärtung, Kristallisation, Brüchigwerden usw. geltend machen. Emphysematische, arteriosklerotische und Steinbildungstendenzen entstehen als Bild vorzeitiger Alterung des Organismus. Die Gesetze der anorganischen, toten Außenwelt drängen sich in den Organismus hinein und begegnen in unheilvoller Weise der lokal in Schmerz und sonstigen krankhaften Sensationen übersteigerten, an die Leiblichkeit mehr als sonst gefesselten Bewußtseins-Innenwelt. In paradoxer Weise führt so dasjenige Wesensglied, welches sonst den physischen Leib mit geschmeidiger Eigenbeweglichkeit begabt, durch übersteigerte, vom Ich nicht kontrollierte Tätigkeit zu dessen leichnamhafter Verhärtung. Offensichtlich muß die Heilung vorzüglich in einer Kräftigung der Leben und Gesundheit tragenden ätherischen Wirksamkeiten bestehen.

Der Blick des nach einem Heilmittel suchenden Arztes fällt auf das unerschöpfliche Reservoir aller Bildekräfte: die Pflanzenwelt. Sie zeigt im sprießenden Grün, in Chlorophyll- und Stärkebildung als dem Ausgangsprozeß aller organischen Materie den mächtigen, lebenweckenden Einstrom der kosmisch-ätherischen Kräfte an und weist zugleich in ihrer mannigfachen Gestaltung auf ein sehr differenziertes Wirken der Bildekräfte hin, das wir im einzelnen erkennen müssen, um einen konkreten Bezug zum gesunden und kranken Menschen zu finden.

Insofern sich die Pflanze wurzelnd, sprießend und blühend entfaltet, stehen wir vor einem dreifach differenzierten Spiel der Ätherkräfte. In der sprießenden Mitte bricht hierbei der eigentliche ätherische Urquell des Pflanzenwesens durch. Im dunkeln, eingeengten Wurzelbereich hingegen steht der Bildekräfteleib vorzüglich unter der Gewalt der physischen Gesetze und staut seine Kräfte in der Lebenszähigkeit der Wurzel auf, ohne sich in Gestalt- oder Farbenhülle ausleben zu können. Aus dieser Auseinandersetzung gewinnt er jedoch zugleich die Kraft, die Pflanze mit Härte, Festigkeit und mechanischer Widerstandskraft zu versehen (Sal-Pol). Das Gegenteil ist in der Blüte der Fall, wo die Materie restlos durchlichtet in Farbigkeit erglüht und in den zentrifugalen Tendenzen von Duft und Blütenstaub die Dynamik des Lichtes offenbart (Sulfur-Pol). Vor der Imagination des Geistesforschers erstrahlt die Blüte umwoben von astralischen Kräften, die jedoch *nicht* – wie in der tierischen Organisation – den Bildekräfteleib von innen ergreifen. Die Pflanze, die in Blumenkrone und Staubgefäß einen Höhepunkt ihres Seins erreicht, aber zugleich ein Minimum an Lebenskraft in der Hinfälligkeit dieser Organe aufzeigt, wird auch an diesem Pol ihrer Organisation ihren ätherischen Eigengesetzen relativ entfremdet und findet den Anschluß an eine höhere Weltebene, die sich im Tierreich erst voll manifestiert. Die spezielle Beziehung der Blüte zur Insektenwelt ist der äußere Ausdruck dieser Tatsache. In Blütenpracht und Blumenduft offenbart sich für eine geisteswissenschaftlich erweiterte Botanik in der Tat im *Bilde* die gleiche Kräftewelt, die im Menschen als die Wesensfülle seiner unbewußt und bewußt wirkenden astralischen bzw. seelischen Innenwelt in Erscheinung tritt. Der Mensch, der «Blumen sprechen» läßt, erlebt in künstlerischer Unbefangenheit diese Wesensverwandtschaft.

Die Eigenart einer Pflanze ist demnach nur aus dem Zusammenklang dreier Welten verständlich. Sie offenbart als ätherisch bestimmtes, organisches Wesen ein individuelles Drinnenstehen zwischen der Weltenpolarität der irdisch-materiellen (äußeren) und gestirnhaft-astralischen (inneren) Ebene des Kosmos. Sie spiegelt in der Dreiheit ihrer salhaften, merkuriellen und sulfurischphosphorischen Prozesse jene Weltendreiheit, die in gesteigerter Form in der dreifachen Hüllennatur der Menschenwesenheit – vom Ich durchleuchtet – auftritt.

Jedes Überwiegen der physischen oder astralischen Kräfte bringt das Wesen der Pflanze, das in der grünenden Lebensmitte liegt, grundsätzlich in Gefahr und ruft entsprechende Gegenprozesse hervor zur Aufrechterhaltung des individuellen Gleichgewichts, das sich an der Struktur und im Chemismus der Pflanze ablesen läßt.

Bereits Goethe zeigte in seiner Metamorphosenlehre, wie die Blüte nicht in kontinuierlicher Verwandlung aus dem Sproß hervorgeht, sondern Rückbildung, ja aktive Überwindung des Sprießens voraussetzt, die sich in der «Zusammenziehung», Vereinfachung und zuspitzenden Verfeinerung der blütennahen Hochblätter äußert. In dieser Involution wirken bereits die sulfurischen, das merkurielle Blätterwerk zurückdrängenden Bildekräftetendenzen der kommenden Blüte voraus, wie insbesondere die Kelchbildung beweist. In den bodennahen, noch relativ ungeformten oder plumpen Sproß- und Keimblättern wirkt hingegen der Sal-Pol der Wurzel nach. So wie der Sproß als Teil der dreigliedrigen Pflanze ihre dreifache Dynamik in sich hineinnimmt, durchwirkt diese Dynamik auch jedes Blatt. Es faßt, in Stiel und Knoten sich verhärtend, wurzelhaft Fuß am Stengel, sprießt hinein in die merkurielle Rundung der Spreite und zieht sich, die Oberflächenausdehnung involvierend, zur Blattspitze zusammen. Es entsteht die typische Herzform des Blattes. Im Kampf der Polarität um die merkurielle Mitte lassen sich so alle Blattformen entwickeln.

Das Überwiegen sulfurischer Kräfte kann das Blatt in viele Teilblättchen auflösen und verfeinern, wie das zum Beispiel bei den von starken Aromatisierungsprozessen durchsetzten Umbelliferen der Fall ist. Das andere Extrem zieht die Blattspreite unter Verdichtung zusammen bis zur «Nadel». Wird hingegen einem innigen Zusammenspiel der Polaritäten durch eine starke merkurielle

Mitte, also aus der ureigensten Sphäre des Pflanzlichen, die Waage gehalten, so kommt es zu den wundervollen, rhythmisch gefiederten Blattgestalten, wie sie zum Beispiel von den Rosaceen (Wiesenknopf) her bekannt sind. Der hierbei – oft auch noch in der rhythmisierten Blattrandung – morphologisch in Erscheinung tretende Rhythmus offenbart für das Auge das Geheimnis der merkuriellen, die Polaritäten ausgleichenden Prozesse. In ihnen tritt die Verwandtschaft der Pflanzenmitte als Gegenbild zu dem rhythmischen System des Menschen gesteigert in Erscheinung und läßt bereits die Entstehung bestimmter Heilmittel für dasselbe ahnen.

Die volle Entfaltung pflanzlichen Lebens setzt eine gewisse Harmonie der elementaren Umweltkräfte voraus. Nur wo die Polarität der kosmisch einstrahlenden und der irdischen Kräfte durch einen regelmäßigen Wasserkreislauf merkuriell vermittelt wird, kann die Pflanzenwelt ihre höchste Steigerung, wie etwa in der Laubbaumbildung, erfahren. Jede Störung der klimatischen Verhältnisse hingegen spiegelt sich in der Pflanzenwelt insbesondere in einer Reduktion ihres merkuriellen Systems, im Blätterwerk.

Verfolgen wir die Xerophyten- oder Trockenpflanzenbildung, wie sie bereits in den Mittelmeergegenden einsetzt. In dem Maße, wie die Licht- und Wärmekräfte der Sonne unvermittelt auf den Boden aufprallen und längere Trockenperioden einsetzen, zieht sich die Blattspreite zusammen, verkleinert sich und verhärtet, verledert oder verdornt sogar. Die gefiederten Blattformen verschwinden. Der ganze Sproß nimmt sozusagen Hochblattcharakter an und zieht oft zugleich, wie die Lippenblütler etwa bei Lavendel oder Rosmarin zeigen, die Blütenprozesse verstärkt in sich hinein. Die gleichzeitige Verhärtung und Aromatisierung des Blattes zeigt, wie mit der Schwächung der grünenden Mitte Wurzel- und Blütenpol sich einander nähern. Da durch diese Pole jedoch vorzüglich jene Kräfte eingreifen, die das Pflanzenwesen seiner eigenen Natur entfremden, ist dieses selbst in größter Gefahr.

Die so drohende Zerstörung des rhythmischen Systems der

Pflanze erreicht in der Bildung der *Kakteen* eine höchste Steigerung. Der Kaktus hat seine Blätter völlig verloren; statt ihrer trägt
er ein Stachelkleid auf einem zur Kugel oder Säule gestauchten
Stengel (Sukkulenz). Die merkuriellen Umweltbeziehungen, welche die normale Pflanze in der Hingabe der Blattfläche an Luft
und Licht, in Wasserverdunstung usw. aufnimmt, sind auf ein
Minimum reduziert. In der unheimlichen Starre dieser Pflanze,
die als Dauergrüner sich zugleich dem Sonnenjahresrhythmus
entzieht, erblicken wir das Gegenbild eines Klimawirkens, das in
seinem Endstadium zur völligen Vernichtung alles organischen
Lebens, zur Wüstenbildung führt. In der Tat ist die eigentliche
Heimat der Kakteen bekanntlich die wüstenartige Hochebene
Zentralmexikos.

In der Nähe der Wüsten finden sich in der abklingenden Step-
penvegetation oft ganze Landstriche von einer undurchdringlichen
Dornstrauchvegetation überzogen. Offensichtlich gehören Sta-
chel- und Dornenbildung, die wir als ein der typischen Pflanze
wesensfremdes Element empfinden, zum Wesen der Xerophytenbildung, die einer fortschreitenden Entmerkurialisierung der
Pflanzenwelt bzw. der Involution gleichkommt, hinzu. Wie können wir uns dem Verständnis der Stachelbildung nähern, die im
Kakteenreich, wo Pflanzen mit 20 cm langen Stacheln auftreten,
welche die Eingeborenen als Stricknadeln benutzen, einen Höhepunkt erreicht?

Der Idee nach müssen Stachel und Dorn, der beim Kaktus an
die Stelle des völlig involvierten Blattes tritt, bereits in jeder normalen Pflanze veranlagt sein. Wir finden diese Veranlagung dort,
wo – wie oben geschildert – zunächst in sanfter Weise das Blätterwerk sulfurisch involviert und zur Spitze zusammengezogen wird
durch die im Sproß vorauswirkenden Blütenkräfte bzw. die dahin-
terstehende Pflanzenastralität. Wie der Vergleich einer am schat-
tig-feuchten Waldwiesenrand gedeihenden Skabiose mit einer an
einem freien, trockenen Wiesenhang gewachsenen Skabiose oder

einer Löwenzahnpflanze von Tal und Gebirge lehrt, fördern Trokkenheit und Lichtwirksamkeit die Durchgestaltung, Zuspitzung und «Zahnbildung» des Blattes auf Kosten der Blattoberfläche. Werden die so geförderten, den Sproß involvierenden Bildekraftwirkungen blütenhafter Natur von der merkuriellen Sproßmitte nicht voll abgefangen, so steigert sich ihre Wirkung zum Stachelkleid. Wir erblicken in Dorn und Stachel eine metamorphosierte Hochblatt- und Blattzuspitzungstendenz, die sich, von einer geschwächten Sproßmitte nicht verarbeitet, unausgeglichen mit dem Wurzel-Sal-Pol der Pflanze verbindet und dadurch verhärtet. Ihre ursprünglich verfeinernde Wirkung kommt jetzt in der Dünnheit und Spitze des Stachels zum Ausdruck. Nicht aufgrund irgendeines Zufalls oder aus einer verborgenen Zweckmäßigkeit heraus, die zum Beispiel einen Schutz gegen Tierfraß verbürgen soll, sondern aus einer inneren Notwendigkeit im Werdegang der Trockenpflanzen begegnen wir hier der Stachelbildung.

Stauen sich also einerseits im Kaktusstengel die aus der Wurzel hochdrängenden Bildekräfte und Stoffe, so prallen andererseits die Lichtkräfte unvermittelt auf, ohne das starre Gebilde verwandeln und zum Beispiel aromatisierend oder gliedernd der Blütensphäre entgegenheben zu können. Sie werden von der Pflanze in der Stachelbildung zurückgewiesen. In dieser entledigt sich ihr Organismus bestimmter Bildekräfte, deren Übermaß er nicht verarbeiten kann. In unheilvoller Weise versucht sich im Kaktus die astralisierende Welt der Blütenregion mit der physischen Ebene zu verbinden, wobei die Pflanze entartet. Allerdings läßt die Überfülle der Licht- und Wärmekräfte herrlich gesteigerte Blüten zu.

Die Xerophytenbildung entpuppt sich als ein pflanzliches Gegenbild der anfangs geschilderten Prozesse im menschlichen Organismus, die zu bestimmten Krampf- und Verhärtungskrankheiten führen. Tritt uns nicht im Kaktus das exakte Gegenbild des todbringenden, das Zentrum des rhythmischen Systems bedrohenden Herzkrampfes entgegen, zu dem sich das sonst so ausgeglichene

Weben der Astralität zum Stachel des Schmerzes verdichtet, Zirkulation und Zellatmung lähmt und den Herzmuskel in Sklerose und Infarktnarbenbildung verwüstet und erstarren läßt? In Kakteenbildung und Angina pectoris prallen physische und astralische Kräfte unter relativer Ausschaltung eines geschwächten rhythmischen Systems zusammen, wenn auch beide Prozesse ganz verschiedene Ursachen haben und sich in verschiedenen Ebenen abspielen.

Zweifellos hängt die Kakteenbildung mit einer Anpassung an die einseitigen klimatischen Umweltverhältnisse zusammen. Führen wir den Kaktus in günstigere Regionen, so bricht zugleich die schlummernde merkurielle Mitte durch und schließt den Sonderling wieder an die übrigen Pflanzengemeinschaften an. In den Phyllo- oder Blätterkakteen flacht sich der sukkulente Stengel blattartig ab, entringt sich der Säulenstarre und wirft das Stachelkleid ab. Wie geheilt steht die Kakteenpflanze vor uns und ist für den Laien gar nicht ohne weiteres als solche erkennbar, da sie ihrer wesentlichen Merkmale entledigt ist.

In anderer Weise kommt die merkurielle Wirksamkeit in der Königin der Nacht zum Durchbruch. Auch hier verwandelt sich unter dem Einfluß der jetzt von ozeanischer Wasserwirksamkeit abgefangenen Äquatorsonne der westindischen Inseln die starre Säule und beginnt in meterlangen, schlanken, sich verzweigenden Ranken, beweglich wie die Schlange Äskulaps, über die Kalkfelsen von Haiti zu klettern. Die sonst im Kaktus angestauten Bildekräfte der Wurzel werden dabei zugleich in zahlreichen Luftwurzelbildungen, die dem so verwandelten Sproß entstreben, frei, während das nur noch zarte Stachelkleid das Zurücktreten der Sulfurkräfte andeutet, die sich in der nächtlich aufbrechenden, kurzlebigen, riesigen, nach Vanille duftenden Blüte entladen. Die Wurzelbildungen im Luftbereich über der Erde und die Fähigkeit, die Nacht mit Blütenhelle und Duft zu durchleuchten, deuten die gewaltigen Kräfteverschiebungen an, die sich in dieser Pflanze abspielen, in

welcher der Entmerkurialisierungsprozeß der Kakteenwelt gleichfalls eine Heilung erfährt.

Offensichtlich liegt weniger in der Kakteenbildung als solcher
als vielmehr in der Tatsache, daß sich trotz der Verschiebung der
Kräftewirksamkeiten die Idee der Pflanze aufrechterhält und zu
einem Gegengewicht und neuen Gleichgewicht drängt, jene Dynamik verborgen, die eine Pflanze zur Heilpflanze macht.

Die bisherige Betrachtung sollte ein skizzenhaftes Beispiel dafür
liefern, wie in einer durch die «anschauende Urteilskraft» befruchteten Botanik die Möglichkeit entsteht, ein Bild der Pflanze zu
gewinnen, in dem ihre Bildekräftedynamik, die sich voll erst der
Imagination des Geistesforschers erschließt, beginnt aufzuleuchten. Dieses goetheanistische Bemühen ermöglicht jedoch zugleich,
das «Similia-Similibus-Prinzip» auf eine höhere Stufe zu heben, da
die Ähnlichkeiten in einem viel tieferen Sinne aufgedeckt und
durchschaut werden können; es wird zugleich die Grundlage einer
neuen, exakten Signaturenlehre abgeben. – Dabei müssen die che-
misch-physiologischen Einzelverläufe oder die medizinisch wirksamen Stoffe als Niederschlag der angedeuteten ätherischen Dynamik erfaßt werden. Es bedarf einer besonderen Untersuchung,
wann der Arzt sich mehr dieser Stoffe selbst und ihrer direkten
Wirkungen bedienen muß oder jener ätherischen Dynamik, die
das Wesentliche der Pflanze ausmacht.

Die Tatsache, daß Hahnemann die Heilmittel teilweise in einer
durch rhythmische Prozesse erhaltenen, oft unvorstellbaren Ver-
dünnung (Potenzen) anwandte, zeigt, daß er zugleich bereits auf
dem Wege war zu einer rein dynamischen Auffassung therapeuti-
scher Wirksamkeiten. Erst eine konkrete Erforschung der ätherischen Bildekräfte wird der schwierigen Klippe Herr werden können, welche hier der Homöopathie droht, die sich in vielen ihrer
Vertreter heute bereits gezwungen sieht, nur noch niedere Potenzen zu verwenden, um dem Vorwurf der Allopathie, sie heile mit
«nichts», zu entgehen (Hochpotenzproblem). In Wirklichkeit

eröffnet sich heute schon ein Weg zu erkennen, wie das rhythmische Zurückdrängen der Stofflichkeit durch das Potenzieren die Möglichkeit abgibt, die dadurch freiwerdenden Bildekräfte mit dem Medium zu verbinden, das stofflich gesehen zugegebenermaßen in der Hochpotenz kaum noch ein Molekül der Ausgangssubstanz enthalten mag.

Die meisten allopathischen, aber auch viele homöopathische Heilmittel sind in grober Dosierung Gifte für den menschlichen und zumeist auch für den tierischen Organismus. Für den Pflanzenphysiologen oder Pharmakologen ist die Entstehung eines sogenannten Pflanzengiftes eine reine Zufälligkeit, die durch irgendeine der vielen Mutationen in der Phylogenese auftrat und sich im Kampf ums Dasein als nützlich erwies. Warum sollte es unter den Hunderttausenden von organischen Molekülgruppen nicht auch solche geben, die dem menschlichen Organismus zufällig schädlich sind? – Die geisteswissenschaftliche Beobachtung einer Giftpflanze zeigt, daß *Gifte* dann entstehen, wenn die die Blüte umspielende Astralität die Pflanzenorganisation zu tief ergreift, diese also gleichsam einen Ansatz zur Tierbildung macht. Die Giftbildung wäre also ein physischer Ausdruck dafür, daß die ätherischen Kräfte von der Blütenastralität gleichsam vergewaltigt oder zu stark ihrer eigenen Natur entfremdet werden. Wiederum kommt es nicht darauf an, die Angabe der Geistesforschung als Dogma einer höheren Erfahrung hinzunehmen, sondern zunächst als Arbeitshypothese fruchtbar zu machen beziehungsweise kritisch und methodisch einen Weg zu einer solchen erweiterten Auffassung des Problems der Giftbildung zu gehen. Zunächst leuchtet die intime Beziehung, die das Giftproblem bei dieser Auffassung zum Krankheitsprozeß haben müßte, schlagartig ein, da – worauf wir oben hinwiesen – das Urbild vieler Erkrankungen in einem zu intensiven Eingreifen der Astralität in den Ätherleib des Menschen zu suchen ist. Es wäre also die Giftbildung ein geradezu spezifisches pflanzliches Gegenbild des Krankheitsprozesses.

Logischerweise muß bereits in der ungiftigen Pflanze ideell der Keim der Giftbildung liegen. Rudolf Steiner findet ihn in dem Blütenprozeß. Das Kennzeichen der Giftpflanze könnte demnach in übersteigerter, irgendwie metamorphosierter oder an falscher Stelle auftretender Blütenbildung zu finden sein. Dies ist in der Tat der Fall. Wir begegnen bereits in der Stachelbildung einem zu starken Eingreifen der Blütenastralität. Es müßte sich daher von ersterer aus eine Brücke zur Giftpflanze finden lassen. Sie liegt im Reich der Kakteen auch vor, wie uns Anhalonium Lewinii, auch Peyotl genannt, zeigen wird. Dieser berühmte und begehrteste, kaum faustgroße Kaktus Zentralmexikos wird seit Urzeiten von den Eingeborenen gesucht und zu kultischen Zwecken verwendet. Jetzt ist dieser Gebrauch entartet, und der Peyotl droht für den Westen zu werden, was das Opium für den Osten bedeutet: ein verderbliches Rauschgift. Der äußerlich harmlose, weil glatte, *stachellose* Kaktus birgt Pflanzengifte, die besonders in Gestalt des Mescalin genannten Alkaloids bewußtseinsverwandelnde Wirkung haben. Die Versuchsperson erlebt die herrlichsten Visionen und hat das Gefühl geistiger Überlegenheit. Bei Überdosierung kann das Gift unter sonnenstichähnlichen Symptomen zum Tode führen.

Beim Peyotl ist die Astralität, welche die Bildekräfte zur mechanischen Schärfe der Stachelbildung aufruft, nach innen geschlagen und hat sich in die chemische Schärfe des Giftes verwandelt. Die Pflanze kann sich der durch die übermäßige Sonnenstrahlung aufgerufenen Astralität nicht erwehren, die sich in unheilvoller Weise mit den gestauten Prozessen im Innern verbindet, wo der merkurielle Ausgleichsprozeß in Fesseln geschlagen ist. Die Fähigkeit der heißen, flimmernden Wüste, allerlei Luftspiegelungen oder Fata-Morgana-Gebilde im Reich der Elemente vor uns hinzuzaubern, scheint uns in der eigentümlichen Metamorphose aus dem Kakteeninnern entgegenzutreten.

Ein Blick auf den Spinnenkaktus (Echinocactus denudatus) macht diese Metamorphose verständlicher, da er ihre ideellen Zwischenglieder physisch festhält. Bei ihm sind die Stacheln in eigentümlicher Weise an den Körper gepreßt, verlieren etwas von ihrer Starre und winden sich. Wir schilderten oben, wie dem Kaktusstachel überflüssige Bildekräfte (Lichtätherkräfte) entströmen. Indem ein Teil der Stacheln des Spinnenkaktus sich in saftausscheidende Drüsen verwandelt, gewinnt dieser Ätherstrom physische Gestalt. Die angedeutete Stachelmetamorphose belegt in besonders schöner Weise, daß die Stachelbildung von astralischen Kräften umsprüht ist. Denn jegliche Säfteabsonderung, die eine gewisse Auflösung des Zusammenhalts der Zelle voraussetzt, erinnert an die Vorgänge in der Blüte, wo zum Beispiel die Nektarabsonderung ein besonderer Ausdruck der die Ätherkräfte dirigierenden Astralität ist. Beim Peyotl ist der angedeutete Absonderungsvorgang, zur Giftbildung gesteigert, rein funktionell im Innern zu denken.

In anderer Form zeigt die Natur im hohlen, mit einem schlangengiftähnlichen Sekret gefüllten, verkieselten Brennhaar der Urtica-Arten die intime Verwandtschaft zwischen Stachel- und Giftbildung, die im Tierreich, als dem eigentlichen Bereich astralischer Wirkungen, im Bienen-, Wespen- oder Skorpionstachel in eklatanter Weise in Erscheinung tritt.

Wenn auch die Kakteen zunächst verständlich werden als Anpassungserscheinungen an klimatische Bedingungen, die ein zu starkes Eingreifen gewisser astralischer Kräfte begünstigen, dürfen wir die Pflanze nicht zu passiv vorstellen. Die astrale Welt mit ihrer Fülle differenzierter Kräfte[1] kann von sich aus aufgrund der spezifischen Eigenart astralischer Qualitäten, die in jedem Einzelfalle mit geisteswissenschaftlichen Erkenntnismitteln erforscht werden müßten, eine *aktive* Tendenz entwickeln, sich zu tief mit der pflanzlichen Organisation zu verbinden und die Sinneswelt gleichsam begierig zu ergreifen. Ganze Pflanzenfamilien werden so zu einer Art Frühgeburt der Blüte hingedrängt und fangen die herankommende Astralität in der Giftbildung ab, wie dies besonders deutlich an der Signatur der Nachtschattengewächse abzulesen ist. Bei der Tollkirsche zum Beispiel schlägt der Blütenimpuls ohne vorbereitende Blattmetamorphose bald nach den ersten Blättern in den Sproß ein; die unverwandelte Vitalität der Pflanze drängt jedoch weiter, überwuchert die Blüte, die normalerweise Abschluß und Krönung des Stengels sein sollte, mit Seitensprossen, und dieser Prozeß wiederholt sich unzählige Male. Das ganze von Blüten durchsetzte Blattwerk wird zum Bilde der Verschiebung der Kräftesphären.

In anderer Weise macht sich in der Familie der Kompositen in den Disteln ein überstarker Einbruch astralischer Kräfte bemerkbar.

Von hier aus fällt ein Licht auf die Heilkraft der dornenbewehrten Rosaceenfamilie, wo sich in Gestalt gewisser Cyanverbindungen Giftbildung und Stachelproblem erneut überschneiden. In der typischen Rosaceenblüte begegnet uns in den zahlreichen Staubblattkreisen, die ein typisches Merkmal der fünfteiligen Blüte darstellen, eine Überfülle sulfurischer Kräfte, die zugleich ein betontes Eindringen der Astralität andeutet. Was fängt diese Familie, die sich von Wiesenkräutern über die Sträucher bis zur mehrjährigen Dauerpflanze in der Obstbaumbildung steigert, mit dem kosmischen Erbe an?

Betrachten wir den Schlehenstrauch (Prunus spinosa). Es ist immer wieder ein Erlebnis, wenn im ersten Frühjahr aus dem dunklen, harten, zähen, verdornten Holz unvermittelt die weiße Blütenüberfülle in aller Zartheit hervorbricht und die winterlich abgeschlossene Pflanzenorganisation in Duft und Blütenstaub über sich hinausführt und den kosmischen Umkreiskräften aufschließt. Besonders eindrucksvoll kann hier erlebt werden, wie die Weltenastralität die sprießende, die Materie verwandelnde Bildekräftedynamik des Sprosses aufruft zur höchsten Steigerung und Verwandlung der irdischen Substanz. In der Familie der Rosengewächse, wo in der Obstbildung die Materie zentnerweise verwandelt und mit kosmischen Imponderabilien sulfurisch durchsetzt und bereichert wird, ist dieser Ruf des Kosmos besonders intensiv. Er birgt jedoch seine Gefahren in sich, welche die Rosaceen bestehen müssen, um die veranlagten Möglichkeiten zur Entfaltung bringen zu können. Die Tatsache, daß bei Prunus der Blütenimpuls vor Beginn des Ergrünens hereinschlägt, zeigt deutlich das starke Herandrängen der Astralität und macht verständlich, daß vielfach dort, wo andere Pflanzen im Vegetationspol ein Maximum ätherischen Sprießens entfalten, in den Endknospen vieler Seitensprosse, ein harter Dorn dem Sprießen ein gewaltsames Ende setzt. Diese Stauung mit Zurückdrängung der großen Vitalität der Rosengewächse ist, im Gegensatz zu Heckenrose und Brombeere zum Beispiel, wo die Stachelbildung oberflächlicher und nur an der Seite der Stengelchen ansetzt, besonders intensiv. Sie bremst die Schußkraft der meterlangen Rankenvitalität (siehe Brombeere) ab, verhilft zur Strauchbildung und ist mit eine Voraussetzung für die gesteigerte Überleitung der Bildekräftedynamik zur Frucht, die ja im Baum ihren Gipfelpunkt erreichen soll. Die Vitalität würde sich ohne den starken Eingriff der Astralität in Trieb und Blattgestaltung erschöpfen. Die angedeutete Dynamik zwischen den ätherischen und astralischen Kräften aber setzt sich auch nach innen fort und führt insbesondere in Blüte und Frucht zur Bildung des Blausäureglycosids in Gestalt des Amygdalins.

Im Menschen unterliegen die sulfurisch gearteten Funktionen der Absonderung und Abscheidung, die den Stoffwechsel teils befeuern, teils entlasten, einer besonderen Tätigkeit des Astralleibes. Dies macht die volkstümliche Verwendung der Schlehenblüte verständlich, die mit ihren Sulfurkräften diese Vorgänge anzuregen vermag. Nach Madaus *(Handbuch der Biologischen Heilmittel)* werden «Flores Pruni spinosae überall dort verwendet, wo eine Steigerung der Diurese, Anregung des Stoffwechsels und Blutreinigung nötig erscheint. Sie sind ein gutes, mildes Abführmittel, das auch besonders für Kinder geeignet ist. Man gibt sie bei Verstopfung mit Magen- und Blähungsbeschwerden, Übelkeit und Brustbeklemmung.»

Gegenüber der durchsüßten, großen Zwetschgen- und Pflaumenfrucht verharrt die kleine, herbe, saure Schlehenfrucht, deren Fruchtfleisch sich nur schwer vom Kern löst, im Stadium relativer Involution, der Unreife anderer Früchte vergleichbar. Wie wir sahen, ist auch der Dorn ein Phänomen einer – allerdings übersteigerten – Involution. Was in der Verdornung an Bildekräften gestaut und in der die ganze Familie durchziehenden Vereinfachung der vielgliedrigen Rosaceenblätter erspart wird, ergießt sich letzten Endes in die Fruchtbildung der Obstgewächse hinein. Dieser Schatz verharrt jedoch in der Schlehe und Schlehenfrucht noch in einem Zustand der Stauung, die den ganzen Strauch charakterisiert. Dem Samenkorn vergleichbar, das, physisch arm an Substanz, von einer Konzentration die Winterkälte besiegender Bildekräfte umstrahlt ist, haben der Schlehenstrauch und seine Frucht die durch den Blütenprozeß hindurchgeläuterten Bildekräfte nicht voll verbraucht, obwohl dieselben auf dem Sprunge stehen, unter entsprechenden Bedingungen die Materie voll zu ergreifen und zu verwandeln, wie es im Zwetschgenbaum geschieht. Die hier platzgreifende Veredelung besteht in einer Förderung all jener Umweltbedingungen, die dem ätherischen Aufbau vom unteren Pol der Pflanze her ein Übergewicht geben. Die Astralität wird dadurch zurückgedrängt oder völlig abgefangen und gleichsam bezähmt. In den Edelobstbäumen verschwindet so die Stachel- und Dornenbildung, und die Giftprozesse werden auf ein Minimum reduziert. Die Bildekräfte sind zur vollen, physischen Evolution bis zur Erschöpfung aufgerufen.

Was uns bei der wilden Schlehe als Genuß- oder Nahrungsmittel entzogen wird, kommt uns als Heilmittel zugute. Ihre entgegengesetzte Bildekräftedynamik auf Grundlage einer ätherisch starken, jedoch zurückgehaltenen Pflanzenorganisation ist besonders geeignet, die ätherischen Aufbaukräfte des Menschen zu verstärken. So ist es zu verstehen, wenn Rudolf Steiner in Zusammenarbeit mit den Ärzten des Klinisch-Therapeutischen Instituts in Arlesheim unter anderem gerade Prunus spinosa in geeigneter Verarbeitung immer wieder als Medikament empfahl, wo es galt, bei Erschöpfungszuständen, in ätherisch geschwächten Konstitutionen und Einzelorganen der abbauenden und krankmachenden Tätigkeit des Astralleibes Einhalt zu gebieten. Während hierbei Prunus, in niederen Potenzen oder als Schlehenelixier oral gegeben, vorzüglich seine Einwirkung von den ätherischen Kräften des Stoffwechsels her entfaltet, greift es als Prunusbad mehr über das Sinnes-Nerven-System der Haut an. Eine spezifisch herausgearbeitete Indikation kommt dem von Rudolf Steiner angegebenen Injektionspräparat zu, mit dem es gelingt, unter anderem die ätherische Lungenorganisation zu stärken, wenn sich bronchialasthmatische Erscheinungen bemerkbar machen als Ausdruck einer übermäßig eingreifenden Astralität. Daß es hier zugleich darauf ankommt, der in der Allergie sich zeigenden Überempfindlichkeit des Astralleibes mit anderen Mitteln zu begegnen, sei der Vollständigkeit halber erwähnt. Ein Gencydo genanntes Präparat, das durch die neben Zitrone darin verarbeitete Quitte ebenfalls eine Anleihe bei den Rosaceen macht, leistet hier vorzügliche Dienste. Zugleich angegebene Injektionen mit Nicotiana tabacum sollen dabei den durch das zu tiefe Eingreifen des Astralleibes verursachten Deformitäten der physisch-ätherischen Organisation begegnen. Die angedeutete dreifache Injektionsbehandlung (subcutan) des Asthma bronchiale hat sich in Kombination mit anderen Mitteln, soweit diese von der individuellen Konstitution gefordert wurden, gut bewährt.

Die Familie der Rosengewächse zeigt einerseits in der Dramatik der Dornenbildung ein starkes Aufeinanderprallen der Gegensätze in der vermittelnden Ebene des Sprosses, andererseits in der rhythmischen Blattgestaltung eine besonders starke merkurielle, harmonisierende Wirksamkeit. Es wurde daraus verständlich, daß sich die Heilwirkung vieler Rosengewächse gerade auf das rhythmische System erstreckt, wie die Asthmabehandlung durch Prunus zeigt. Andererseits wird gerade neuerdings in der Homöopathie Prunus auch wieder als Herztonikum empfohlen. Hier hat sich jedoch besonders Crataegus, der Weißdorn, als Herzspezifikum das Feld erobert, der sich bekanntlich bei myocardschwachen Herzen, aber auch bei anginösen Beschwerden überraschend gut bewährt. Es muß einer besonderen Abhandlung vorbehalten bleiben zu zeigen, warum die bei Prunus sich auf das ganze rhythmische System erstreckende Wirksamkeit beim Weißdorn sich auf Herz (und Kreislauf) konzentriert.

Eine geisteswissenschaftlich erweiterte Medizin erstrebt nicht nur ein besseres, wesensgemäßes Durchschauen bereits gebräuchlicher Mittel, sondern vermag durch eine vertiefte Menschen- und Naturkunde zu klarer Indikationsstellung, aber auch zur Entdeckung, ja zur Schaffung ganz neuer Heilmittel zu führen. Wo die Bildekräftedynamik der Pflanze in konkreter Ganzheitsforschung durchschaut und auf die dreigliedrige Natur des Menschen bezogen werden kann, gelingt es auch, in der Natur veranlagte Prozesse in mannigfacher Weise weiterzubilden, zu verbinden, zu verwandeln und damit zu steigern, ohne in Gefahr zu kommen, den Menschen durch chemische Laboratoriumsprodukte zu vergewaltigen.

Ein typisches Beispiel ist hier ein auf die Angaben Rudolf Steiners zurückgehendes Herzheilmittel, das Cardiodoron, das in vielen Fällen Digitalis erspart hat und die Wirkungen von Crataegus zumeist übertrifft, ohne eine spezifisch herzwirksame Einzelkomponente zu enthalten. An der dreigliedrigen Natur des Menschen beziehungsweise des Herzens orientiert, stellt es eine Kombination dreier Pflanzen dar; diese ahmt in ihrer Eigenart und durch die Besonderheiten der Herstellungsverfahren den Entstehungsprozeß des Herzens gleichsam nach. Es würde den Rahmen dieser Ausführungen sprengen, darauf einzugehen. Doch sei in unserem Zusammenhang noch erwähnt, daß sich das Präparat aus einer Distel

(Onopordon acanthium), also einer Stachelpflanze, und aus zwei Giftpflanzen (Hyoscyamus und Primula offic.) konstituiert.

Paracelsus verlangte vom Arzt, daß er «durch der Natur Examen gehen» müsse. Er selbst trat diesen Gang jedoch mit allerletzten, verglimmenden hellsichtigen Fähigkeiten an, mit denen er den Bildekräfteleib – er nannte ihn «Archaeus» – noch erhaschen konnte. Diese Fähigkeiten sind in der Medizin von heute durch eine durch Apparate gesteigerte äußere Diagnostik und eine raffinierte chemisch-pharmazeutische Experimentierkunst ersetzt, deren Entwicklung wir nicht missen möchten. Biologische und homöopathische Bestrebungen, welche sich der Einseitigkeiten solcher Methoden und gewisser Gefahren bewußt werden, die hier lauern, suchen neue, zum Teil aussichtsreiche Wege und geraten dabei oft mit der Schulwissenschaft in Kollision. Wir sind der Überzeugung, daß die hierbei beschrittenen Wege auf die Dauer nur dann nicht in Sackgassen münden, wenn der mutige Schritt, der auf eine innere Erweiterung der menschlichen Erkenntnisfähigkeiten abzielt, gemacht wird im Sinne einer zeitgemäßen, meditativen Bewußtseinsschulung. Letztlich sind die Fortschritte der äußeren Entwicklung und damit auch der Wandel der Heilkunst von der Wandlung des Menschen selbst abhängig. Gibt es einen entscheidenderen Schritt, als den Metamorphosegedanken auf das menschliche Denken selbst anzuwenden, das der Steigerung zum Schauen fähig wird? – Daß die dabei von Fortgeschritteneren im geistigen Neuland gewonnenen Forschungsresultate, die einer direkten Erfahrung der übersinnlichen Wesensglieder und -kräfte ihren Ursprung verdanken, in Gedanken gemeißelt, verständlich und in der Praxis nutzbar gemacht werden können und einen wesenhaften Einblick in die Zusammenhänge von Gesundheit, Krankheit und Heilung ermöglichen, sollte skizzenhaft gezeigt werden. Zugleich konnte dabei vielleicht ersichtlich werden, wie eine goetheanistisch erübte Naturbetrachtung eine unerläßliche Brücke zu den rein aus der Geisteswissenschaft gewonnenen Beobachtungen und Gedankenrichtungen baut.

DIE NEUNGLIEDRIGE PFLANZE –
URPFLANZE UND KOSMOS

Das Rätsel des Lebens ist – naturwissenschaftlich gesehen – nach wie vor nicht gelöst. Zwar wächst die Zahl interessanter, bis in die Molekularstruktur vordringender Forschungsergebnisse unaufhörlich, aber der Blick für eine ganzheitliche Auffassung des Organischen wird durch die damit verbundene einseitige Denkweise immer mehr getrübt. Sie ist mitverantwortlich für die bekannten weltweiten Kränkungen des gesamten organischen Lebens. Trotz der Anerkennung der Entdeckung Goethes durch die Botanik, daß die ganze Pflanze metamorphosiertes Blatt ist, konnte man sich nicht entschließen, jeweils neu «Entdecktes in seiner Art anzuschauen». Der Einbezug der goetheanistischen Denkmethode ist aber heute nicht mehr eine Frage besserer Erkenntnis, sondern entscheidet über die Möglichkeit, zu einem heilsamen, praktischen Umgang mit dem Leben der Erde zu gelangen. Im folgenden soll am Beispiel der Pflanze gezeigt werden, daß sich Goethes Betrachtungsweise fruchtbar anwenden und vertiefen läßt.

In der dreifachen Ausdehnung zum Sproßblatt, Kronblatt und zur Frucht (Fruchtblatt) erreicht die Pflanze jeweils Höhepunkte ihrer individuellen Entwicklung. Diese Entfaltung tritt in den drei Phasen der Zusammenziehung zum Kelchblatt bzw. zur Knospe, zu Staubgefäß und Stempel sowie zum Samenkorn in involutorischer Weise zurück. Indem die heutige Biologie die Schlüsselbegriffe Polarität und Steigerung, mit welchen Goethe diese dreifache Dynamik erfaßt, überging, konnte sie auch den in diesen Wechselphasen obwaltenden und von Goethe zugleich entdeckten Urrhythmus des pflanzlichen Organismus bis heute nicht wahrnehmen und mußte auch das darin sich manifestierende und der anschauenden Urteilskraft offenbarende sinnlich-übersinnliche Ganzheitsprinzip der Urpflanze verkennen. Denn das hätte erfordert, «... mit beweglichen Begriffen anzuschauen. Das ist dasjenige, worauf es ankommt: das, was andere entdeckt haben, mit beweglichen Begriffen anschauen! Das ist das ungeheuer Bedeutungsvolle, daß Goethe diese beweglichen Begriffe eingeführt hat in das wissenschaftliche Leben.»

Die Biologie hat sich damit zugleich die Erkenntniswege zu einem wirklichkeitsgemäßeren Erfassen des tierischen und menschlichen Organismus verschlossen. Letzterer mußte – zum Schaden der Lebenspraxis in Pädagogik, Medizin und Sozialkunde – das «unbekannte Wesen» bleiben.

Goethes Betrachtungsart war vor allen Dingen auf den Gestaltwandel gerichtet. Sie ist zunächst betont ein morphologisches Vorgehen. Eine ganz andere Möglichkeit, das Wesen der Pflanze zu erfassen, ergibt sich, wenn der Blick auf Wurzel, Sproß und Blüte fällt und die Pflanze in ihrer typischen, vollen sommerlichen Entfaltung als dreigegliederten Organismus erkennt. Jetzt ist eine stärker auf das prozessuale Geschehen ausgerichtete Anschauung erforderlich. Auch hier zeigt sich das Gesetz der Polarität. Den zentripetalen, verfestigenden Tendenzen der Wurzel, welche Wasser und die darin gelösten Salze ansaugt, stehen die zentrifugalen, auflösenden Kräfte der Blüte polar entgegen, welche die organische Gestalt und Substanz zerstäubt und zur Duftsphäre ausweitet. Der rhythmisch gegliederte Sproß vermittelt den irdischen und kosmischen Pol, indem er in merkurieller Weise im Assimilationsprozeß Licht und Gasiges (als Kohlendioxid) aufnimmt sowie verdichtet, jedoch Sauerstoff und Wasser abgibt und verflüchtigt. Mit den Begriffen Sal, Merkur und Sulfur haben die noch aus der Mysterientradition schöpfenden Alchimisten auf diese drei Stoffgeheimnisse hingedeutet. Rudolf Steiner regte an, sie in moderner Form neu zu erforschen. Damit aber ist die noch lange nicht gelöste Aufgabe gestellt, das chemische Stoffgeschehen in seinem Zusammenhang mit den ätherischen und astralischen Kräftewelten zu erfassen.

Hier taucht jedoch eine wesentliche und schwierige Frage auf, die in aller Kürze zu beantworten das Hauptziel dieser Ausführungen ist. Wie läßt sich die sechsgliedrige Organisation, in der für Goethe die Urpflanze erscheint, mit dem dreigegliederten Aspekt zusammenschauen? Goethe hat – phänomenologisch orientiert – nur die oberirdischen Pflanzenteile erfaßt und die Wurzel überhaupt nicht erwähnt in seiner Metamorphosenlehre. Wieso konnte er trotz diesen «Übersehens» zu einer gültigen Idee der Urpflanze vorstoßen – oder ist diese in Frage zu stellen? Warum tritt andererseits bei der Dreigliederung Frucht- und Samenbildung ganz in den Hintergrund? Warum finden sich in der Blüte Phasen der Ausdehnung und Zusammenziehung, also polare Tendenzen, obwohl sie im Sinne der Dreigliederung von der einheitlichen sulfurischen Prozessualität beherrscht sind?

Den Schlüssel zur Lösung des Kernproblems hat Lothar Stettner entdeckt.[1] Er weist darauf hin, daß dort, wo Goethe von der Zusammenziehung spricht, stets zwei polare Bildetendenzen und Organe zusammentreffen und begrifflich auseinanderzuhalten sind. In der Blüte wird dies am deutlichsten. In ihrem Inneren findet die zweite Phase der Zusammenziehung statt. Selbst die Botanik unterscheidet bei den eigentlichen, zentralen Fortpflanzungsorganen das «männliche Prinzip» der Staubgefäße vom «weiblichen Prinzip» des Fruchtknotens mit Griffel und Stempel. Das Verstäuben der Blüte ist zugleich Höhepunkt und Ende des Blühens. Die etwaige Befruchtung leitet einen ganz neuen Prozeß, das Fruchten und die Samenbildung, ein, welche das Verblühen zur Voraussetzung haben. Dazwischen liegt oft – auch rein zeitlich

gesehen – eine längere Pause. In ähnlicher Weise beendet die Blütenknospe das Sproß- bzw. Stengelwachstum. Ihre Kelchblätter
erinnern zwar noch als gleichsam verkümmerte – zusammengezogene – Blätter an den grünenden Sproß, signalisieren aber bereits
eindeutig die Zukunft des ganz andersartigen Geschehens, eben
die neue Phase des Blühens. Aber schon zuvor ergreift die Zusammenziehung den Sproß in Gestalt der Verkleinerung, Vereinfachung und Zuspitzung seiner oberen Blätter. Diese beenden als
Hochblätter langsam das Sprießen und bereiten so die Blütenbildung vor. Sie müssen von den Kelchblättern deutlich unter-
schieden werden. In gleicher Weise läßt sich in der dritten Zusammenziehung, bei der Samenbildung, ein zur Vergangenheit und
zur Zukunft blickendes Janus-Doppelantlitz erkennen. Der in der
Wärme vertrocknende Same beendet das gesamte Wachstumsge-
schehen der dazugehörigen typischen einjährigen Pflanze und
schließt den Kreislauf des Lebens ab. In seinem Inneren aber birgt
er den feuchtigkeitshungrigen Keim der Zukunft, der jederzeit
bereit ist, unter geeigneten Bedingungen die Pflanze neu in Erscheinung treten zu lassen.

Es ist bedeutsam, in dem von einem Zeitenleib durchdrungenen
Organismus vergangenheitsverwandte und zukunftgerichtete Tendenzen zu erblicken. Bei einer genaueren Betrachtung läßt sich in
dieser Polarität jedoch die Gegensätzlichkeit von salhaften und
sulfurischen Prozessen erkennen, die im Strom des oberirdischen
Pflanzenwerdens jeweils dreifach metamorphosiert auftauchen.
Dazu sollen die Begriffe Sal, Merkur und Sulfur selbst noch etwas
eingehender charakterisiert werden.

Mit dem Einwurzeln verbindet sich die Pflanze fest mit der Erde
selbst. Sie betont diese Verankerung im tragenden Untergrund
durch die zum Erdmittelpunkt strebende Pfahlwurzel mit ihrem
«positiven Geotropismus». Die Salkräfte äußern sich auch in der
Lebenszähigkeit der Wurzel, welche dem Gesamtorganismus zugleich die Gestaltungs- und Verhärtungskräfte schenkt. Ohne letz-

tere wäre die erforderliche mechanische Druck-, Zug- und Standfestigkeit nicht zu erreichen.

Während der Salprozeß mehr im flüssig-festen Bereich wirkt,
werden die Sulfurkräfte mehr vom Luft-Wärme-Element getragen.
Sie erschließen den Organismus dem Umkreis und führen zur
«Verinnerlichung seiner Imponderabilien», die in Farbigkeit, Duft,
Geschmack und anderen Qualitäten aufleuchten. In der «organischen Flamme» Sulfurs offenbart sich dabei das innerste Wesen des
betreffenden Organismus, wird aber zugleich über sich selbst hin-
ausgeführt, um zu vergehen. Die Blüte als gleichsam verfeinerter
Sproß, von der Assimilationstätigkeit befreit, zeigt diese auflösenden Tendenzen besonders in der Pollenstaub- und Duftbildung.

Zwischen den angeführten Gegensätzen vermittelt der Merkuri-
alprozeß in rhythmischer Weise, was sich unter anderem in der
regelmäßigen Gliederung von Sproß und Blättern offenbart. Er
hat ein Bild im Wasserkreislauf; denn er stützt sich vor allem auf
das flüssige Element, welches sich einerseits zum fallenden Tropfen
verdichtet, andererseits verdunstend zum Umkreis aufsteigt.

Nichts ist der Goetheschen Betrachtungsart gemäßer, als im Teil
die Idee des Ganzen wiederzufinden. Ein erneuter Blick auf die
Blüte zeigt, daß ihr Sulfurgeschehen von Sal- und Merkurprozessen durchdrungen ist und sie selbst also der Idee der Dreigliederung unterliegt. Im Knospenzustand «verwurzelt» sie, die oft als
Schmarotzer des Sprosses aufgefaßt wird, sich auf letzterem. In den
nach unten weisenden umhüllenden Kelchblättern, welche mechanische Schutzfunktionen haben und von allen eigentlichen Blü-
tenorganen am beständigsten sind, manifestieren sich Salkräfte.
Den Gegenpol der Kelchblätter bilden die Staubgefäße, welche das
Grundorgan der Pflanze, das Blatt selbst, zur Auflösung führen
und nach der Umstülpung des Staubbeutels sofort zersprühen und
verwelken. Sie erweisen sich so als die höchste Stufe, als Gipfelpunkt der Sulfurprozesse in der Blüte. Zwischen der Polarität von
Kelch- und Staubblatt vermittelt – überraschenderweise – das

Kronblatt in merkurieller Art. Es ist der Hauptträger der Blüten-
farbigkeit. Die Farben selbst aber haben als Vermittler zwischen
Licht und Finsternis trotz ihrer sulfurischen Verbundenheit auch
merkurialen Charakter. Im Gegensatz zum einmaligen Aufgehen
der Staubgefäße vermögen sich viele Blütenkronen rhythmisch zu
öffnen und zu schließen.

Auch im merkurialen Sproßbereich läßt sich ein dreigegliedertes
Geschehen erkennen. Der Sproß verduftet gleichsam morphologisch in den schon erwähnten Hochblättern, wo die Zukunft der
Blüte bereits beginnt, und ist in den nährstoffbeladenen, einfachen
Keimblättern und den relativ ungeformten bodennahen Blättern
von den Sal- und Feuchtigkeitskräften der Wurzel noch stark
durchzogen.

Auch das Fruchten läßt sich erst im Lichte der drei Prozesse
tiefer verstehen. Im entscheidenden Moment der Befruchtung
schlägt die sulfurische zentrifugale Tendenz der Blüte in einen zentripetalen Prozeß um, welcher das Pollenkorn auf der klebrigen
Narbe haften läßt. Es beginnt zu keimen und wächst mit dem
Pollenschlauch durch den Griffel hinunter, um das Innerste des
Fruchtknotens aufzusuchen. Schon rein bildhaft ist ein zentraler
Verwurzelungsprozeß auf höchster Ebene erkennbar. Ein feines,
salhaftes, geotropes Geschehen führt das Pflanzenwesen, das in
den sulfurischen Weiten sich zu verlieren droht, zur Erde und
damit zu sich selbst zurück.

In der Rundung der Frucht zur saftdurchdrungenen Beeren-
und Kugelgestalt werden wir erneut an ein letztes merkuriales Geschehen in der dritten Ausdehnungsphase erinnert. Es entringt
sich langsam den unreifen, sauren, harten Vorstadien der Zusammenziehung im Fruchtknotenbereich der Salkräfte, um mit immer
stärkerer Aufnahme der Sulfurprozesse in die bekannte Qualitäten-
fülle hineinzureifen. In der Vervielfältigungs- und der Zerstreu-
ungstendenz der Samenkörner läßt sich eine Steigerung der Pol-
lenstaubbildung erkennen. Sie dorren im sulphurischen Feuer des

Wärmeäthers aus, wobei sich die «Blütenflamme» endgültig zu der organischen «Asche» auflöst. So gesehen haben wir auch im Stadium des Fruchtens eine zusammenfassende Abrundung der gesamten dreigliedrigen Pflanze in erhöhter Form vor uns.

Vor der anschauenden Urteilskraft ist damit die Gestalt einer drei mal drei-, also neungliedrigen Pflanze entstanden. In ihr ist das ursprüngliche Goethesche, sechsgliedrige Metamorphosenprinzip dreifacher Ausdehnung und Zusammenziehung mit der Dreiheit von Sal, Merkur und Sulfur harmonisch verwoben. Dabei erkennen wir in der dreifachen Ausdehnung von Sproß-, Kron- und Fruchtblatt jeweils ein merkurielles Geschehen. Bei den drei Phasen der Zusammenziehung ist hingegen eine Gestaltbildung mit verdichtenden, einwurzelnden Tendenzen zu unterscheiden, welche durch einen deutlichen Hiatus getrennt ist von solchen Bildungen, welche mit Verkleinerung, Verfeinerung und Auflösung einhergehen. In ersteren, also im Keimblatt, Kelchblatt und Fruchtknoten, wirkt der Salprozeß, in letzteren, im Hochblatt, Staubgefäß und Samen, ist der Sulfurprozeß am Werke.

In den drei Lebensphasen der oberirdischen Pflanze, Sprießen, Blühen und Fruchten, läßt sich also jeweils das Urbild der dreigliedrigen ganzen Pflanze wiederfinden. Das Grundwesen der Pflanze ist merkurieller Natur. Sie ist Brücke und Mittler zwischen irdischen und kosmischen Kräften. Deshalb tritt sie in der eigentlichen evolutorischen Entfaltungsphase des Blattes, den drei Ausdehnungen der Urpflanze, jeweils mit Hilfe der merkuriellen Prozesse – besonders ausgeprägt – in Erscheinung. Sie ist dabei jeweils von einem Sal- und Sulfurprozeß umrahmt. Durch ersteren verbindet sie sich jeweils mit der bereits vorhandenen Grundstufe und dadurch auch mit der Erde, durch letzteren befreit sie sich von der erreichten Verkörperungsstufe. Im vermittelnden Merkurprozeß muß sie dabei das jeder Phase entsprechende individuelle Gleichgewicht finden. Dieses ist z.B. beim Kopfsalat oder Krautkopf nach der salhaften Seite hin verschoben, im «schießenden» Sproß nach der sulfurischen Blütenseite.

Die Salprozesse der Wurzel wirken, wie nachgewiesen, in dreifach metamorphosierter Form in der oberirdischen Pflanze mit. Deshalb konnte der geniale Blick Goethes an letzterer, ohne eine Pflanze ausreißen zu müssen, ein vollgültiges Bild der Urpflanze gewinnen.

Mit dieser skizzenhaften Darstellung der neungliedrigen Pflanze ist ein neuer Schlüssel geschaffen, dessen Benutzung durch den jeweils zuständigen Fachmann zu einer wesentlichen Vertiefung bei der Erforschung botanischer Grund- und Einzelprobleme in Medizin, Landwirtschaft usw. beitragen kann. Die praktische Anwendung darzustellen, würde den Rahmen dieses Aufsatzes sprengen. Doch sei als Beispiel auf die Morphologie des Sproßblattes noch kurz hingewiesen. Vielen goetheanistisch vorgehenden Betrachtern hat sich bereits gezeigt, daß mit der bloßen Anwendung der undifferenzierten Begriffe Ausdehnung und Zusammenziehung das Gestaltproblem nicht befriedigend zu bewältigen ist. Es besteht die Gefahr, daß sie sich nunmehr von ihnen abwenden und damit den zentralen Boden der Idee der Urpflanze und der Metamorphosenlehre Goethes zu verlassen. Bei der Aufschlüsselung des Begriffes Zusammenziehung im obigen Sinne ergeben sich jedoch völlig neue Möglichkeiten. Auch im Sproßblatt selbst, dem Gebilde der ersten Ausdehnung, läßt sich jetzt die dreigliedrige Pflanze bzw. der dreigegliederte Sproß wiederfinden. Der Blattstiel, die härteste Bildung am typischen, etwa herzförmigen Blatt wurzelt gleichsam über die Verdickung und Verdichtung des Knotens am Stengelgrund. Die zusammengezogene, keimträchtige Blattachselknospe betont die Beziehung dieser Blattregion zum Salprozeß. Es handelt sich um Zusammenziehung mit Verdichtung. Die sulfurisch getönte Zuspitzung der blütennahen Hochblätter hinwieder spiegelt sich in der Verschmälerung und Zuspitzung des Blattes selbst. Es handelt sich um Zusammenziehung mit Verfeinerung im sulfurischen Sinne. Das intensive Zusammenwirken der polaren Tendenzen – vermittelt von einem starken merkuriellen Prozeß – führt zu den gefiederten Blättern, wie sie besonders in der harmonisch-rhythmischen Struktur vieler Rosaceenblätter sich zeigen. Überwiegt aber in dieser Familie, wie etwa bei der Baumbildung der Obstgewächse, der irdische Salprozeß (Bäume als aufgestülpte Erde), so ziehen sich die Blätter «salhaft» zu einfachsten Gebilden, wie wir sie z.B. vom Apfel- oder Kirschbaumblatt her kennen, wieder zusammen. Im dreigliedrigen Blütenprozeß hinwiederum wird die zur Erde weisende Salbildungstendenz sofort ersichtlich, wenn sich die getrennt-blumenblättrigen (dialypetalen) Blüten zu verwachsen-blumenblättrigen (sympetalen) glocken- oder trichterförmig zusammenziehen und vom Umkreis – wie etwa der Fingerhut – zur Erde wenden.

Im folgenden soll gezeigt werden, wie durch die Zusammenschau von Goethes Urpflanze mit der Dreigliederung zugleich die Möglichkeit geschaffen ist, die Pflanzenwelt als Ausdruck der Dreigliederung des Planetensystems zu erkennen und an ihren kosmischen Ursprung in sinnvoller Weise anzuknüpfen.

In dem Stufenbau der Naturreiche ist die Pflanze das erste Wesen, das einen «Zeitenleib» besitzt, wie Rudolf Steiner den Ätherleib auch genannt hat. Da dieser aus den Kräftesphären des kosmischen Umkreises gebildet wird, lebt die Pflanze die Rhythmen der Sterne in so intensiver Weise mit wie kein anderer Organismus. «Denn, was die Sterne tun, das bildet die Pflanze getreulich nach»[2] – wodurch sie sich aber auch in einer entsprechenden Abhängigkeit befindet. Der Jahreskreislauf der Sonne spielt dabei eine existenzbestimmende Rolle. Tritt uns doch die typische, einjährige Pflanze nur in der warmen Jahreszeit voll ergrünt und erblüht vor Augen, während sie auf das Hinschwinden der Sonnenkraft mit dem Sich-Zurückziehen in das Samenkorn antwortet. Der übergeordnete Sonnenrhythmus des Jahreslaufes wandelt sich so in seinem irdischen Dasein zum Rhythmus der Evolutions- und Involutionsphase.

Goethe hat in seiner Metamorphosenlehre diesen Rhythmus im gesamten pflanzlichen Werdeprozeß gleichsam als Nachklang aufgedeckt, indem er von der dreifachen Ausdehnung und Zusammenziehung des Urorgans der Pflanze, des Blattes, spricht. Obwohl im *Faust* vom «Auf- und Niedersteigen der Himmelskräfte» die Rede ist, war er jedoch noch nicht in der Lage, das Pflanzenleben an den Kosmos anzuknüpfen, «weil die Zeit dazu noch nicht gekommen war, dieses Pflanzenleben, für das er die Formel gefunden hat, nun [zu] beziehen auf die ganze Welt».[3] Rudolf Steiner hat sowohl für die Goethesche Urpflanze als auch für die im Sinne der Prinzipien Sal, Merkur und Sulfur angeschaute dreigegliederte Pflanze kurze, aber entscheidende kosmologische Hinweise gegeben, die bisher allerdings nur wenig beachtet wurden.

In einem pädagogischen Vortrag in Stuttgart vom 10. April 1924 knüpft Rudolf Steiner die polaren Gestaltungsphasen des Wachstums, ja, sogar Spreiten- und Stengelbildung des Blattes, an das kosmische Gegenspiel von Sonne und Mond an. «Ausdehnung und Zusammenziehung ist das Spiegelbild in der Pflanze von demjenigen, was aus Weltenweiten, aus Ätherfernen herunterwirkt auf die Erde in den Kräften von Sonne und Mond [...]»[4] Wenn man an die auch äußerlich erkennbare, intensive Beziehung des pflanzlichen Organismus zum Sonnenlicht denkt, das eine Grundvoraussetzung allen irdischen Lebens ist und jede Pflanze ergrünen, aufblühen und ihre Früchte reifen läßt, überrascht die Zuordnung der dreifachen Ausdehnung des Blattes zur Sonne nicht. Und doch liegen hier tiefere Beziehungen zugrunde. Die heutige Sonne weist auf den alten Sonnenzustand der Erde zurück, in welchem erstmals die Gesamtevolution mit dem ätherischen Leben begabt wurde und so die organische Stufe erreichte. Die Pflanzenheit der Erde hält diesen Urzustand heute noch fest und kann deshalb

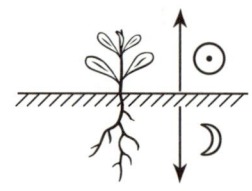

Abb. 1

nur – durchwirkt von ätherischen Sonnenimpulsen – die evolutorischen Höhepunkte in der Ausdehnung von Sproß-, Kron- und Fruchtblatt erreichen.

Inwiefern aber wirkt sich der Mond in der dreifachen Zusammenziehung aus? Wie der Vollmond im synodischen Phasenrhythmus deutlich zeigt, ist das Gestirn der Nacht in vieler Beziehung ein polarer Partner der Sonne. Bereits wenn der Pflanzensame keimt, spiegelt sich diese Polarität wider. Die Keimblätter streben nach oben zum Sonnenlicht und die Wurzelanlage zur Erde in die Finsternis (siehe Abb. 1). Diese Kraft der Wurzel – den «positiven Geotropismus» – erhält die Pflanze vom Mond, der nicht nur sein eigenes Sein als Gestirn unmittelbar an die Erde gebunden hat, sondern durch die Kräfte seiner Sphäre alles Leben über Vererbung, Fortpflanzung, Zellteilung und Keimung an die Erde bindet und im materiellen Sein erhält. Mit diesen Mondenkräften zusammen wirken die beiden untersonnigen Planeten Merkur und Venus, die beiden einzigen Sterne, welche sich im Fernrohr in Mondphasengestalt zeigen. Sie können gleichsam als die «Monde der Sonne» aufgefaßt werden. «Merkur, Venus und Mond sind dasjenige, was in der Pflanze die Tendenz zur Erde, nach unten erzeugt und was seinen bezeichnendsten Ausdruck findet in der Wurzelbildung. So daß alles dasjenige, was irdisch erscheint, eigentlich zugleich beeinflußt ist von den untersonnigen Planeten mit dem Monde im Zusammenhange.»[5] Prozessual gesehen wirken

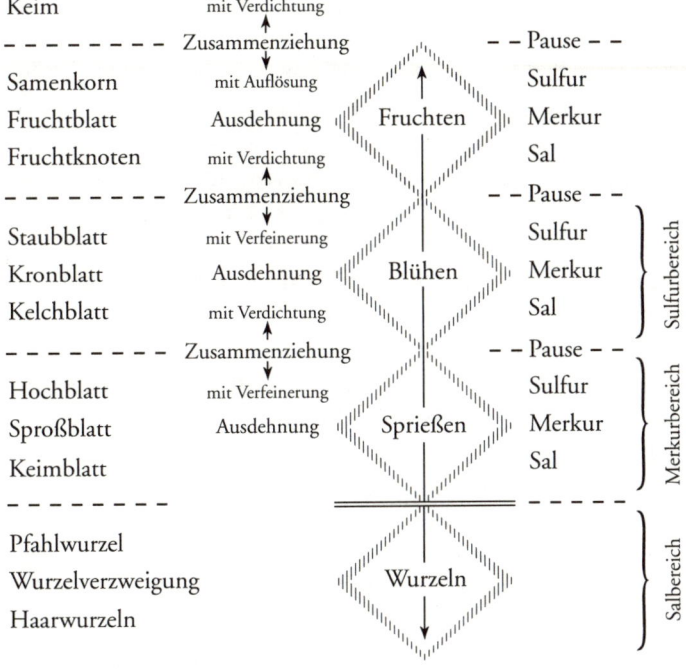

Keim	mit Verdichtung				Pause
Samenkorn	mit Auflösung				Sulfur
Fruchtblatt	Ausdehnung		Fruchten		Merkur
Fruchtknoten	mit Verdichtung				Sal

Keim — mit Verdichtung

‑ ‑ ‑ ‑ ‑ ‑ ‑ Zusammenziehung ‑ ‑ Pause ‑ ‑

Samenkorn — mit Auflösung — Sulfur
Fruchtblatt — Ausdehnung — Fruchten — Merkur
Fruchtknoten — mit Verdichtung — Sal

‑ ‑ ‑ ‑ ‑ ‑ ‑ Zusammenziehung ‑ ‑ Pause ‑ ‑

Staubblatt — mit Verfeinerung — Sulfur ⎫
Kronblatt — Ausdehnung — Blühen — Merkur ⎬ Sulfurbereich
Kelchblatt — mit Verdichtung — Sal ⎭

‑ ‑ ‑ ‑ ‑ ‑ ‑ Zusammenziehung ‑ ‑ Pause ‑ ‑

Hochblatt — mit Verfeinerung — Sulfur ⎫
Sproßblatt — Ausdehnung — Sprießen — Merkur ⎬ Merkurbereich
Keimblatt — Sal ⎭

‑ ‑ ‑ ‑ ‑ ‑ ‑

Pfahlwurzel ⎫
Wurzelverzweigung — Wurzeln ⎬ Salbereich
Haarwurzeln ⎭

Abb. 2

alle diese mondartigen Kräfte besonders mit dem Prinzip des Salhaften zusammen, das vorwiegend in den verdichtenden Zentripe-
taltendenzen der Wurzel tätig ist.

Wir haben gesehen, wie bei der jeweiligen Phase der Zusammenziehung zwei Organgruppen zu unterscheiden sind: solche mit
verdichtenden, salhaften und solche mit auflösenden, sulfurischen
Tendenzen. Insofern das Mondenhafte im Sinne der Angaben
Rudolf Steiners auch in der oberirdischen Pflanze zu verfolgen ist,
können wir es in den dem Salprozeß verwandten Prozessen der

Zusammenziehung, also im Keimblatt-, Knospen- und Fruchtknotenbereich, entdecken. Es sind jene Organbezirke, welche – wie schon gezeigt – das pflanzliche Leben immer wieder nach unten hin «verwurzeln» und damit zur Bindung an die Erde führen. Sie stellen im sonnendurchwirkten Sprießen und Blühen dar «alles dasjenige, was irdisch erscheint» und «eigentlich zugleich beeinflußt ist von den untersonnigen Planeten mit dem Monde im Zusammenhange».[6] Auf die in Abbildung 3 (S. 101) angedeutete Differenzierung dieser im Salhaften wirkenden Planetenkräfte soll hier nicht näher eingegangen werden.

Als merkurielles, Umkreis und Erde vermittelndes Wesen muß die Pflanze in vielfältiger Weise in ihren Arten und Gattungen den jeweiligen Gleichgewichtszustand finden. So ist z.B. eine von der heutigen Botanik meist noch übersehene Polarität diejenige von vitalisierenden und entvitalisierenden Prozessen. Erstere wirken mehr von unten her, Substanz bildend und zur äußeren Entfaltung und Üppigkeit treibend. Sie werden vor allen Dingen bei den Nahrungspflanzen aufgerufen. Letztere ergreifen die Pflanze von oben her, drängen die zur Größe und Quantität strebenden Bildungen zurück, um sie zu verfeinern und mit mannigfachen Qualitäten zu versehen. Ihr Übermaß führt zu Abbauerscheinungen bis zur Giftbildung. Hierher gehören viele Heilpflanzen.

Schon bei der Verkleinerung und Reduktion des Sproßblattes zu den schmalen, «kümmernden» Hochblättern des Stengels entsteht die Frage: Wer «hält mit mächtigen Händen die Bildung an» und zieht den «Trieb der strebenden Ränder zurücke» (Goethe) und bremst schließlich sogar die Schußkraft des Stengels ab, auch wenn alle äußeren Bedingungen des Wachstums weiterhin voll gegeben sind? Ein ähnlicher entvitalisierender Prozeß löst die Fülle der Blumenkrone in die Staubblätter auf. Die stärkste lebensfeindliche Kraft aber zeigt sich bei der involutorischen Schrumpfung in die «Todesstarre» des Samenkorns. Wie bereits gezeigt, handelt es sich bei diesen drei Rückbildungsschritten um eine Zusammenziehung mit verfeinernden und auflösenden, also sulfurischen Tendenzen. In der dreigliedrigen Pflanze treten diese im eigentlichen Blütenbereich voll in Erscheinung. Deshalb wird hier auf die primäre, «grobe» Substanzbildung in Gestalt der Assimilation des Sprosses völlig verzichtet, und wir haben eine zarte, relativ entvitalisierte, kurzlebige Bildung vor uns. Nun kann nur noch die totale Involution in das Samenkorn hinein erfolgen. Die blühende Pflanze ist hinausgewachsen über das im Sproß zwischen den physischen und ätherischen Kräften herrschende merkuriale Gleichgewicht. Die Geistesforschung zeigt den Einbruch astralischer Kräftebereiche, welche die Blüte umspielen und sie zum Bild der Weltseelenhaftigkeit ausgestalten. Die Begegnung mit der Insektenwelt ist ein anderer Ausdruck hierfür. Daraus wird ersichtlich, daß das Wesen der sulfurischen Prozesse tiefer verstanden werden kann, wenn in Zukunft bis in den chemischen Stoffbereich der Abdruck dieser Berührung der ätherischen mit den polar wirkenden astralischen Kräften verfolgt wird. – Im Sal-Bereich der Wurzel geschieht das Entgegengesetzte. Hier stößt das Ätherwirken an die mineralischphysische Welt und staut sich zur Lebenszähigkeit dieses Erdenorgans. So spiegeln sich in der dreigliedrigen Pflanze die Kräfte der drei Naturreiche.

Welche Sternenkräfte aber sind – kosmologisch gesehen – in der Lage, dem mächtigen Sonnenwalten, das «die Pflanze ganz sich aneignen und sie fortwährend fortsetzen würde ins Unendliche»,[7] erfolgreich entgegenzuwirken? Wer sorgt also dafür, daß «die Bäume nicht in den Himmel wachsen»? Die Geistesforschung verweist hier auf die Sphären der sonnenfernen, obersonnigen Planeten. Diese «bewirken einen Rückgang der nach oben gerichteten Kraft, indem sie dasjenige, was sonst bloß in der Blattspirale zum Ausdruck kommen würde, zurückstauen und die Blüten- und Samenbildung bewirken. Wenn Sie also von der Blattbildung an das Werden der Pflanze nach oben betrachten, so müssen Sie seinen Ursprung zuschreiben denjenigen Kräften, die aus dem Zusammenwirken entstehen des Sonnigen mit dem Marshaften, Jupiter-haften und Saturnhaften.»[8]

In den sulfurischen Auflösungstendenzen der dreifachen Zu-sammenziehung, welche sich der Ausdehnung des merkuriellen Sonnenwirkens entgegenstellen, wirken also Mars, Jupiter und Sa-turn. Es sind die einzigen sichtbaren Planeten, welche der Sonne in Opposition entgegentreten können. Sie entfalten dabei zugleich – die ganze Nacht am Himmel stehend – ihren strahlendsten Glanz und kehren in ihrer Schleifenbildung den von der Sonne im Tier-kreis von West nach Ost vorgeschriebenen Lauf in Rückläufigkeit um. Im folgenden soll auf der Grundlage der neungliedrigen Pflanze versucht werden, ihr Wirken in den Metamorphosen der sulfurischen Prozesse differenziert zu erkennen.

Im Sinne Goethes birgt die Natur kein Geheimnis, das sie nicht irgendwo offenbart. Ein solcher Punkt liegt im Pflanzenreich in der sehr rätselhaften Dornen- und Stachelbildung vor, die zunächst wie ein Fremdkörper anmutet. Und doch muß die Anlage dazu in der normalen Pflanze aufzufinden sein. Es handelt sich um überstarke Entvitalisierungstendenzen, die z.B. beim Schlehenstrauch den Sproß so stark ergreifen können, daß dieser im Quellpunkt des vege-tativen Lebens selbst verhärtet, d.h. aber verdornt und nicht mehr weiter sprießen kann. Offensichtlich handelt es sich um ein Stau-ungsgeschehen, das die Pflanze wie von außen ergreift. Wir dürfen darin aber die gleichen sulfurischen Feuerkräfte erblicken, welche in dem geschilderten Reduktionsprozeß die Hochblätter verfeinern und zuspitzen und so die endgültige Stauung durch den Blüten-impuls vorbereiten. Es lassen sich in diesem, dem ätherischen Sprie-ßen entgegenstehenden Astralisierungsprozeß übersteigerte Mars-wirkungen erkennen, welche der pflanzliche Organismus in der Dornen- oder Stachelbildung gleichsam abfängt. Sie wirken nor-malerweise in jedem Sproß und bereiten im Hochblattbereich die Blütenbildung vor. Dieses marshafte Sulfur-Element steht dem

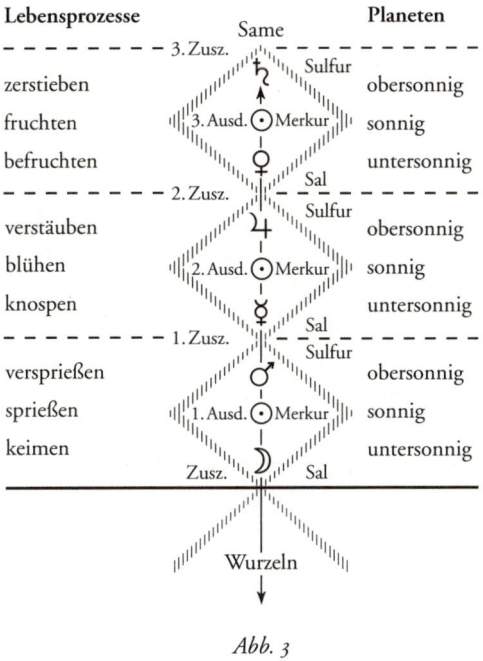

Lebensprozesse	Same	Planeten
- - - - - - - - 3. Zusz.	Sulfur	- - - - - - - -
zerstieben	♄	obersonnig
fruchten	3. Ausd. ☉ Merkur	sonnig
befruchten	☿	untersonnig
- - - - - - - 2. Zusz.	Sal	- - - - - - -
	Sulfur	
verstäuben	♃	obersonnig
blühen	2. Ausd. ☉ Merkur	sonnig
knospen	☿	untersonnig
- - - - - - - 1. Zusz.	Sal	- - - - - -
	Sulfur	
versprießen	♂	obersonnig
sprießen	1. Ausd. ☉ Merkur	sonnig
keimen		untersonnig
	Zusz. ☽ Sal	

Wurzeln

Abb. 3

mondenhaften Sal-Element polar entgegen, welches in den Keimblättern und in den noch relativ ungeformten Blättern des unteren
Sproßbereiches wirkt. Dazwischen entfaltet das Sonnenhafte sein
eigentliches merkuriales Sprießen (siehe Abb. 3).

In ähnlicher Weise läßt sich in dem dreigegliederten Blütenprozeß ein Abglanz des Planetensystems erkennen. Das Sonnenwesen
der Blumenkrone kann sich mit dem Sproß durch ein abge-
schwächtes, nach unten weisendes Mondenelement verbinden in
der vom Kelch umhüllten Blütenknospe, während es durch ein
obersonniges Sulfur-Element aufgelöst oder gleichsam vergeistigt
wird. Hierin sind die stärker wirkenden Kräfte Jupiters zu erkennen, dem es erstmals gelingt, das Blatt – also das alles Leben

tragende Grundorgan der Pflanze – nicht nur zusammenzuziehen, sondern in Blütenstaub und Duft regelrecht aufzulösen. Allerdings darf nicht übersehen werden, daß mit einer solchen Chaotisierung der Blattstruktur die Pflanze zur Aufnahme kosmischer Imponderabilien aufgeschlossen wird, die weit über die Sonnensphäre hinausreichen. Ihnen verdankt die Blütenwelt ihre Gestaltenfülle und die mannigfachen Qualitäten von Farbe und Duft. Sie sind ein Ausdruck des Zusammenwirkens von Sonne und Jupiter, die sich darüber hinaus selbstverständlich mit allen anderen Planeten konstellativ verbinden können (siehe Abb. 3).

«Jupiters erstrahlende Weisheit» ist in der Ausarbeitung des menschlichen Gehirns und in der Denktätigkeit selbst auf höherer Ebene wirksam. Einen naturhaften Abglanz dieser Prozesse können wir entdecken beim Verfolgen der Wege der Pollenkörner. Beim Denken kommt es darauf an, das Wesentliche vom Unwesentlichen zu unterscheiden und zwischen scheinbar zusammenhanglosen Teilen begriffliche Beziehungen herzustellen. Gelingt dies, dann leuchtet die Idee des Ganzen als innerer Zusammenhang auf. – Durch Wind und Insektenbestäubung werden viele Pollenkörner einer Pflanze auf die Narben andersartiger Pflanzen gebracht, ohne dort Fuß zu fassen. Zum Wesensfremden wird keine Beziehung hergestellt. Bei der Begegnung mit der «richtigen» Pflanze aber, also einem Individuum gleicher Art, erfolgt die tiefgreifende Befruchtung, welche zugleich die Art als solche erhält. Beim Verfolgen vieler solcher feiner, funktioneller Brückenschläge von Einzelindividuum zu Einzelindividuum entsteht vor unseren Augen etwas wie ein sinnlich-übersinnlicher Zusammenhang, in welchem die betreffende Pflanzenart als Ganzheit – also die Idee ihrer Art – selbst aufleuchtet.

In diesem lichtätherischen Gewebe ist das Weisheitswirken Jupiters abzulesen.

Mit der Frucht- und Samenbildung treten wir in den sonnenfernen Sphärenbereich Saturns ein. Nur schwer gelingt es vielen

Pflanzen, in ihm den Sonnenimpuls nach der zweiten Zusammenziehung ein drittes Mal zum Aufleuchten zu bringen. Denn lange nicht alle Pflanzen vermögen die Fruchtblattanlage zur regelrechten «Fruchtkugel» anschwellen zu lassen. Im Fruchtknoten und in dem keimenden «Wurzelschlagen» des der Narbe verhafteten Pollenkorns, das den Pollenschlauch aussendet, zeigt sich deutlich ein untersonniges Mondenelement, «das in der Pflanze die Tendenz zur Erde, nach unten erzeugt».[9] Es sind hier die feinen Salkräfte der Venus am Werke, welche die Grundlage für ein erneutes Einwirken der Sonne in Gestalt des Fruchtens bilden. Diesem letzten Ergrünen, merkuriellen Durchsaften und sonnenhaften Ausreifen steht mächtig die obersonnige Sulfurkraft Saturns, des äußersten Planeten, entgegen, welcher dem ganzen Pflanzenbildeprozeß eine Grenze setzt. Er wirkt vor allem durch ein einseitiges Aufrufen der Wärmekräfte. In ihnen reift einerseits – im konjunktiven Zusammenklang des Saturns mit der Sonne – die Fruchtkugel zur durchsulfurisierten Endstufe heran, andererseits wird oft die Fruchtblatthülle vorzeitig zum Vertrocknen, Verdorren und Ersterben geführt und bildet als Ausdruck saturnischer Oppositionskräfte gleichsam nur noch die Urne der «Samenasche» aus. Die entvitalisierende Tendenz führt bei solchen Samenkapseln zur völligen Entwässerung. Das Wasser aber ist das Medium allen ätherischen Vitalisierens.

Mars vollführt am Himmel in zwei Jahren nur eine Oppositionsschleife und ist dabei 74 Tage rückläufig. Der im Vergleich zur Sonne 30mal langsamere Saturn aber führt in der gleichen Zeit zwei Schleifen aus und ist dabei zweimal 4,5 Monate, das sind 270 Tage, rückläufig; er betont so seine starke Oppositionskraft. Jupiter hält in jeder Beziehung die Mitte. Diese Steigerung der dreifachen Metamorphose planetarischer Kräftewirkungen spiegelt sich im pflanzlichen Organismus in der zunehmenden Entvitalisierung. Die obersonnige Marswirkung setzt dem sprießenden Stengelwachstum zwar eine Grenze, aber die Lebenstätigkeit des

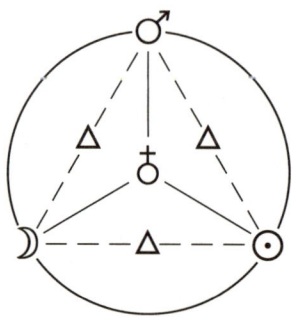

Abb. 4

Sprosses bleibt erhalten. Das Zersprühen des letzten Staubgefäßes in der Jupiterwirkung ruft hingegen die Blüte zum Verblühen auf. Das im Wirken Saturns ausgereifte Samenkorn aber spricht das Todesurteil über die ganze einjährige Pflanze aus, die schließlich in der Vielfalt der Samen zerstiebt (siehe Abb. 3).

Im dreigegliederten Sprießen, Blühen und Fruchten spiegelt sich somit jeweils das dreigliedrige planetarische System. Jede Lebensphase der Pflanze ist ein neuer Dreiklang aus der Harmonie der Sphärenrhythmik. In ihm erklingt das Sonnenhafte als zentrales Element und wird umrahmt von der Polarität der unter- und obersonnigen Wandelsterne, die sich mit seinen Kräften verweben. Die alte Mysterienweisheit wußte um das tiefe Geheimnis der dreifachen Sonne. Es wird in der oberirdischen Pflanzengestalt in naturhafter Weise offenbar. Die goetheanistische Ausarbeitung der durch die Sal-, Merkur- und Sulfurprozesse neungegliederten Pflanze war die Voraussetzung, um mit Einbeziehung der Geisteswissenschaft die Siebenheit der Planeten aufleuchten zu lassen. Damit aber ist ein entscheidender Schritt gemacht, die Pflanzenkunde der Zukunft kosmologisch vertiefen und erweitern zu können. Dies ist für die praktischen Belange in Landwirtschaft und

Medizin unerläßlich, denn «ehe man nicht kennt, wie sich in der Pflanze das ganze zu uns gehörige Planetensystem ausdrückt und wie es sich andererseits im Menschen wiederum ausdrückt, kann man eigentlich den Zusammenhang zwischen dem Pflanzensystem und dem Menschensystem nicht durchschauen».[10]

Zu diesem Beschauen gehört, daß jede Pflanzenart und -gattung als Ausdruck einer bestimmten, in sich differenzierten und individualisierten planetarischen Kräftekonstellation erfaßt wird, welche ihrer ursprünglichen Entstehung zugrunde liegt. Eine spirituelle Botanik der Zukunft wird kosmologisch z.B. die Metamorphosen des Sprosses aus den möglichen Konstellationen von Mond, Sonne und Mars erläutern können. Dabei ist selbstverständlich zu berücksichtigen, daß sich – konstellativ gesehen – mit diesen drei Gestirnen alle anderen verbinden können. Rudolf Steiner fordert selbst zu einem solchen Fortgang der Forschung auf, wenn er im Hinblick auf eine «regelmäßig» aufwachsende Pflanze davon spricht, daß man in ihr etwas findet, «was die Erde entgegensendet, indem sie sich in einer liebevollen Art an das Sonnen- und Mondenhafte des Kosmos hingibt, was beiden in der gleichen Weise huldigt», bezüglich der Kaktuspflanze aber die Notwendigkeit betont, «den Kampf zwischen Sonnen- und Mondenwirkungen»[11] zu erkennen. Bei einem regelmäßig ausgebildeten Sproß ist ein harmonisches, trigonales Zusammenwirken von Mond, Sonne und Mars anzunehmen (siehe Abb. 4). Tritt aber Mars in Oppositionsstellungen, dann kommt es zu vorzeitigen Stauungen wie z.B. bei den Rosettenpflanzen. Treten aber Mars und Mond in Opposition und «verletzen» zugleich in scharfer Quadratur die Sonne, dann ergibt sich das Bild eines völlig entmerkurialisierten Sprosses, in dem die Sonnenwirkung in den Mondbereich des Stengels zurückgestaut ist (Sukkulenz) und Mars anstelle der Blätter nur noch Stacheln auftreten läßt. Mit Hilfe des disharmonischen Asterogramms der Sphären (siehe Abb. 5) gelang es der Urpflanze, die unharmonische Situation der

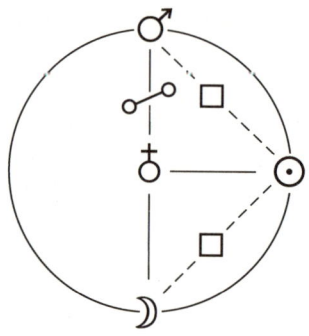

Abb. 5

Elemente am Rande der Wüste mit der Ausbildung der Kakteen zu beantworten. «In der alten instinktiven Weisheit waren solche Dinge gewußt, vorhanden.»[12]

Die Aufgabe einer spiritualisierten Naturwissenschaft aber wird es sein, auf dem Untergrund sorgfältiger goetheanistischer Studien die Geisteswissenschaft so einzubeziehen, daß im modernen Sinne «in jeder Pflanze eine kleine Welt, ein Abbild der großen Welt» gesehen werden kann. «Ich möchte sagen, wie wir sonst im Spiegel unser eigenes Bild sehen, sehen wir im Spiegel des Erdenwachstums dasjenige, was im Weltenall draußen geschieht.»[13]

DAS PFLANZENLEBEN
ALS BILD
DER WELTENTWICKLUNG

Wenn sich im Frühling das keimende Samenkorn der Todesstarre des Winters entringt, zeigt es stets zwei polare Tendenzen. Die werdende Wurzel drängt aktiv in die Finsternis und – der
Richtung der Schwerkraft folgend – zum Mittelpunkt der Erde,
während der die Keimblätter tragende Trieb nach oben in das Luft-
und Lichtreich strebt. Erst durch die sich im Erdreich verzweigen-
de Wurzel, die sich intensiv, oft Steine umklammernd, mit der
Erdfeste verbindet und so zugleich den Standort der Pflanze fest-
legt, wird die Pflanze ganz *Erdenwesen*. Sie spiegelt in den Zentri-
petaltendenzen, mit denen sie Wasser und gelöste Salze ansaugt,
den Kräftebereich wider, der aus den höheren Aggregatzuständen
die Erde selbst als vierte Stufe der Evolution ins Mineralisch-Feste
geführt hat. Von der Wurzel strahlen die Kräfte aus, welche die
plastische organische Substanz zur Zellulose und Stützsubstanz
verhärten oder gar bis zur toten Borke und zum Holzgerüst um-
formen. Die Pflanze erhält dadurch die mechanische Halte- und
Tragekraft sowie irdische Standfestigkeit, welche z.B. eine Wasser-
pflanze in dieser Form gar nicht benötigt. Im Grunde genommen
aber muß sich das Pflanzenwesen in der finsteren Dichte einem
ihm fremden Bereich anpassen, kann kaum eine individuelle Gestalt entfalten und staut die Bildekräfte zur bekannten Lebenszähigkeit der Wurzel. Gerade dadurch aber vermag diese nach dem
Verwelken oder sonstiger Zerstörung der oberirdischen Pflanze

deren Leben oft zu bewahren und zu erneuern, was bei den überwinternden Stauden zum Prinzip erhoben ist.

Dem positiven Geotropismus der Wurzel steht der negative des Sprosses gegenüber, den man besser einen positiven Helio- oder Sphärotropismus nennen könnte. Denn einerseits zeigt der im direkten Sonnenlicht ergrünende Sproß die unmittelbare Beziehung zu unserem Zentralgestirn, andererseits öffnet er sich durch Verzweigung und Verästelung – am höchsten gesteigert in der Kronenbildung des Baumes – dem ganzen Umkreis, aber auch dies nur, um das von allen Seiten einstrahlende, von der Atmosphäre zum blauen Lichtgewölbe verarbeitete und verwandelte Streulicht aufzunehmen.

Mit der Eingliederung in die lichtdurchflutete Lufthülle findet sich das Pflanzenwesen im ureigenen kosmischen Bereich ein, mit dem es seit Urzeiten als seiner eigentlichen Heimat verwandt ist. Dürfen wir doch im heutigen gasigen Element den Restzustand der alten Sonnenentwicklung des Erdplaneten erblicken und in der lichtdurchlässigen und lichtverarbeitenden Atmosphäre die innere Verwandtschaft ahnen, mit der beide polare Elemente, das Lichthafte und Gasartige, einst aus dem neu auferstandenen Wärmeschoß des Saturn zur Sonnenstufe entlassen wurden. Damals errang die werdende Menschheit selbst erst die Stufe des organisch-pflanzlichen Lebens. Wir waren mit unserem «eigenen Leib auf der Sonne, er durchdrang sich mit Licht, aber auch mit anderen Ingredienzien, und so wie die Pflanze zurückschickt das Licht, nachdem sie sich daran gekräftigt hat, so strahlte einstmals die Sonne das Licht und alles zurück, nachdem sie es in sich verarbeitet hatte ... Daher war auch Ihr eigener Leib auf der Sonne in dem Zustand der Pflanzenheit ... Daran arbeiteten Sie, wie man heute ein Gärtchen pflegt und bearbeitet».[1]

Die heutige Pflanzenwelt hat, wenn auch in ganz anderer Gestalt, diesen Zustand beibehalten und die Verwandtschaft zum Sonnenhaften der Welt – wie kein anderes Wesen – in reinster

Form bewahrt. Daher vermag nur die Pflanze als physisch-ätherisches Gebilde das heutige Sonnenlicht aufzunehmen und in die Stofflichkeit des Gasigen und Wäßrigen (in CO_2 und H_2O) hineinzuarbeiten, um mit der Stärke die plastische Ur- und Ausgangssubstanz ihres Organismus – und damit zugleich für alles heutige Leben der Erde – zu schaffen.

Nun stellt sich uns aber das oberirdische Pflanzenleben nicht als ein Einheitliches dar, sondern entfaltet sich in den drei differenzierten Werdephasen von Sprießen, Blühen und Fruchten. Diese sind in Gestalt und Funktion deutlich voneinander verschieden und geben ein großes Rätsel auf. Wir werden im folgenden zeigen, wie sich die Lösung durch den Blick auf die drei Verkörperungszustände unseres Planeten ergibt, die der eigentlichen Erdenentwicklung vorangegangen sind.

Das Wort «Kohlehydrat», welches die pflanzliche Stärkesubstanz bezeichnet, heißt eigentlich «verwässerte Kohle». In der Tat vermag die Pflanze nur mit Hilfe des lebendigen Lichtes und des Wassers zugleich den Kohlenstoff des gasigen Kohlendioxids zur wachsweichen, plastischen Ursubstanz «Stärke» zu verdichten. Dieser Aggregatzustand und das Wasser selbst urständen aber in der alten Mondenentwicklung; in ihr entstand auch erstmals der chemische Äther, welcher besonders im heutigen pflanzlichen Assimilationsprozeß wirkt, während der auf der Erde entstandene Lebensäther das Mineralisch-Feste einbaut. Der ergrünende, das Gasige verdichtende, substanzbildende Sproß weist deshalb zurück auf den Mondenzustand der Evolution. Dort trat erstmals mit der Herauslösung der Sonne aus dem sich zum flüssig-plastischen Zustand verdichtenden Mondenkörper die große Polarität zentrifugaler, lichtverwandter und zentripetaler, dichteverbundener Kräfte der Evolution in dieser Prägnanz in Erscheinung. Der Sproß strebt aus der Finsternis der mondverwandten humosen Erde mit der Radialtendenz des Stengels zur Sonne. Denn das ganze, erstmals auf der ätherisch-pflanzlichen Sonnenstufe zurückbleibende Leben des

Mondes gehörte eigentlich zur sich entfernenden Sonne. Es mußte aber Naturgrundlage der Mondenstufe bleiben und konnte und durfte nicht dem Muttergestirn in seine kosmischen Höhen folgen. Im grünenden, zwischen Wurzelpol und Blütenstufe sich abspielenden heutigen Sproßgeschehen dürfen wir aber wie in einem kosmischen Spiegelgeschehen ablesen, was an Kräftewirken zwischen dem alten Mond und seiner Sonne lebte. In der radialen Schuß- und Triebkraft des Sprosses, die sich zu Stengel und Stamm verdichtet, erkennen wir die Signatur eines Wesens, das aus der «Fremde», die sich inzwischen zur Erde verdichtet hat, zur kosmischen Sonnenheimat zurückstrebt. Damit offenbart sich zugleich ein Urtrieb alles Lebens.

Da aber auch die größten Pflanzen, die Bäume, «nicht in den Himmel wachsen» können, wird das Ziel nie erreicht. Die Triebkraft des Sprosses scheint zu erlahmen, die Blätter scheinen zu kleinen, schmalen Hochblättern zu verkümmern, und schließlich gibt der Stengel das Aufstreben – in knospenhafter involutorischer Zusammenziehung – ganz auf. Aber welche Überraschung folgt, wenn nach dieser Pause nunmehr das Leben neu sich regt und als Blüte in Erscheinung tritt! Ihr «Auf-gehen» empfinden wir dem Aufgang der Sonne verwandt. Ein lichthaftes, zartes Wunder der Schöpfung spricht unser Gemüt unmittelbar und mit unbeschreiblichem Zauber an.

Die Lichtverwandtschaft der Pflanze offenbart sich jetzt – gesteigert – auf einer höheren Stufe in vielfältiger Weise. Die von einem Zentrum radialsymmetrisch zum Umkreis ausstrahlenden Kronblätter der typischen Blüte spiegeln die Zentrifugaltendenzen des stets in die Weite strebenden Lichtes, und diese werden von den im Pollenstaub zersprühenden Staubblättern bis zur Selbstauflösung übernommen. Die Allfarbigkeit der Blüte offenbart zugleich die innersten Qualitäten des Lichtes, substantiell verdichtet, die sonst nur in den Dämmerungsfarben und im Regenbogen erscheinen. Stofflichkeit im gasigen Zustand sucht sich stets ins Unendliche auszudehnen im Gegensatz zur Tropfenbildung. Von einer solchen Zentrifugaltendenz ist auch die Blüte beherrscht. Die luft- und lichtverwandte Verfeinerung des ehemaligen Sprosses erreicht ihren Höhepunkt in der Duftsubstanz der ätherischen Öle, durch welche die Pflanze den feinsten, gasigen Aggregatzustand gewinnt und sich ihrerseits substantiell mit der Atmosphäre verbindet und sich so zum Sphärenwesen ausweitet. Dabei offenbart sie in den verschiedenen Aromen zugleich die Kräfte der Sternensphären des Umkreises. So ersteht die Blüte vor uns wie der naturhafte Traum der alten, paradiesischen Sonnenstufe der Erde. Denn vom Weltall aus erlebt, imponierte die alte Sonne selbst wie eine kosmische Blüte:

«Die Sonne strahlte die Ingredienzien des Weltenraumes zurück, sie glänzte in den herrlichsten Farben, ein wunderbares Tönen ging hinaus, ein köstliches Aroma strömte aus von ihr. Die alte Sonne war ein wunderbares Wesen im Weltenraum.»[2]

Wer unter einer blühenden Linde, geschlossenen Auges, deren Aroma einzieht und das gleichmäßige harmonische Summen der Bienen vernimmt, mag sich an obiges «wunderbares Tönen» erinnert fühlen; er wird aber auch beim Anblick der die Blüten besuchenden Blumenfliegen und Käferchen, Hummeln und Schmetterlinge an die Arbeit erinnert, welche «unter der Leitung höherer Wesen – denn es gab höhere Wesen in der Atmosphäre der Sonne» – von den werdenden Menschenwesen «dazumal auf der Sonne an ihrer eigenen Körperlichkeit» geleistet wurde, «wie gewisse Wesen, zum Beispiel Korallen, von außen an ihrem Bau arbeiten».[3]

So versetzt uns jeder von Blütenduft umwobene und von Insekten umschwirrte, blühend-erleuchtete Baum in den Urzustand der Erde, auf die Sonnenstufe zurück. Die alte Sonne leuchtete in großen Phasen rhythmisch auf, welche von Dunkelheitspausen unterbrochen waren, während heute die Siebener-Epochen äußerlich unmerkbar ineinander übergehen. Dieser Lebensrhythmus, den die rhythmisch pulsierenden Fixsterne als «Veränderliche» auch heute zeigen, spiegelt sich in der Fähigkeit vieler Blüten wider, mit Sonnenaufgang aufzugehen und sich über Nacht zu schließen. Vom Menschenwesen waren in der sonnenhaften Urzeit vor allem ausgebildet die auch heute noch speziell mit dem Ätherleib zusammenhängenden «Drüsen, die man Wachstums- und Fortpflanzungsorgane nennt; die waren auf der Sonne, wie heute Berge und Felsen auf der Erde sind».[4] Deshalb finden wir in der Blüte neben der Fähigkeit zur Nektarabsonderung die Fortpflanzungsorgane versammelt. In ihnen spielen sich jene Vorgänge ab, welche über die sogenannte Befruchtung die nächste und letzte Phase des Pflanzenlebens einleiten und in der Samenbildung enden.

Dürfen wir demnach noch einen weiteren, letzten Schritt der Weltevolution erwarten? In der Tat schildert uns diesen die Geistesforschung mit dem Saturnzustand als dem ersten, dem Uranfang der Schöpfung.

Auf dem alten Saturn spielten sich alle Prozesse in sich verwebenden und sich differenzierenden Wärmevorgängen ab. So verläßt auch die Pflanze das Lichtgeschehen der Blüte, um in Frucht und Samenbildung sich in gesteigerter Weise mit den Wärmeprozessen zu verbinden. Das Wärmeätherwirken ist entscheidend für diese Entwicklungsphase. Dabei kommt es beim Reifeprozeß vieler Samenkapseln zu regelrechten Ausdörrungs- und Vertrocknungsprozessen. Zuviel Regen und zuwenig Sonnenwärme läßt das Getreide am Halm verfaulen. Das Wasser, als unerläßlicher irdischer Träger des Ätherisch-Lebendigen, wird jetzt zurückgewiesen, und die Folge ist ein regelrechtes Absterben, welches die im Samenkorn uns entschwindende Pflanze begleitet. Die organische Blütenflamme wird in der «Asche des Lebens», den Samenkörnern, ausgelöscht, in welchen das Pflanzenelement wie im Zustand eines Scheintodes erstarrt und verharrt.

Das lebendige Pflanzenwesen hat sich offensichtlich in dieser Phase in ein seiner Natur wesensfremdes Reich begeben. Denn die Saturnstufe, das anorganische Fundament der ganzen Schöpfung,

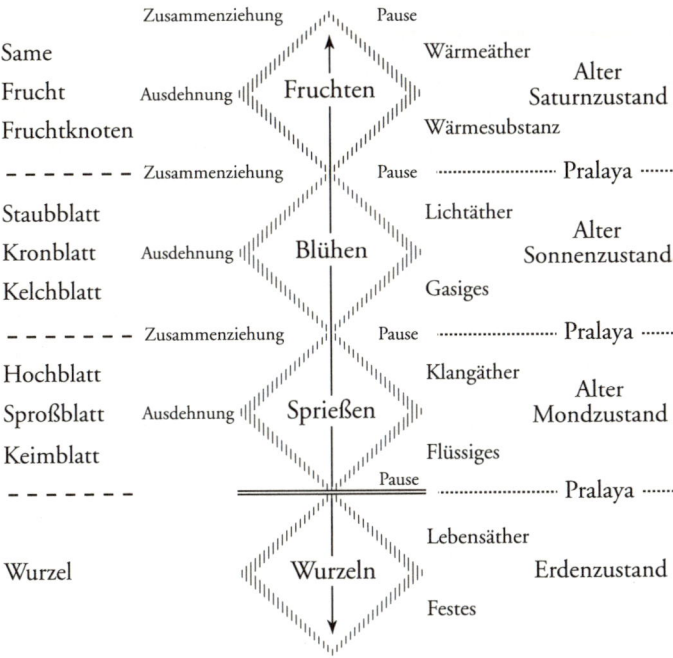

Abb. 6: *Schema pflanzlicher Lebensphasen. Im Organismus wirken in jedem Glied alle Aggregatzustände und Ätherarten ineinander.*

kennt noch kein Eigenleben. «Im Saturn ... hätte man ... nichts Lebendiges entdecken können.»[5] Die Pflanze spiegelt diese Tatsache auch in dem einzigartigen Phänomen wider, daß es bei der Samenverbreitung zu rein mechanisch bedingten Prozessen von Spannungsentladungen federnder Mechanismen kommt. Nirgends sonst im pflanzlichen Organismus treten rein anorganische Vorgänge als zum Organismus dazugehörige auf, da diese ja dem

Wesen des Organischen widersprechen. Das «Weggeschleudert-werden» vieler Samen, wie z.B. der Spritzgurke, ruft aber auch die Erinnerung an jene Phase der Saturnevolution wach, in der bei der Arbeit der Geister der Bewegung deren Empfindungsäußerungen und Gefühle in den Umkreis «hinausgeschleudert» werden, bis sich schließlich die Saturnanlagen als «maschinenartig wirkendes Menschen-Ich» kundgeben in «maschinenmäßiger Persönlich-keitsoffenbarung».[6]

Ein fundamentaler Prozeß der Saturnentwicklung, der die ganze Weltentwicklung bestimmt, ist die Aufteilung und Vereinzelung des einheitlichen Wärmewesens durch die Geister der Form in die Uranlagen «einzelner Lebewesen». Jenes kann jetzt einer «Maul-beere oder Brombeere»[7] verglichen werden. Der Vergleich mit einer Fruchtbildung ist keineswegs zufällig. Die Vervielfältigung gehört zum Wesen pflanzlicher Samenbildung als Grundprinzip der Fort-Pflanzung. Deshalb bildet nicht einmal die Einbeere nur *einen* Samenkern, sondern mehrere.

Hier wird das Geheimnis sichtbar, auf welches griechische My-sterienweisheit mit dem Aspekt des «Logos spermatikos» noch hin-deuten konnte. Es entstehen die Anlagen für so viel Menschen-Iche, wie Fixsterne im Umkreis leuchten. Zu jedem Ich gehört ein Stern. Wie anders dürfen wir jetzt auf den Löwenzahn hinblicken, wenn sich die aus der «untergehenden» gelbstrahlenden Blüten-sonne hervorgehenden, wärmegereiften Samenkörner mit einer lichten Federkrone schmücken, die sich um den dunklen, braunen Kern der «Pusteblume» zum Mikrokosmos eines Sternenumkreises rundet!

Die eigentliche Fruchtbildung als Weinbeere, Orange oder Apfel ist eine höchste Steigerung der letzten Phase pflanzlichen Werdens. Im Rund der wärmegereiften Fruchtkugel ahmt die Pflanze die Urform aller kosmischen Körper, die verdichtete Sphäre nach. Sie bringt aber auch die Beziehung des einzelnen Teils, als herausge-gliederter Uranlage, zum ganzen Umkreis zum Ausdruck. Aber das

Fruchtfleisch birgt keine Lebensfähigkeit; es spiegeln jedoch die Farbe, das Aroma und der Geschmack der Frucht das kosmische Leben des Umkreises. Am rotbackigen Apfel können wir, wie an einem Kompaß, die dazugehörende Südrichtung ablesen! So besaß der Saturn zwar kein Eigenleben, aber er strahlte vielfältig «Leben und Seele» der schaffenden Wesenheiten, die «einen Luftkreis geistiger Art»[8] bildeten, zurück.

Goethe hat die Metamorphose des Blattes und damit die drei Phasen der oberirdischen Pflanze in den drei polaren Phasen der Ausdehnung und Zusammenziehung erfaßt. In diesem dreifachen Rhythmus urpflanzlicher Dynamik erkennen wir jetzt den Abglanz des Weltenrhythmus, welcher den der Erdenentwicklung vorangegangenen drei Verkörperungen unseres Planetensystems zugrunde liegt.

Diese Evolutionsphasen sind von den großen Pausen der Pralayazustände unterbrochen. Dies ist der Grund, warum auch Sprießen, Blühen und Fruchten im zeitlichen Werdegang deutliche Einschnitte untereinander zeigen. Kelch, Blütenkrone und Staubgefäß gehören so unlösbar zusammen wie Fruchtfleisch und Samenkorn, die sich gleichzeitig ausbilden. Es können jedoch Jahre vergehen, bis eine grünende Pflanze erstmals erblüht! Tausende von Blüten können zugrunde gehen, erfrieren oder unbefruchtet ertauben. Ein Abgrund trennt gleichsam Blühen und Fruchten, der nur durch die Übertragung des Pollenkorns überbrückt wird – wobei sich «höhere Wesen» einschalten müssen. Das Samenkorn wiederum ist nicht zum nächstjährigen Keimen gezwungen; es kann die Ruhepause auf Jahre ausdehnen. Die bereits erwähnte überwinternde Wurzel mehrjähriger Pflanzen zeigt hingegen, daß sich auch zwischen Wurzeln und Sprießen die evolutorische Pralayapause zwischen Monden- und Erdenzustand widerspiegeln kann.

Wenn die im Samenkorn der äußeren Wahrnehmung entschwundene Pflanze im neuen Jahre – dem Ruf der Sonne folgend – wieder ersteht, stehen wir vor einer Art naturhafter, leibgewordener Erinnerung. Ihre Grundlage ist der Mechanismus der Vererbung, den sich der Ätherleib im physischen Bereich geschaffen hat. Im Grunde genommen aber hebt sich das Erdenwesen Pflanze, indem es sich dem Zauberbann erdhafter Wurzelbildung entringt, über die individuelle Arterhaltung empor und lebt sich in einer Art kosmischer Erinnerung in die Urzustände planetarischer Vergangenheiten hinein; diese treten uns in den Ausgestaltungen des Sprießens, Blühens und Fruchtens vor Augen.

Somit gehört zum Wesen des Lebendigen «Erinnerung». Das lebentragende Weltenwort darf selbst als Erinnerung erfaßt werden:

> Im Urbeginne ist die Erinnerung,
> Und die Erinnerung lebt weiter,
> Und göttlich ist die Erinnerung.
> Und die Erinnerung ist Leben ...

Das pflanzliche Leben zeigt, daß wir den letzten Satz auch umdrehen dürfen: Leben ist Erinnerung – Erinnerung bis zum samenhaften saturnischen Urbeginn. Auch im Menschen ist das pflanzliche Prinzip, der Ätherleib, die Grundlage der Erinnerungsfähigkeit. «Suchst du das Höchste, das Größte, die Pflanze kann es dich lehren» – sagt Schiller. Fordert er uns nicht auf, aus der Beschränkung der Erinnerung auf das persönliche Erdenleben in die kosmische Erinnerung göttlicher Lebensursprünge aufzusteigen? Wenn sich aber der Mensch

> ... an das göttliche Leben erinnert,
> Ist in seiner Erinnerung der Christus,
> Und als strahlendes Erinnerungsleben
> Wird der Christus leuchten
> In jede unmittelbar gegenwärtige Finsternis.[9]

Spirituelle Naturbetrachtung kann zu Übungsschritten führen auf dem Pfade zu dem zuletzt aufgedeckten Ziel. Die «Naturwissenschaft muß durchchristet werden, sonst geht alles dasjenige verloren, was der Mensch aus dem Kosmos heraus braucht.»[10] Wo aber ließe sich leichter der Abglanz des Sonnengeistes finden als in der «weltentsprossenen Lichtgestalt» des Sonnenwesens Pflanze?

III.

LEBENDIGE STERNKUNDE
UND
PLANETARISCHE RHYTHMIK

DAS ATMEN
DES MAKROKOSMOS

Die 18,6jährige Knotenperiode
des Mondes

Sonnen- und Mondfinsternisse, die in alten Zeiten die himmel- und geistverbundene Menschheit in große Aufregung versetzten, haben, wie so viele andere Naturereignisse, ihre Schrecken verloren, als es gelang, ihr Zustandekommen äußerlich zu erklären, ja in unserem Falle sogar auf Tag und Stunde vorauszuberechnen. Bekanntlich können nur zweimal jedes Jahr – 1949 um Frühlings- und Herbstbeginn – Finsternisse eintreten.* Dies wird verständlich aus den Entstehungsbedingungen einer Finsternis. Zu ihnen gehört, daß die Sonne bei ihrem jährlichen Gang durch den Tierkreis eine der beiden Stellen erreicht, an denen ihre Bahn, die Ekliptik, von der gleichfalls kreisförmigen Bahn des Mondes gekreuzt wird. Diese Schnittpunkte liegen im Tierkreis einander gegenüber und werden Mondknoten genannt. Ihre gerade, durch die Erde hindurchgehende Verbindungslinie ist die Knoten- oder Finsternisachse. Die Sonne benötigt aber sechs Monate, um von einem Knoten zum anderen zu gelangen, wodurch der halbjährige Abstand der Finsternisse erklärt wird. Die Bezeichnung der Knoten als Drachenkopf und Drachenschwanz weist hin auf das Empfinden der Alten, die den Finsternisimpuls noch wesenhaft erlebten.

Auffallend ist nun, daß die zwei Finsternisepochen im Jahreslauf immer früher auftreten, so daß die Frühlingsfinsternisse sich all-

---

* Der Aufsatz erschien 1949 im *Sternkalender* (s. Nachweis S. 293).

mählich in den Winter, die Herbstfinsternisse in den Sommer usw. zurückschieben. Räumlich gesehen heißt das: Die Mondknoten wandern mit den Finsternissen allmählich durch alle Sternbilder des Tierkreises dem Lauf der Sonne entgegen. Während die Sonne und der dreizehnmal schnellere Mond sich von rechts nach links, von West nach Ost, bewegen, tritt das Drachenwesen den beiden Himmelslichtern von Ost nach West, rückwärtswandernd, in den Weg. In dieser Gegenbewegung haben wir einen sprechenden Ausdruck für den kosmischen Kampf zwischen Licht und Finsternis, den die alten Perser noch so intensiv erlebten.

Die Vorstellung, daß der Himmelskreis der Mondbahn die Ekliptik im Winkel von 5° schneidet und die beiden Schnittpunkte sich in der sogenannten Knotenperiode im Laufe von 18,6 Jahren rückwärtsbewegen, ist zwar richtig, aber relativ abstrakt. Die folgenden Ausführungen sollen zeigen, an welchen anderen umfassenden und großartigen Phänomenen diese Knotenperiode abzulesen ist.

Wäre die Jahresbahn der Sonne mit dem Himmelsäquator identisch, der gleichsam die Naht der beiden Sternenhemisphären darstellt und überall von dem Polarstern und dem Himmels-Südpol 90° entfernt ist, so ginge die Sonne jeden Tag genau im Osten auf und im Westen unter; es wäre ewige Tag- und Nachtgleiche, gäbe es nur einen, täglich sich wiederholenden, mittelhohen Sonnenkreisbogen, und keine Jahreszeiten kämen zustande. Die Neigung der Ekliptik gegen den Äquator um 23½° ruft das wechselvolle Gegenspiel des Höhersteigens und Absinkens, das Ausdehnen der täglichen Kreisbögen der Sonne in der ersten Jahreshälfte und ihr Zusammenziehen in der zweiten Jahreshälfte hervor. Zugleich wandert der Aufgangsort der Sonne von Südost nach Nordost und umgekehrt. Statt eines einzigen Halbkreises bestreicht die Sonne über und unter dem Horizonte ein 47° breites Himmelsband, in dessen Mitte der Himmelsäquator liegt.

Diese Himmelszone, in welche die Sonne die 365 Lichtkreise ihrer Jahresbahn spiralig hineinzeichnet, sei künftig das *Sphären-*

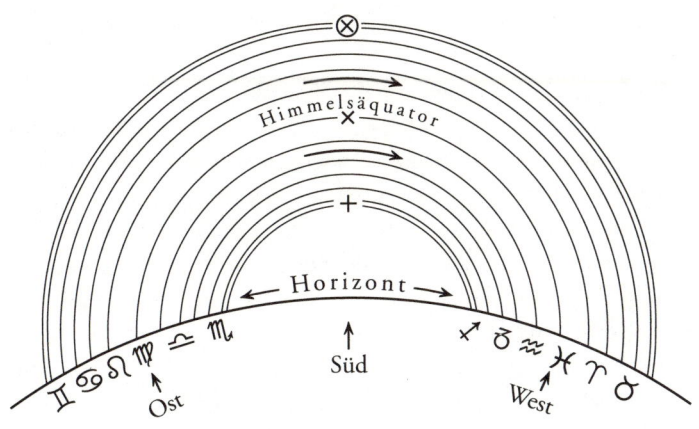

Abb. 7: Das Sphärenfeld der Sonne und des Mondes.
Die Halbkreise stellen die Kreisbewegung der Sonne über dem Horizonte im Abstand von vierzehn Tagen im Jahreslauf oder diejenigen des Mondes im Abstand von einem Tag beim siderischen Tierkreisumlauf dar. Die Kulminationsstellung im Winter- ✛, Frühlings- ✕ und Sommerpunkt ⊗ ist eingetragen. Am Ost- und Westhorizont sind die Auf- und Untergangsstellen der Tierkreisbilder, in denen das Gestirn im entsprechenden Kreisbogen steht, (symmetrisch vertauschbar) abzulesen. Durch die Projektion in die Fläche erscheinen die wirklichen Größenverhältnisse verzerrt.

feld der Sonne genannt. Über dem Horizonte gleicht es einem gewaltig verbreiterten, regenbogenartigen Lichtgewölbe.

Insofern der Mond eine gleiche, wenn auch dreizehnmal schnellere Bewegung vollführt, wiederholt er alle Phänomene des Sonnenlaufes in zeitlich geraffter Folge. Sehen wir den Mond z.B. eines Abends bei den Plejaden (Abb. 8 bei a) und beobachten ihn genau jeden Abend um die gleiche Zeit, so können wir sein rasches Fortschreiten durch die Tierkreisbilder mit eigenen Augen verfolgen. Schon am nächsten Abend zieht er durch den Kopf des Stieres (Abb. 8 bei b), überrascht uns 24 Stunden später bei den Sternen, die die Hörner darstellen (bei c). Er hat in drei Tagen eine

Strecke durchmessen, für welche die Sonne gut fünf Wochen braucht.

Bereits nach 27 Tagen um dieselbe Abendzeit sehen wir den Mond wieder kurz vor den Plejaden stehen, in die er acht Stunden später eintritt. Ein sogenannter siderischer Umlauf ist vollendet. In diesen vier Wochen hat der Mond zugleich mit seiner Wanderung durch die zwölf Tierkreisbilder seinen Aufgangs- und Untergangsort täglich an eine andere Stelle des Horizontes verlegt. 14 Tage lang verschob er diese Punkte nach Norden, 14 Tage lang nach Süden. Stand er in den Plejaden oder in den Zwillingen beim Durchgang durch den Sonnwendpunkt der Sonnenbahn (Abb. 7 ⊗) hoch über uns und zog einen großen, ausgedehnten Nachtlichtbogen, so erblicken wir ihn 14 Tage später in flacher, kleiner Bahn über dem Südhorizonte kreisen (Abb. 7 +). Er läuft zwischen Skorpion und Schütze durch den Wintersonnwendpunkt der Ekliptik und ahmt die Wintertagesbahn der Sonne nach. Dabei steht er das eine Mal 16, das andere Mal nur 8 Stunden über dem Horizont! Die Bewegungskreise des Mondes steigen und fallen also wie diejenigen der Sonne. Der Mond webt so in 27 Kreisbögen seine Silberspuren in den goldenen Lichtteppich des Sonnenfeldes hinein. Dreizehnmal durchpulst die raschere, siderische Mondenbewegung die langsame, ruhige Jahresatmung der Sonnenkreise. Das Sonnenfeld wird von einem *Sphärenfeld des Mondes* überlagert. Bei der Stellung im Winter- und Sommerpunkt der Ekliptik steckt der Mond dabei – ähnlich wie die Sonne – die äußersten Grenzen dieses Feldes ab und zieht bei der Stellung im Frühlings- und Herbstpunkt in dessen Mitte – im Himmelsäquator – dahin (Abb. 7 ✕).

Entsprechend der verschiedenen Geschwindigkeit, mit der die Tage zu- und abnehmen, sind der Abstand der einzelnen Tageskreise der Sonne und ihre Größenzunahme nicht gleichmäßig (Abb. 7). Die Ausdehnung bzw. die Zusammenziehung der Tagbögen erreicht in der Frühlings- und Herbstes-Tag- und Nachtglei-

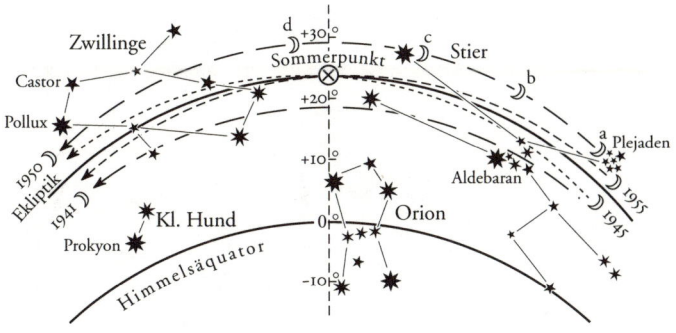

Abb. 8: Die vier Grundstellungen der Mondbahn zur Ekliptik in der Nähe des Sommerpunktes in den vier Hauptphasen der Knotenperiode. Der Monddurchmesser, maßstabgerecht eingezeichnet, wäre kleiner als ½mm.

che (in den Sternbildern Fische und Jungfrau) ein Maximum, während in den Solstitien, zu Sommer- und Winterbeginn, die Sonne stillzustehen scheint. Dementsprechend liegen die Lichtspuren des Tagesgestirns in der Mitte des Sonnenfeldes weiter auseinander und rücken in den Grenzzonen enger zusammen. Diese Verhältnisse sind aus Abbildung 7, welche die Sonnenkreise im Abstand von genau 14 Tagen wiedergibt, deutlich zu ersehen. In entsprechend abgewandelter Weise gilt das Ausgeführte auch für die 27 Bewegungskreise des Mondes, deren tägliche Veränderung gleichfalls aus Abbildung 7 abzulesen ist. Die intime Dynamik der Sonnen- und Mondenbewegung folgt in ihrer Steigerung und Entspannung dem Gesetz der harmonischen Schwingung (z.B. des Pendels), die also mit ihrer verborgenen Musikalität das Sphärenfeld von Sonne und Mond rhythmisch durchgliedert und konstituiert.

Während nun das Sonnenfeld festgefügt ist und im Abstand der Teilkreise oder in seiner Größe als Ganzes keine Veränderung ein-

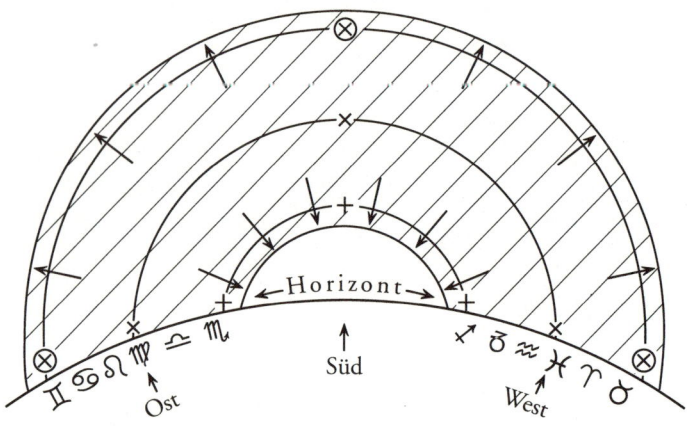

Abb. 9: Das Sphärenfeld des Mondes in maximaler Ausdehnung (1950). (Aufsteigender Mondknoten im Frühlingspunkt.) Das Mondenfeld umschließt das Sonnenfeld. Letzteres ist durch Winter- +, Frühlings- ✕ und Sommerpunkte ⊗ der Sonnenbahn markiert.

tritt, ist die Mondenzone in sich veränderlich, entsprechend der außerordentlichen Beweglichkeit dieses Gestirns. Im folgenden soll die Größe des Mondenfeldes für das Jahr 1949 festgestellt und seine Abwandlung verfolgt werden.

Beobachten wir den Weihnachtsvollmond dieses Jahres bei seinem Eintritt in das Sternbild Zwillinge! Es ist der höchste Vollmond aller zwölf Vollmonde des Jahres. Er geht weit im Nordosten auf, im Nordwesten unter und spiegelt den Tageskreis der Johannisonne. Genau gesehen aber steht dieser Vollmond bei seiner Kulmination noch zehn Sonnenbreiten höher als die Sonne zur Sommersonnenwende und geht ein beträchtliches Stück weiter nach Norden zu auf als diese. Er ist mit seinem Nachtkreis über den Tagbogen der Johannisonne hinausgewachsen. Dies ist nur möglich, weil offensichtlich die Mondbahn mit der Sonnenbahn nicht genau zusammenfällt. Während die Sonne (Abb. 8, Ekliptik) zehn

Sonnendurchmesser südlich der Plejaden und mitten zwischen den Hörnersternen des Stieres durchläuft, zieht der Mond (Abb. 8, Mondbahn 1950) durch die Plejaden selbst und durch das nördliche Horn des Stieres und gerät in engste Konjunktion mit dem Zwillingsstern Pollux, den die Sonne nie erreicht. Astronomisch gesprochen ist die Deklination des Mondes, die uns den senkrechten Abstand des Gestirns vom Himmelsäquator angibt, auf über 28° angewachsen, während die Sonne zur Zeit des größten Äquatorabstandes (21. Juni) nicht über 23½° hinauskommt. Die gesuchte Begrenzung des Mondenfeldes fällt also zur Zeit nicht mit der nördlichen Grenzlinie des Sonnenfeldes zusammen (Abb. 9).

Der *eine* Mondknoten bewegt sich im Jahre 1949 durch das Sternbild der Fische. Sobald der Mond ihn erreicht hat, überschreitet er die Sonnenbahn und entfernt sich, nach Norden zu abrückend, langsam von ihr bis zu einem Abstand von 5°, der in den Zwillingen erreicht wird. Wir sprechen deshalb vom *aufsteigenden* Mondknoten = ☊. Danach nähert sich die Mondbahn wieder der Ekliptik, die in der Jungfrau nach Süden zu im *absteigenden* Mondknoten zum zweiten Male überschritten wird. Der Mond entfernt sich, indem er sich in den folgenden Sternbildern – in Waage und Skorpion – bewegt, wieder von der Sonnenbahn und erreicht im Schützen erneut ein Maximum des Abstandes. Suchen wir den Mond 1949 oder 1950 gelegentlich seines siderischen Umlaufs in diesem Sternbilde – etwa als Johannivollmond – auf, so zieht er, viel tiefer als die Weihnachtssonne, seine niedrige, kleine Bahn über dem Horizont. Er geht zugleich noch südlicher als diese auf und unter. Die beiden geschilderten extremen Bewegungskreise schließen alle anderen Kreisbögen des Mondes über (und unter) dem Horizont ein. Mit Überraschung stellen wir fest, daß das Mondenfeld das Sonnenfeld nach Süden und Norden zu um je ca. zehn Vollmondbreiten überspannt (Abb. 9).

Genau umgekehrte Verhältnisse herrschten neun Jahre vorher in den Jahren 1940 und 1941. In den Zwischenjahren hatte sich der aufsteigende Mondknoten durch die Sternbilder Löwe, Krebs, Zwilling usw. rückwärts bewegt, nachdem er am 27. April 1941 den Herbstpunkt durchwandert hatte. Im gleichen Jahre befand sich der *absteigende* Mondknoten (Drachenschwanz) im Frühlingspunkt. Die Knotenachse bzw. die Mondbahn hatte demnach eine völlig entgegengesetzte Lage im Kosmos, obwohl logischerweise 1940 und 1949 die Finsternisse in den Frühlings- und Herbstbeginn fallen. Mit dem jeweiligen 28tägigen Durchgang durch den Frühlingspunkt entfernte sich der Mond – diesmal nach Süden zu *absteigend* – von der Ekliptik und erreichte südlich des Sommerpunktes (Abb. 8, Mondbahn 1941) zwar seinen höchsten Stand in dem betreffenden Jahre, zugleich aber seine größte Entfernung nach Süden zu von der Sonnenbahn. Der Weihnachtsvollmond z.B. kreiste damals 10°, das sind 20 Vollmondbreiten tiefer als der Weihnachtsvollmond 1949. Von den Plejaden entfernt strich er ganz nahe am Stern Aldebaran und dem südlichen Hornstern des Stieres vorbei und wanderte statt durch den Kopf durch die Füße der Zwillingsgestalt Pollux. Seine größte Deklination konnte 18 ½° (= 23 ½ – 5) nicht überschreiten. Der Nachtbogen des Weihnachtsvollmondes 1940 blieb weit hinter der Größe des Johannisonnenkreises zurück (Abb. 10).

In entsprechender Weise ist auch der südliche Abstand des Mondes vom Himmelsäquator zu einem extrem kleinen Wert reduziert. In Schütze und Skorpion erblicken wir den Mond in solchen Jahren nach oben bzw. nach Norden hin abweichend von der Sonnenbahn. Er geht in der Nähe des Winterpunktes nicht so weit im Südosten auf wie die Sonne zu Winteranfang und beschreibt keine so niedrige, flache Bahn. Das Mondenfeld im Ganzen ist um 20° oder 40 Vollmonddurchmesser geschrumpft und wird vom Sphärenfeld der Sonne umschlossen (Abb. 10). Die entgegengesetzte Stellung der Knotenachse im Frühlings- und Herbstpunkt ist also mit polaren Größenzuständen des Mondenfeldes verbunden.

Im Dezember 1945 befand sich der aufsteigende Mondknoten

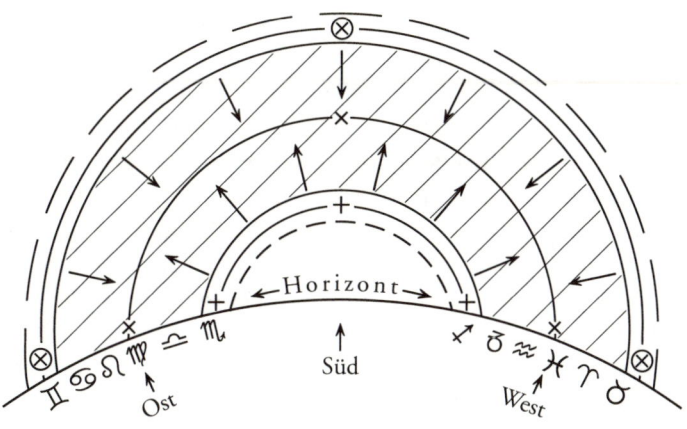

Abb. 10: Das Sphärenfeld des Mondes in maximaler Zusammenziehung (1941). (Absteigender Mondknoten im Frühlingspunkt.) Das Sonnenfeld umschließt das Mondenfeld. Dieses ist zum Vergleich in größter Ausdehnung gestrichelt angedeutet.

im Sommerpunkt der Ekliptik. Die Knotenachse hatte sich um 90° gedreht und stand senkrecht auf der Lage vom April 1941. Die Finsternisse fanden um Johanni und Weihnachten statt! Der Mond kreuzte also zwischen Stier und Zwillingen jeweils die Sonnenbahn (Abb. 8, Mondbahn 1945) und lief in ihrer nächsten Umgebung mitten durch, zwischen Plejaden und Aldebaran und den beiden Hörnersternen. Der jeweilige Tageskreis des Mondes fiel mit dem größten Sonnenkreis des Jahres zusammen. Das Mondenfeld hatte eine mittlere Größe und deckte sich mit dem Sonnenfeld. Dies wird im Jahre 1955 wieder der Fall sein, wenn die beiden Mondknoten ihre Rolle nach Drehung der Finsternisachse um 180° vertauscht haben und der absteigende Mondknoten in den Sommerpunkt eingerückt sein wird (Abb. 8, Mondbahn 1955).

Die Größe des Mondenfeldes ist also abhängig von der Stellung der Mondknoten. Ihrer kontinuierlichen Bewegung geht eine polarisch gegliederte Metamorphose der Mondenzone parallel. Diese schwingt in großen, rund neunjährigen Phasen der Ausdehnung (1941 – 1950) und Zusammenziehung (1950 – 1959) um die ruhende Sonnenzone. Hierbei liegen im Endstadium der Zusammenziehung die 27 täglichen Bewegungskreise des Mondes eng gedrängt beieinander, und die Auf- und Untergangspunkte am Ost- und Westhorizont schieben sich zusammen; im Stadium der Ausdehnung erstrecken sich die Aufgangsorte des Mondes weit über die Sonnenaufgangsorte hinaus, und die Bewegungskreise lockern sich.

Ähnlich wie die jährliche Sonnenbewegung durch die vier Hauptpunkte im Tierkreis sich in die Jahreszeiten gliedert, markiert die Stellung der Mondknoten in diesen Punkten die Hauptphasen der Metamorphose des Mondenfeldes. Der Durchgang des Mondes durch den in anderer Hinsicht bereits so bedeutungsvollen Frühlingspunkt, der am 18. August 1950 das nächste Mal erreicht wird, zeigt jeweils das Stadium größter Entfaltung des Mondensphärenfeldes. Diese tritt immer nach genau 18 Jahren, sieben Monaten und ca. 11 Tagen in Erscheinung. Danach schrumpft das Mondenfeld neun Jahre und vier Monate lang und erreicht bei der entgegengesetzten Stellung der Finsternisachse, wenn der absteigende Knoten im Frühlingspunkt und der Drachenkopf im Herbstpunkt steht, seine extremste Verdichtung und Zusammenziehung. Nach ihr folgt jeweils die neunjährige Ausdehnungsphase. In den Jahren der größten Ausdehnung und Zusammenziehung spielen sich die Finsternisse in der Nähe des Frühlings- und Herbstpunktes ab bzw. in den Fischen und der Jungfrau. Räumlich gesehen fallen sie in die Mitte des Mond-Sonnenfeldes, zeitlich in die Oster- und Michaelizeit.

Die Stellung der Mondknoten im Sommer- und Winterpunkt entspricht der Mittellage der Phasenbewegung. Es ist die Zeit intensivster Veränderung der Ausdehnung und Zusammenziehung und weist zugleich ein vorübergehendes Zusammenfallen der

Mondenzone mit dem Sonnenfeld auf. In dem betreffenden Jahr finden die Finsternisse in den obersten und untersten Tierkreisbildern statt bzw. in der höchsten und tiefsten Randzone des Mondenfeldes und fallen in die Johanni- und Weihnachtszeit.

Es tauchen so beim phänomenologischen Vorgehen Goethes an der Pflanzenwelt ausgearbeitete Schlüsselbegriffe – Ausdehnung und Zusammenziehung, Polarität und Steigerung – in den Metamorphosen der Himmelserscheinungen wieder auf, und wir wachsen, indem wir die «anschauende Urteilskraft» üben, in das Bild eines kosmischen Atmungsprozesses hinein. Die abstrakt vorgestellte, kontinuierliche, eintönige Kreisbewegung zweier astronomischer Punkte verwandelt sich vor unseren Augen in einen echten Rhythmus von Systole und Diastole, in ein kosmisches Atmen eines Sphärenfeldes. Das ewige Gegenspiel von Sonne und Mond, das uns u.a. in Voll- und Neumond, in den Sonnen- und Mondfinsternissen entgegentritt, wird in der Knotenperiode zusammengefaßt und findet in der wechselweisen Durchdringung von Sonnen- und Mondenfeld einen gesteigerten Ausdruck.

Ein Mensch muß erst achtzehn Jahre und sieben Monate alt werden, um den Mond im siderischen Umlauf wirklich einmal an jener Stelle des Tierkreises erblicken zu können, wo er bei seiner Geburt gestanden hat. Hat er diesen Zeitpunkt verpaßt, so muß er das 38. Lebensjahr abwarten, um sozusagen jenen Klang im Sternenreigen zu vernehmen, mit dem die Mondensphäre bei seiner Geburt der allgemeinen Sphärenharmonie einverwoben war. Wenn die Sonne an den Himmelsort zurückkehrt, an dem sie bei der Geburt eines Menschen gestanden hat, feiert der Betreffende seinen Geburtstag. Könnten wir nicht mit gleicher Berechtigung alle 18,6 Jahre einen «Mondengeburtstag» feiern?

Die Sphärenfelder von Sonne und Mond umschließen die Erde und den Menschen. Die Erde lebt das Leben des Kosmos getreulich mit! Dem geschilderten Sonnenfeld am Himmel entspricht die vom nördlichen und südlichen Wendekreis begrenzte, 47 Breitengrade oder 5200 km breite, den Erdball umspannende Äquatorialzone, in der alle Orte der Erde liegen, an denen die Sonne im Jahre irgendwann einmal senkrecht über dem Beobachter im Zenit stehen kann. Das ist bekanntlich am Erdäquator zur Tag- und Nachtgleiche, am nördlichen Wendekreis, etwa bei Assuan in Ägypten oder in Kanton in China, zu Sommerbeginn der Fall. Diese Zone umfaßt zugleich alle Orte, an denen eine Sonnen- oder Mondfinsternis auch einmal im Himmelszenit beobachtet werden kann bzw. in ihren Wirkungen senkrecht auf die Erde herunterkraftet.

Der Zone intensivster Sonnenwirksamkeit muß eine ebensolche Äquatorialzone stärkster Mondscheinstrahlung entsprechen, die sich natürlicherweise im Rhythmus des Knotenumlaufes abwandelt. Das heißt: Der Mond ist in den Jahren 1949/1950 bereits in der Nähe von Kairo in Ägypten – also außerhalb der angedeuteten Sonnenzone der Erde – oder auf dem Sinai oder dem Mount Everest in Nepal senkrecht über uns zu erblicken, während im Jahre 1959 wir um zehn Breitengrade – das sind über 1000 km – nach Süden wandern müssen, etwa bis nach Nubien in Innerafrika oder nach Madras auf der indischen Halbinsel, um das gleiche Erlebnis haben zu können. Dies ist dann alle 28 Tage möglich, entsprechend dem siderischen Durchgang des Mondes durch den Sommerpunkt im Tierkreis. Die äquatoriale Mondenzone der Erde zieht sich in 18,6 Jahren bis auf 4000 km zusammen, um sich danach wieder bis zu einem Maximum von 6000 km auszudehnen.

Ähnliche Verhältnisse finden sich in den Polargebieten. Am Nordpol geht die Sonne nach der langen Polardauernacht am 21. März mit dem Durchschreiten des Frühlingspunktes auf und scheint sofort monatelang ununterbrochen. Wir erblicken sie als zirkumpolares Dauergestirn, als «Sonne um Mitternacht». Mit dem Höhersteigen im Tierkreis bzw. wachsender Deklination breitet sie jetzt eine Dauerscheinzone aus, die am 21. Juni die gesamte Arktis umspannt und bis zum Polarkreis reicht. Ein kreisförmiges

Gebiet von über 5000 km Durchmesser liegt im Dauerschein der mitternächtigen Sonne; es zieht sich bis zum Herbstbeginn auf einen Punkt zusammen und weicht wiederum der Polarnacht (nach Sonnenuntergang am 21. September). Diese Dauernacht wird nur aufgehellt von dem alle vier Wochen tagelang über dem Horizonte kreisenden Vollmond. Geht er als Weihnachtsvollmond durch den Sommerpunkt der Ekliptik, so erleuchtet der Mond seinerseits die gesamte Arktis in seinem gespenstigen Dauerschein, während die mitternächtige Sonne in der Antarktis erstrahlt. Die Sonne um Mitternacht wird am Nordpol vom Gegenphänomen – dem «Vollmond um Mittag» – abgelöst. Im Jahre 1949 aber reicht diese Dauerscheinzone des Mondes, gemäß seiner größtmöglichen Deklination von 28°, 500 km weiter südlich als der Polarkreis, so daß sie sich fast über ganz Norwegen und Finnland erstreckt. Bereits einige Kilometer nördlich von Helsinki, am 61 ½. Breitengrad (90 – 28 ½), geht der Mond immer, wenn er zwischen Stier und Zwilling steht, nicht mehr unter und wird als zirkumpolares Dauergestirn über dem Nordhorizont erblickt. Sonne und Dezembervollmond stehen mittags gleichzeitig am Himmel. Im Jahre 1941 aber hätten wir vergeblich in ganz Nordskandinavien diese Mondstellung gesucht. Nicht einmal am Nordkap, dem nördlichsten Punkt Europas, war sie zu sehen. Die Mondscheindauerzone, die im Rhythmus von 28 Tagen aufleuchtet, hatte sich auf ein Minimum ihrer Ausdehnung zusammengezogen.

Das Atmen des Mondensphärenfeldes findet also im Wechselspiel mit der Erde in dem Gestaltwandel der mondlichtüberstrahlten Äquatorial- und Arktiszone ein lebendiges Gegenbild, das sich in den Polargebieten der Erde wie ein großes *Pupillenspiel* des Planeten in den Rhythmen von Licht und Finsternis ausnimmt.

Aber nicht nur wie ein Sinnesorgan, sondern bis in ihre «Stoffwechselprozesse» hinein vermag die Erde den Rhythmen des Mondes zu folgen. Seinem täglichen Auf- und Untergang entspricht die zweimalige Ebbe, der oberen und unteren Kulmination die Flut der Weltmeere. Der eine Gipfel dieses gewaltigen Flutberges befindet sich genau dem Monde gegenüber und wandert mit dem Steigen und Fallen der Bewegungskreise und dem Wechselaufenthalt des Mondes in der südlichen und nördlichen Sternenhemisphäre von der Nordhalbkugel zur Südhalbkugel der Erde und umgekehrt. Dem 28tägigen, siderischen Umlauf in den oberen und unteren Tierkreisbildern entspricht ein Pendeln der Wassermassen um den Erdäquator, das die tägliche Ost-West-Bewegung der Flutwelle durchkreuzt. Die Größe der Schwingung dieser den Erdball umspannenden Bewegung der Hydrosphäre schwankt zugleich mit dem 18,6jährigen Knotenumlauf. Alle 18 Jahre dringen die Flutgipfel besonders weit auf die Nord- und Südhalbkugel vor, um sich in den Stadien der Zusammenziehung des kosmischen Mondenfeldes zum Erdäquator zurückzuziehen. Alle 18 bis 19 Jahre sind deshalb in unseren Breiten, wenn die sonstigen Bedingungen dazu erfüllt sind, besonders starke Springfluten zu erwarten.

Nicht nur die Hydrosphäre, auch das Luftmeer lebt in den höchsten Stratosphärenschichten, in gewaltigen Flut- und Ebbewellen atmend, die Mondenrhythmen mit. Wie neueste amerikanische Untersuchungen zeigten, unterliegt die Höhe des Aufleuchtens der Meteore und Nordlichter kilometergroßen, rhythmischen Schwankungen, die in ihren Abläufen u.a. die siderischen Stellungen des Mondes widerspiegeln. Auch die *Häufigkeit* der Nordlichter wird durch sie beeinflußt (Arrhenius). Wundern wir uns demnach, daß auch die Erdfeste, ja die Erde als Ganzes, dem Knotenrhythmus folgt? Selbst die Erdachse schwankt im 18,6jährigen Rhythmus und folgt «nickend» der Metamorphose des Mondenfeldes in einer kleinen Kreiselbewegung, der «Nutationsperiode» (lat. nutare = nicken). Diese Stelle ist an der Himmelsstelle der verlängerten Erdachse, dem Polarstern, genau verfolgbar. Im Rahmen des gigantischen Rhythmus des platonischen Weltenjahres, den wir am Fortschreiten des Frühlingspunktes ablesen und der sich in einer kreisförmigen Bewegung aller Fixsterne äußert, zieht auch der heutige Polarstern um den Pol der Ekliptik im Drachen-sternbild. Diese Kreisbewegung entpuppt sich aber als feingekräu-selte Wellenlinie, die in ihrem Auf und Ab genau dem Knotenab-lauf folgt. Der Abstand der Wellenberge beträgt ein Fünftel des Monddurchmessers. Da der Polarstern mit allen anderen Fix-sternen zunächst als in sich unverrückbare Ganzheit, als Sternge-wölbe erscheint, macht jeder Fixstern des ganzen Himmels die Nutationsbewegung mit. So nähern sich z.B. die Gürtelsterne des Orion (Abb. 8) neun Jahre lang dem an ihnen vorbeiziehenden Himmelsäquator, um sich wieder neun Jahre lang von ihm zu entfernen. Ja, sogar die Länge eines Sterntages – von Kulmination zu Kulmination – unterliegt einer dauernden, feinen rhyth-mischen Veränderung. Die Atmung des geschilderten Mond-sphärenfeldes wandelt sich – phänomenologisch gesehen – in ein 18,6jähriges Atmen des gesamten Makrokosmos. Das 26 000 Jahre dauernde platonische Weltenjahr faßt 1400 Atemzüge dieser Art zusammen.

Wenn in Zukunft einmal im Sinne einer durch die Erforschung der ätherischen und astralen Kräfte erweiterten Astronomie die Sternenwelt in immer neuen Zusammenhängen mit der Erde auf-leuchtet, wird sich zweifellos der aufgezeigte Atmungsrhythmus in seinen Auswirkungen in allen Naturreichen, einschließlich des Menschen, nachweisen lassen und noch tiefergehende Beleuchtun-gen erfahren. Auch in diesem Sinne wird sich der Mikrokosmos als Frucht eines lebendigen Makrokosmos erweisen. Auf diesem Wege kann eine im Sinne dieser Ausführungen phänomenologisch vor-gehende goetheanistische Astronomie unerläßliche Dienste er-weisen. Auch hier wird das Lebenswerk Goethes neu fruchtbar werden.

DER 33JÄHRIGE RHYTHMUS
VON SONNE UND MERKUR

In der in unserem Kulturkreis geübten Sitte der Geburtstagsfeier erleben wir eine der wenigen, dem gegenwärtigen Menschen noch verbliebenen Möglichkeiten, das Einzelleben in sinngerechter Weise mit dem Kosmos zu verbinden. Erinnern wir uns doch im Grunde genommen an diesem Tage an den Stand der Sonne, welchen sie im Tierkreis im Augenblick unserer Geburt eingenommen hatte. Dieser Zeitpunkt ist bezüglich der Sonne durch den Zusammenklang zweier Rhythmen charakterisiert, deren größerer im Jahreslauf, deren kleinerer in der Tagesrunde sich ausdrückt. Das Verweben beider Rhythmen verbindet einen bestimmten Ort der Erde mit den Weiten des Fixsternumkreises durch Vermittlung der Sonne, als der Repräsentantin unseres Planetensystems, zu einer dreigliedrigen Ganzheit.

Nehmen wir an, ein Mensch wird eine halbe Stunde vor Sonnenaufgang geboren. Der Stand der Sonne dicht unter dem Osthorizont kündigt sich in der Morgenröte an. Wir können uns ausmalen, wie am Osthimmel der selten sichtbare Planet Merkur als Morgenstern noch zu sehen ist und über den taufrischen Wiesen eine Lerche den nahenden Tag begrüßt. Die Sonne hat jedoch nicht nur eine bestimmte Stellung zur Erde, sondern auch zum Fixsternhimmel, wodurch die Jahreszeit bestimmt wird. Sie kann z.B. bei ihrem Gang durch den Tierkreis im eben angeführten Zeitpunkt gerade den Frühlingspunkt im Sternbild der Fische erreichen. Die Geburtsstunde würde also in diesem Falle genau mit dem Frühlingsanfang eines bestimmten Jahres zusammenfallen, also auf den 21. März 5.30 Uhr zu liegen kommen.

Ein Mensch, der nun nicht nur im üblichen Sinne seinen Geburts-*Tag*, sondern exakt den *Augenblick* seiner Geburt feiern wollte, käme in einige Verlegenheit. Gewiß erreicht die Sonne, welche täglich zwei Vollmonddurchmesser im Tierkreis weiterrückt, jedes Jahr den Schnittpunkt ihrer Bahn mit dem Himmelsäquator, also den Frühlingspunkt. Der Zeitpunkt dieses Ereignisses wird jedoch nicht ohne weiteres mit der Stunde vor Sonnenaufgang zusammenfallen. Der exakte Frühlingsanfang fällt, wie jeder Kalender lehrt, in den aufeinanderfolgenden Jahren in die verschiedensten Tageszeiten, ja er kann sich sogar auf den 20. März verschieben. Diese Diskrepanz ist durch die Länge eines Jahreslaufs bedingt, die nicht genau 365, sondern 365,242 Tage umfaßt. Ein zur rechten Stunde gefeierter Geburtstag kann also, «tierkreismäßig» angesehen, falsch sein und umgekehrt.

Ist es nun überhaupt möglich, einen kosmisch richtigen Geburtstag zu feiern? Mit anderen Worten: Wiederholt sich im Laufe eines Lebens jener Dreiklang der Sphärenharmonie jemals wieder, der im Augenblick unserer Geburt zwischen Erde, Sonne und Fixsternhimmel konstellativ ertönte? Dies ist in der Tat erstmalig am 33. Geburtstag jedes Menschen der Fall, dem deshalb offensichtlich eine besondere Bedeutung zukommt. 33 Sonnenumläufe ergeben nämlich erstmals einen Zeitraum, welcher eine *ganze* Zahl von Sonnentagen – 12 053 Tage – umfaßt. Deshalb fällt z.B. der genaue Frühlings-, Sommer-, Herbst- oder Winteranfang von 1920 erstmals 1953 zeitlich fast genau auf den gleichen Termin.* Der Frühlingsanfang 1920 war am 20. März um 23.00 Uhr. 1953 fällt die Konjunktion der Sonne mit dem Frühlingspunkt auf den 20. März 23.01 Uhr! Unseres Wissens war es erstmals der Astronom Wilhelm

---

* Der Aufsatz wurde 1953 verfaßt (s. Nachweis S. 293).

Kaiser, der den 33jährigen Rhythmus der Sonne entdeckte und zugleich auf seine einzigartige Bedeutung für eine neue und sinngerechte Regulierung der Schalttage hinwies.

Erstaunlicherweise gibt es nun einen Wandelstern, der als einziger sein Schleifenspiel mit diesem Sonnenrhythmus innig verwebt. Es ist derselbe, den Rudolf Steiner als einzigen Planeten in der Urkunde zur Grundsteinlegung des ersten Goetheanum-Baues mit den Worten erwähnt: «... als Merkurius in der Waage stand.»

Dieser sonnennächste Planet braucht 115,9 Tage für seinen Umlauf von einer oberen Konjunktion mit unserem Tagesgestirn bis zur nächsten. Da 104 solcher synodischer Merkurperioden ca. 12 051 Tage ausmachen, findet sich dieser Planet nach jeweils 33 Jahren fast genau an der gleichen Tierkreisstelle in der gleichen Sonnendistanz und Sichtbarkeitsphase ein. So fiel der Frühlingsanfang 1920 exakt mit einer unteren Konjunktion Merkurs mit der Sonne zusammen. Er zog damals also gerade in rückläufiger Bewegung seine Schleife durch den Frühlingspunkt, um sich hier mit der entgegenkommenden Sonne in einer unteren Konjunktion zu kreuzen. Dies alles wiederholt sich 1953 fast genau in der gleichen Weise. Nur fällt die untere Konjunktion selbst zwei Tage früher, also auf den 18. März in die nächste Nähe des Frühlingspunktes.

Die Weihnachtskonstellation der Mitternachtsstunde irgendeines Jahres wiederholt sich also erstmalig exakt in der ersten heiligen Nacht 33 Jahre später, und zwar nicht nur bezüglich der Stellung der Sonne zur Erde und zum Tierkreishimmel, sondern auch bezüglich der Stellung Merkurs.

In der Abendstunde der Grundsteinlegung des ersten Goetheanum am 20. September 1913 befand sich die Sonne im 27. Grad des Zeichens Jungfrau, und Merkur hatte wenige Stunden zuvor den Herbstpunkt überschritten. Er befand sich im ersten Grad des Zeichens Waage. Diese Konstellation, über die Elisabeth Vreede in den astronomischen Rundbriefen bedeutsame Ausführungen machte, wiederholte sich also erstmals am 20. September 1946.

Einstmals wurde alles irdische Geschehen aus den Rhythmen der Sphärenharmonien gestaltet und war – einschließlich des Mikrokosmos Mensch – um so mehr davon abhängig, je weiter wir in die Erdenvergangenheit zurückgehen. Noch heute faßt der Tageslauf unsere Atemzüge im Sinne der Zahl 25920 des platonischen Weltenjahres zusammen. Die Entwicklung des Menschen zur Freiheit erforderte jedoch die fast völlige Loslösung seines Organismus vom Kosmos in einer ersterbenden Natur und Werkwelt. Diese erste Hälfte der Erdenzeit wird – als eine Zeit zunehmender Verfestigung und Sonderung – als die Marsperiode der Erde bezeichnet. Jetzt ist es an der Zeit, daß sich der Mensch aus innerster Ichkraft heraus als Glied einer geistigen Welt erkennt und im Chaos der Gegenwart sich in Freiheit Lebensrhythmen bildet,[1] welche die Grundlage sind für das Zukunftswerden der Erde, ja für das Keimgeschehen eines neuen Kosmos. Diese Zukunftsphase der Erdenentwicklung trägt den Namen des Planeten Merkur! Sie kann nur verwirklicht werden in Verbindung mit den Kräften des Auferstandenen. Der 33jährige Rhythmus bildet nun im Zusammenhang mit der Verkörperung des Sonnenwesens das merkurielle Bindeglied zwischen der alten, vom Umkreis einstrahlenden und der neuen, von der Erdenmenschheit ausstrahlenden Entwicklungsphase des Planeten. Das dreijährige Christuswirken selbst war eine fortwährende Realisierung kosmischer Rhythmen und faßte das Jesusleben, das in der Ur-Weihenacht begann, im Sinne des von der Sonne kosmisch vorgebildeten, 33jährigen Grundrhythmus zusammen. Das Ostergeschehen aber sprengte und verjüngte zugleich diesen werkweltmäßig relativ erstarrten Rhythmus und erweiterte ihn zu einer neuen mikrokosmischen 33 1/3 jährigen Periode. Sie strahlt fortan vom Geist der Erde aus, durchkraftet das soziale Geschehen der Menschheit und durchwirkt das «Sonnewerden» der Erde.

Der Sonnenkosmos läßt auch heute noch nach jeweils 33 Jahren den gleichen Klang ertönen und ruft so in uns die Erinnerung an das vor 33 Jahren Gewollte und Geschehene wach. Daß das also Geschehene sich nicht nur als Gewordenes unfruchtbar weiterschiebt, sondern – sich verjüngend – aufersteht und sich durch die einzelnen Individualitäten mit dem Menschheitsgeschehen in schöpferischer Werdekraft verbinden läßt, verdanken wir dem Ostergeschehen. In dem Intervall zwischen der 33jährigen kosmischen Periode und dem lebendigen 33⅓jährigen Rhythmus kommt jeweils die Christustat zur Auswirkung. In dieser, in sich beweglichen Differenz hat das Moment der Freiheit Platz, dessen Ergreifen allein die Erdenvergangenheit in rechter Weise in die Zukunft führen kann. Die stete Beweglichkeit des Osterfestes aber mahnt uns – im Gegensatz zum festliegenden Weihnachtsfest – an dieses stets neu zu entwickelnde schöpferische Element der Zukunft. Der verwandelte 33jährige Rhythmus wird so zum Urphänomen aller Rhythmisierung, welche der Mensch der Zukunft von innen her erbilden muß, um in kosmisch heilsamer Weise in die Merkurphase der Erde und zugleich in einen neuen Zusammenklang mit der Sphärenharmonie hineinzuwachsen. Die Genien Merkurs, welche seit Urzeiten ihr Planetensein mit dem 33jährigen Sonnenrhythmus verbanden, werden aus den Morgen- und Abendsternkräften dieses Zukunftsplaneten heraus diese Entwicklung überleuchten.

So gesehen kann uns jeder Geburtstag ein Anlaß werden, auch auf die Wiederholung der äußeren Sonnenstellung in der Geburts-*stunde* zu achten. Wir können dann die Krönung des Geburtstags im 33jährigen Sonnenrhythmus erahnen und diesen als Brücke empfinden zum Schöpferimpuls der Auferstehungskräfte in uns selber. Gilt es doch, den Erkenntnisruf der alten Mysterien: «Die Sonne schaue um mitternächtige Stunde», zu steigern zur Willenstat:

> Im Dunkel lebend
> erschaffe eine Sonne,
> im Stoffe webend
> erkenne Geisteswonne.

Zwischen der Vergänglichkeit der kosmischen Sonne draußen und der Unvergänglichkeit der werdenden Menschensonne im Inneren schafft das Weben der 33jährigen Rhythmik den harmonisierenden Ausgleich. In ihm gelangen die heilenden Kräfte Merkurs zur vollen Wirksamkeit.

MARSSPHÄRE
UND SPRACHBILDUNG

Der Menschheit ist in Zukunft die Aufgabe gestellt, das Leben der Erde an die Erscheinungen und Kräftewelten des Makrokosmos sinnvoll anzuknüpfen. Dies kann nicht durch Raumsondenforschung und bemannte Weltraumflüge allein bewältigt werden, sondern erfordert vor allem ein tieferes Eingehen auf das Wesen der Rhythmen, die Himmel und Erde verbinden. Zeigen sich doch unserem Auge fast alle Lichtphänomene des Kosmos in rhythmischen Abläufen. Selbst die örtlich gegenseitig fixierten Sterne gehen auf und unter, und das unregelmäßige und unberechenbare Aufblitzen der einzelnen Sternschnuppen wird in großen, im Jahreslauf wiederkehrenden Meteoritenschwärmen zusammengefaßt und so in das ewige Wechselweben des Ausgleichs polarer Prozesse eingeordnet. Der Rhythmus weist durch seine eigene Natur über die rein physische Ebene hinaus in ein prozessuales Reich vielfältiger Dynamik; er stellt bereits ein «Halbgeistiges» dar.

Mit dem Sprechen von der Harmonie der Sphären haben die Alten auf die damit angedeutete geistige Seite des Kosmos hingewiesen. Diese kann jedoch nur gefunden werden, wenn es gelingt, über die bloße sinnenfällige Beobachtung der Gestirne als Raumkörper hinauszugehen und einen dem modernen Bewußtsein gemäßen Begriff der zu ihnen gehörenden Sphären, welche sich der geistigen Beobachtung erschließen, neu aufzubauen. Der folgende

Aufsatz versucht, den Weg von den Wesens- und Bildekräften dieser Sphären zum Aufbau der irdischen Naturreiche bzw. zum Menschen selbst – wenigstens in den ersten Ansätzen – aufzufinden.

Von der naturwissenschaftlichen Seite her ist dazu eine saubere phänomenologische Betrachtungsweise erforderlich, welche im Sinne Goethes die Phänomene selbst die Lehre sein läßt und sie nicht nur im intellektuellen Sinne analysiert und «erklärt». Nehmen wir als Beispiel den 27,555 Tage umspannenden *anomalistischen* Mondrhythmus. Die genaue Beobachtung zeigt, daß der Mond, unabhängig von seiner Stellung im Tierkreis und von seinem Phasenspiel, als Ganzes bald größer, bald kleiner erscheint. Diese periodische Ausdehnung und Zusammenziehung der Mondscheibe ist mit bloßem Auge verfolgbar. Sie hängt bekanntlich damit zusammen, daß die Entfernung des Mondes von der Erde schwankt und er bald in Erdnähe, bald in Erdferne ist. Die Pulsation des in sich starren Gestirns ist also nur scheinbar. Damit ist unser Verstand befriedigt! Das Phänomen selbst aber hat dadurch seine Bedeutung verloren, scheint uninteressant oder nebensächlich, und der anomalistische Mondrhythmus geht als einer der vielen Rechenwerte in den Computer ein, der uns eine bestimmte Mondstellung zu einem gesuchten Zeitpunkt exakt berechnet. Letzten Endes ist es gleichgültig oder zumindest unwesentlich, ob die erstarrte Schlacke, die wir Mond zu nennen gewohnt sind, der Erde 400 000 km näher oder ferner steht. Ähnliche Ausführungen ließen sich über das am meisten in die Augen fallende Phänomen, die Mondphasen, machen.

Die Erweiterung, welche die astronomischen Vorstellungen heute durch den Einbau geisteswissenschaftlicher Erkenntnisse erfahren können und müssen, machen jedoch ein tieferes, wesensgemäßes Erfassen des anomalistischen Rhythmus möglich. Die Geisteswissenschaft spricht davon, daß zu dem uns bekannten Mondkörper eine Sphäre übersinnlicher Kräfte gehört, welche er durch seinen Umlauf um die Erde begrenzt und deren Ver-

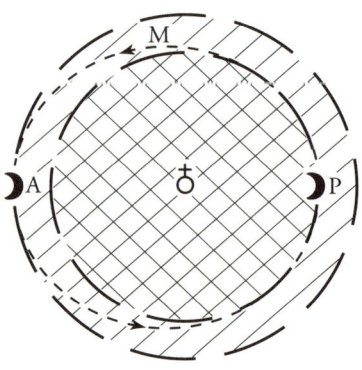

Abb. 11: Mondsphäre in Erdnähe (P) und in Erdferne (A).
M = elliptisch geformte, physische Mondbahn.

ankerungsgrund die Erde selber ist. In ähnlichem Sinne dürfen die Planeten als jeweilige Grenzmarken einer heliozentrischen Äthersphäre angesehen werden. Abbildung 11 zeigt uns, wie sich diese Mondsphäre als dynamisches Gebilde im Perigäumstand des Mondes (P) in einem zusammengezogenen Zustand befindet, der in eine Ausdehnungsphase übergeht mit der Bewegung zur Erdferne (A). Was der physische Mond nicht vermag, tut also die Sphäre: Sie pulsiert in regelmäßiger Folge. Der anomalistische Umlauf erweist sich also als ein tiefer eingreifendes Geschehen, dessen Sphärenwandel ja den ganzen Erdorganismus durchdringt. Ohne die Kenntnis dieser Mondsphäre lassen sich aber die bisher bekannten Auswirkungen der Mondrhythmen in der Meteorologie und im Pflanzenreich und die Fortpflanzungsrhythmen der mondsensiblen Tiergattungen im Hinblick auf ihre Ursachen nicht erhellen.

Wir lernen an diesem Beispiel, daß das sinnlich wahrnehmbare Phänomen, das sich für den gehirngebundenen Verstand als bloßer Schein erweist, einen zusätzlichen, eigenen Bedeutungswert hat, der auf eine tiefere Realität hinweist. In das Phänomen scheint der Abglanz einer höheren Welt herein, zu deren Schriftzeichen es sich formt. Es ist Schein und Erscheinung zugleich! Es bedarf also der geisteswissenschaftlich geschulten Urteilskraft, um den unseren Sinnen sich darbietenden kosmischen Erscheinungen wesensgemäßer und ihrem ganzen Umfang nach gerecht werden zu können. Denn jede Himmelserscheinung muß über ihre Einordnung in unser physisches Weltbild hinaus für das Hereinleuchten der Gesetzmäßigkeiten der *Geistigkeit des Kosmos* durchsichtig gemacht werden. Die damit angedeutete Erweiterung unseres astronomischen Weltbildes ist zugleich die Voraussetzung dafür, es an den Menschen selbst als Mikrokosmos anknüpfen zu können.

In vielen Schriften und Vorträgen hat Rudolf Steiner differenzierte Angaben über das Wirken kosmischer Kräfte beim Aufbau des menschlichen Organismus gemacht. In den Ausführungen «Das Ich und die Sonne, der Mensch innerhalb der Sternenkonstellation» werden z.B. der Saturn mit der Eingliederung des «oberen Teils des Astralleibes» in den ganzen Menschen, die Jupiterkräfte mit der Ausplastizierung unserer Denkorganisation und Mars mit der Sprachbefähigung in Zusammenhang gebracht. «Mars hat es zu tun mit der Sprache.» Er «hebt gewissermaßen vom astralischen Leib eine noch kleinere Partie, als diejenige ist, die fürs Denken in Betracht kommt, heraus aus seiner ganzen Einorganisierung in den übrigen Menschen. Und von den Marswirkungen in uns hängt es ab, daß die Kräfte, die sich dann in das Sprechen ergießen, entfaltet werden können.»[1]

Die physiologische Grundlage der Laut- und Wortbildung ist der Atemrhythmus. Der äußeren Atmung gehen parallel die Hebung und Senkung der Rippen sowie die Ausdehnung und Zusammenziehung des Brustkorbes und der elastischen Lungenorgane. Die eingeatmete atmosphärische Luft selbst erfährt dabei eine Zusammenziehung auf engsten Raum in der Luftröhre und eine folgende Ausweitung in das Kapillargebiet der Lungenbläschen und umgekehrt. Sie steigt in rhythmischer Folge in der Luftröhre und in den Bronchien in Strömen entgegengesetzter Richtung ab und auf, während sie in ununterbrochenem feinstem Diffusionsstrom in dem Kapillarnetz der Alveolen – auf die riesige Oberfläche von über 100 m² ausgebreitet – *gleichzeitig* ein- und austritt. Mit diesem Eintauchen in die Blutzirkulation beginnt die innere Atmung, welche über die erneute Einengung des Blutes in den linken Herzkammern zur Ausweitung in die Organregionen des Gesamtorganismus führt.

Dem Übergang des streng rhythmischen Atemprozesses in die Kontinuität der in den organischen Tiefen der Vitalsphäre unbewußt webenden inneren Atmung tritt am anderen Pol, mit der Befähigung zur abrupten Unterbrechung des Atemprozesses und zur willkürlichen Vertiefung oder Verlängerung desselben – und umgekehrt –, das bewußte Seelenleben des Menschen entgegen. Indem dieser sein Inneres zum Ausdruck bringen will, benutzt er physiologisch die Atmung als Instrument. Der Bewußtseinspol tritt dabei dem Atemrhythmus gleichsam in Opposition entgegen und ordnet ihn höheren Gesetzen unter. Diesem Prozeß des Überganges zur Diskontinuität, welcher die Voraussetzung der Sprache ist, dient vor allem der Kehlkopf als Werkzeug. Die Stimmbänder können über die Bildung der Stimmritzen den Luftstrom weiter einengen oder durch ihren totalen Schluß ganz unterbrechen. In Gaumen, Zunge, Zähnen usw. werden dem bei der Sprache durch die Mundhöhle umgeleiteten Atemstrom weitere Widerstände entgegengestellt. In der Vielzahl der Nebenhöhlen, die als abgesonderte, luftgefüllte Hohlräume einen minimalen Gasaustausch haben, kommt der Luftstrom fast ganz zum Stillstand. Hier ist eine Art Stauung und Verselbständigung der Luftorganisation eingetreten, die etwa einer Teichbildung aus dem strömenden Bache vergleichbar ist.

Wie jeden echten Rhythmus finden wir also auch den Atemrhythmus in Polaritäten eingespannt, die er vermittelt. An demjenigen Pol, an dem er sich dem Bewußtsein ganz entzieht, tritt stofflich das Eisen auf. Im Eisengehalt der roten Blutkörperchen und im Feinst-Eisen der Zelle, das als Warburgsches Atmungsferment den inneren Verbrennungsprozeß ermöglicht, begegnen wir jener Substanz, die als Metallprozeß in der Kräftewelt des Mars urständet.

Um diesem Zusammenhang näherzukommen, müssen wir den Mars als Planeten nicht nur aus seinen physischen Meßdaten kennenlernen, welche in den nächsten Jahrzehnten – ähnlich wie die des Erdsatelliten – sicher eine ungeahnte Vermehrung erfahren werden, sondern müssen ihn in der Dynamik seiner Rhythmen verfolgen. Wie bei allen Wandelsternen unterliegen auch alle Einzelheiten des Erscheinungsbildes des Mars wie Geschwindigkeit, Leuchtkraft, Sichtbarkeitsdauer u.a. einem stetigen Wandel; jedoch sind Beschleunigung und Verlangsamung der Bewegung, Vorwärts- oder Rückwärtslauf, Aufstrahlen und Verdämmern stets rhythmisch geordnet. Sie gruppieren sich als Wechselphasen um den Pol strahlendsten Glanzes und längster Sichtbarkeit bei Nacht in der vollendeten Gegenstellung zur Sonne (Opposition) und um den Gegenpol absoluter Unsichtbarkeit im Zusammenstehen mit der Sonne (Konjunktion). Bei der Konjunktion steht der Planet als «Tagplanet» den ganzen Tag mit der Sonne zusammen über dem Horizont, ist überstrahlt von ihrem Glanz und hat den schnellsten Vorwärtslauf. Der Zeitpunkt der Opposition als «Nachtplanet» ist hingegen durch den Höhepunkt der Rückwärtsbewegung in der dabei entstehenden Schleife ausgezeichnet. Diesem Schema eines spiegelbildlichen Phasenspiels folgen bekanntlich alle obersonnigen Planeten in ihren synodischen Grundrhythmen, welche den siderischen Umlauf durch die zwölf Tierkreisbilder durchbrechen und untergliedern.

Beim Mars umfaßt dieses Geschehen durchschnittlich zwei Jahre und fünfzig Tage. Es folgt einem Jahr des Hervortretens im höchsten Leuchtglanz und längster Sichtbarkeit als Nachtplanet ein Jahr des Zurücktretens und totalen Verschwindens im Sonnenglanz als Tagplanet. Diese Polarität wird durch Übergangsphasen vermittelt, in denen Mars als «Morgenstern» in Erscheinung tritt, sich langsam die Nacht erobert und immer früher am Osthimmel erscheint oder langsam als «Abendstern» am Westhimmel verdämmert. Phänomenologisch ist die «zunehmende Phase» von einer kontinuierlichen Zunahme der Entfernung von der Sonne im Tierkreis begleitet, die über die Sextil-, Quadratur- und Trigonstellung zur Opposition mit dem im Tierkreis vorauseilenden Tagesgestirn führt. Danach verkehrt sich das ganze Geschehen spiegelbildlich und schließt in steter Annäherung der Sonne an den Planeten bei der nächsten Konjunktion mit ihr ab. Dieses vielfältig gegliederte Rhythmusgeschehen, das sich zudem in gesetzmäßiger Weise und in kontinuierlichen Metamorphosen in den Tages- und Jahreslauf der Erde verwebt, fand zu allen Zeiten das größte Interesse der Sternbeobachter. Seine Dynamik mußte den Menschen bis ins gemüthafte Erleben berühren. Der Übergang zum kopernikanischen Weltbild brachte uns die unerläßliche verstandesmäßige Erklärung und löste das Rhythmenspiel in scheinbar belanglose «Scheinbewegungen» auf. Zu- und Abnahme der Helligkeit ist durch die wechselnde Entfernung des Mars von der Erde erklärt, die bis auf ein Siebtel des größten Abstandes schrumpfen kann. Während der Zeiten scheinbarer Beschleunigung, des Stillstandes oder gar des Rückwärtslaufes vollzieht der Planetenkörper unberührt seine kontinuierliche Kreisbewegung um die Sonne als physischen Mittelpunkt seiner Bahn. Die Schleife ergibt sich bekanntlich konsequent als die Projektion der Kreisbahn, welche die Erde selbst als bewegter Beobachtungsort um die Sonne vollzieht, auf den Fixsternhimmel. Die beiden Umschlagpunkte des so dramatisch anmutenden synodischen Wechselgeschehens werden reduziert auf die quantitativ faßbaren Begriffe größter und kleinster Entfernung der beiden in Betracht kommenden Planeten.

Wiederum aber darf sich ein etwaiger Einwand nicht gegen die

Richtigkeit einer solchen, den Reichtum des Erscheinungsbildes wie auslöschenden Erklärung wenden, sondern muß sich vielmehr auf die Frage ihrer Vollständigkeit richten. Der Astronom, der mit dieser Analyse seine Aufgabe bezüglich des synodischen Umlaufs als beendet betrachtet, gleicht dem Menschen, der die Bewegung der Zeiger einer Uhr genau aus dem Ineinandergreifen des Räderwerks und der Spannfeder ableiten kann, von der eigentlichen Funktion der Uhr aber keine Ahnung hat. Sobald wir die geisteswissenschaftliche Erkenntnis von den Sphären der Planeten in unsere Betrachtungen mit einbeziehen, ergibt sich ein neues Bild, das jedoch durch die dabei zutagetretende, relative Gültigkeit des kopernikanischen und des ptolemäischen Weltbildes kompliziert wird. Die Bewegung der Planeten um die Sonne gibt uns in der Tat die Grenze einer von ihr mit ausgestrahlten Äthersphäre an. Die Erde als geistiges Ziel der Evolution des planetarischen Systems ist jedoch Mittelpunkt einer zweiten, übergeordneten Wesenssphäre, die sich vor allem in der astralischen Welt manifestiert und von den mit dem Marswesen verbundenen Geistern der Bewegung beherrscht wird. Suso Vetter ist im *Sternkalender 1969/70* auf die sich ergänzende Gegensätzlichkeit der heliozentrischen und geozentrischen Sphärenbetrachtung, wie sie sich u.a. aus den Ausführungen Rudolf Steiners im «Düsseldorfer Zyklus» ergibt, näher eingegangen.[2] Der hier sich auftuende Doppelaspekt liegt auch der folgenden Betrachtung zugrunde. Seine konsequente Verfolgung führt zur Vorstellung des «Atmens der Planetensphären».

Die Abbildungen 12 und 13 (s. S. 151) zeigen das Verhältnis der beiden Marssphären im Zeitpunkt der Konjunktion und der Opposition des Mars mit der Sonne, wobei die erste Figur der grundlegenden Zeichnung Rudolf Steiners im «Düsseldorfer Zyklus»[3] entnommen ist. Die heliozentrische Marssphäre (längsgestrichelt) hat zum Mittelpunkt die Sonne und ist in beiden polaren Phasen unverändert bzw. gleich groß. Die geozentrische Sphäre (schräggestrichelt), deren Mittelpunkt in der Erde liegt, befindet sich hingegen bei der Konjunktion in der Phase größter Ausdehnung und greift weit über das heliozentrische Gebiet hinaus (Abb. 12). Bei jeder anderen Stellung des Mars zur Erde ist der Abstand beider Planeten kleiner und erreicht zur Zeit der Opposition sein Minimum.

Die Erdnähe des Mars führt zur äußersten Zusammenziehung der Sphäre, die jetzt (Abb. 13) ganz in die heliozentrische Sphäre eingebettet erscheint. Dieser Sphärenkonzentration in der Opposition entspricht das Aufleuchten des Mars im strahlendsten Glanz. Von der Erde aus gesehen geht er jetzt im Augenblick des Sonnenuntergangs auf und zieht die ganze Nacht über den Himmel. Abbildung 14 zeigt verschiedene aufeinanderfolgende Stadien der sich kontinuierlich zusammenziehenden Marssphäre während verschiedener Konstellationen der drei Himmelskörper beim Übergang von der Erdferne zur Erdnähe. Man sieht, wie sich dabei der Abstand beider Planeten immer mehr verkleinert. In Wirklichkeit sind die Verhältnisse viel komplizierter. Die totale Bewegungsdynamik ist weit lebendiger, als solche nur einzelne Augenblicke fixierende und aus der Ganzheit des Bewegungsorganismus abstrahierende Hilfsfiguren darstellen können, welche außerdem in die Fläche projiziert sind. Denn während einer synodischen Periode kreist die Erde selbst als Mittelpunkt der geozentrischen Sphäre ja zweimal um die Sonne, so daß es zu differenzierten Verdrehungen und Überlagerungen der geozentrischen Sphäre kommt. Halten wir alle wesentlichen Phasen dieses Sphärenwebens fest, so entsteht ein in sich geschlossener Figurenorganismus, wie ihn Franz Kaiser für alle Planeten erstmals durchgezeichnet hat. Abbildung 15 zeigt solch ein eindrucksvolles Bild der Marssphäre während einer vollen synodischen Periode.[4]

Solche Figurenmetamorphosen regen unsere Vorstellungen zur imaginativen Betrachtung und damit zum Eindringen in die ätherischen Lebensbereiche des Kosmos an. Ihr sinnlich-sittlicher Ausdruckswert läßt in jeweils individueller Weise die feineren

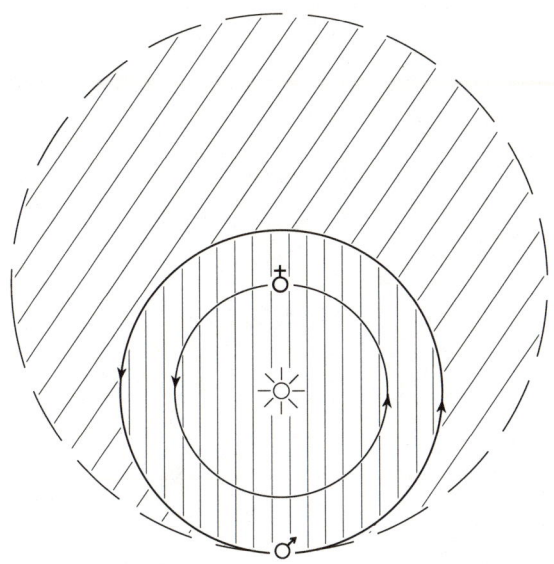

Abb. 12: Mars in Konjunktionsstellung zur Sonne. Heliozentrische Mars-sphäre senkrecht, geozentrische Marssphäre in der Phase maximaler Ausdehnung (ausgeatmet) schräggestrichelt.

Abb. 13: Mars in Oppositionsstellung zur Sonne. Geozentrische Marssphäre in der Phase maximaler Zusammenziehung (eingeatmet).

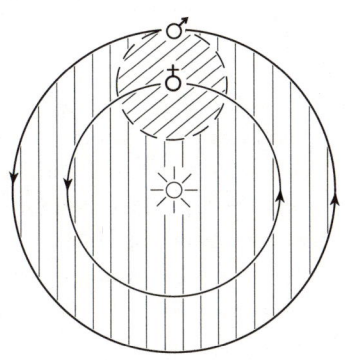

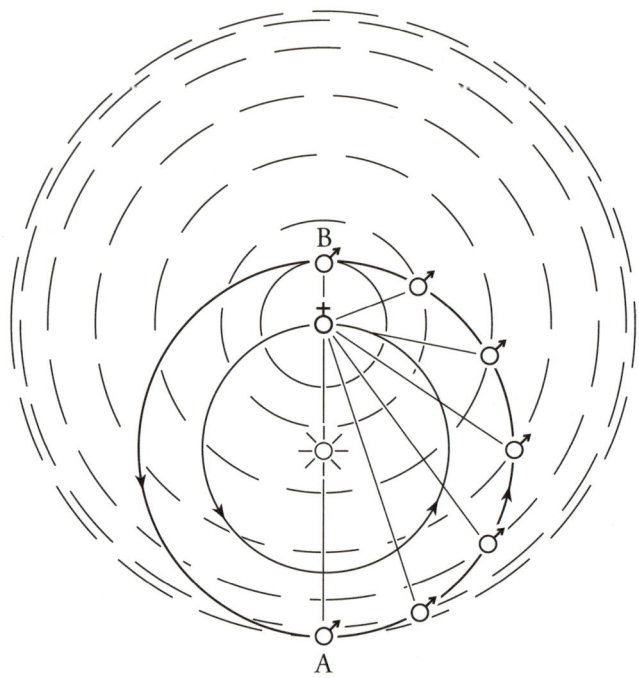

Abb. 14: Verschiedene mögliche Stellungen von Erde, Sonne und Mars in der synodischen Periode. Man beachte die verschiedene Größe der Entfernung Erde – Mars und die dadurch bedingte Zusammenziehung der geozentrischen Marssphäre. A = Mars in Konjunktion, B = Mars in Opposition zur Sonne.

Qualitäten des betreffenden Planeten erscheinen. Jede Phase der synodischen Wechselperiode weist jedoch zugleich auf reale Vorgänge in der Bewußtseinsebene der astralischen Welt. Sie werden für die inspirative Fähigkeit des Geistesforschers als das «Astralempfinden des Kosmos» erlebbar, das sich in umfassenden Sympathie- und Antipathieprozessen abspielt, wie sie z.B. in Rudolf Steiners *Theosophie* über das «Seelenland» dargestellt sind.[5]

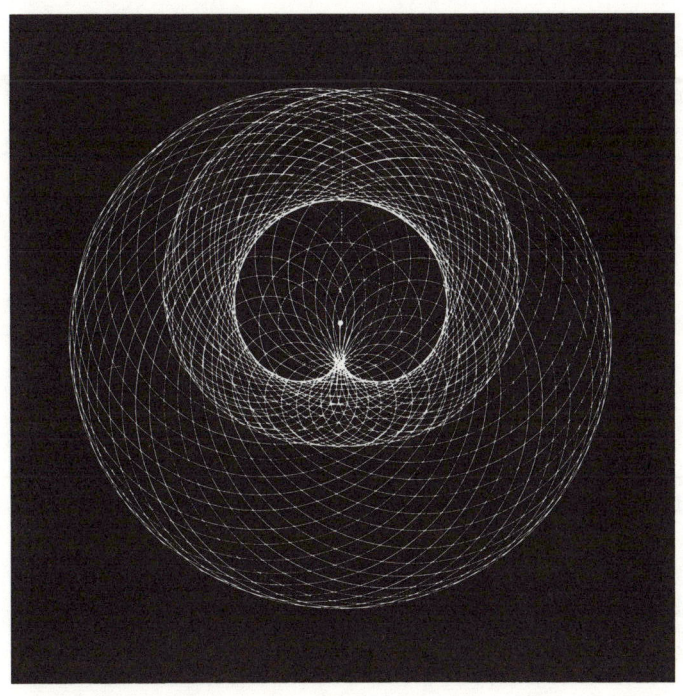

Abb. 15: Das atmende Sphärenweben der geozentrischen Marssphäre in einer synodischen Periode (nach F. Kaiser).

Tasten wir uns von dieser Seite her an das Sphärenproblem heran, so kommen wir zu neuen wesensgemäßen Einsichten. Wie der Mensch die Luft im kleinen Atemzug der Lunge und sein Seelisch-Geistiges im großen Atemholen des Schlafens und Wachens aus- und einatmet, so scheint sich das planetarische Wesen bei der Konjunktion mit der Sonne in einer Art kosmischen Schlafzustandes zu befinden, der jedoch nicht Bewußtlosigkeit bedeuten muß. Es ist in Selbstvergessenheit – überleuchtet vom Strahlenglanz der

Sonne – an die kosmische Umwelt hingegeben. Die Erde ist in den Hintergrund getreten und vom Planeten aus nicht zu sehen. Umgekehrt ist auch der Erde der physische Anblick des Planeten entschwunden. Es handelt sich um einen überwiegenden Sympathieprozeß im Astralempfinden des Kosmos.

In der Oppositionsphase «erwacht» das Planetenwesen hingegen und ist in seine physisch-ätherische Sphärenleiblichkeit eingezogen. Es stellt sich in relativer Selbständigkeit selber dar und bringt sein Eigenwesen zur Geltung in einem – der Opposition gemäßen – überwiegenden Antipathieprozeß gegenüber der kosmischen Umgebung und der Sonne, die hinter der planetennahen Erde zurücktritt. Diese «Absonderung» aus der Umgebung findet ihren phänomenologischen Niederschlag in der Schleifenbildung, die einer Sonderkreisbildung in der siderischen Kreisbahn durch den Tierkreis entspricht. Der sich so aus dem allgemeinen kosmischen Umkreis heraus abgrenzende, angenähert herzförmige Innenraum findet in der «geozentrischen Marssphäre, heliozentrisch dargestellt» (Abb. 15), einen sprechenden Ausdruck. Er deutet letzten Endes auf das individuelle «Innenleben» der der Marssphäre verbundenen Geistwesen. Das Sich-Ausdehnen und Zusammenziehen der Sphäre des Wandelsterns kommt also einem wirklichen Atmungsprozeß des planetarischen Gesamtwesens gleich, der einem Bewußtseinswandel entspricht.

Kepler hat noch der Überzeugung Ausdruck verliehen, daß der Erdorganismus die Konstellationen der Gestirne miterlebt und in der Variabilität seiner meteorologischen und sonstigen Lebensverhältnisse gleichsam einen Resonanzboden für die Sphärenharmonie abgibt. Die Zeit dürfte nicht mehr ferne sein, wo sich die Geophysik gezwungen sieht, solche Vorstellungen ernst zu nehmen. Die Tatsache, daß der zeitweilige Zusammenbruch des interkontinentalen Funkverkehrs in den USA erstmals mit bestimmten planetarischen Konstellationen in Zusammenhang gebracht werden konnte, deutet in diese Richtung. Ein weiterer Schritt ergibt sich aus folgender

Beobachtung: 1960/61 wurde in den Windverhältnissen der Erde, die in ihrem wechselvollen Gesamtverlauf im allgemeinen dem Jahresrhythmus folgen, ein selbständiges äquatoriales Windsystem riesigen Ausmaßes entdeckt, das in Form regelmäßig wechselnder, 500 Kilometer breiter Ost- und Westwindgürtel den Erdball in der Stratosphäre umzieht. Die Höhenströmung, die eine Geschwindigkeit von weit über 100 km/h besitzt, arbeitet sich aus 30 km Höhe bis auf 20 km herunter. Noch während sie dem tiefsten Punkt zustrebt und an Geschwindigkeit abnimmt, beginnt in der Höhe bereits die Umkehr. Dieser Rhythmus umspannt 2,2 Jahre und entwickelt sich als die größte bisher bekannte vom Sonnenjahr unabhängige Schwankung. Schon seit Jahrzehnten war in vielen anderen meteorologischen Elementen eine Periode gleicher Länge unbekannten Ursprungs festgestellt worden. Es handelt sich also um ein den Erdball umspannendes Rhythmusphänomen. William Brunner-Hagger[6] hat erstmals darauf hingewiesen, daß dieser Rhythmus seine Verursachung in der synodischen Periodik des Mars haben könnte. In seine Erdnähe fällt nämlich das Maximum des Ostwindes, in die Erdferne dasjenige des Westwindes.

Die Atmosphäre der Erde lebt also in gewaltigen Resonanzphänomenen den intensiven kosmischen Atemzug der Marssphäre, deren Zentrum sie ist, mit. Man könnte das doppelphasige Wechselgeschehen dieses äquatorialen Strömungsgürtels ein Flut- und Ebbephänomen höherer Ordnung nennen. Es dürfte deshalb auch nur noch eine Frage der Zeit sein, bis nachgewiesen wird, daß es für die Wetterverhältnisse nicht belanglos ist, ob eine Marskonjunktion oder -schleife in den Sommer oder Winter fällt.

In den höheren Wesensgliedern des Menschen werden die kosmischen Sphärenkräfte verinnerlicht und wirken in der Embryonalzeit organbildend. «Eine Kraft, die eigentlich ursprünglich kosmisch ist, zur auf die Erde einstrahlenden Wirkung bestimmt, wirkt aus der Lunge oder Leber heraus. Sie hat eine Metamorphose ihrer Richtung vollzogen.»[7] Blicken wir von diesem Gesichtspunkte aus auf die Dynamik der Marssphäre zurück, deren Astralität Erde und Mensch durchdringt, so kommen wir der Vorstellung näher, daß ihr rhythmisches kosmisches Atemweben im menschlichen Atmungsleben seinen wesensgemäßen, individualisierten Abdruck findet. Rudolf Steiner schildert, wie der menschliche Astralleib im unteren Menschen mehr aus den Sympathiekräften, im oberen mehr aus den Antipathiekräften heraus organisiert ist. Auch der Atmungsfunktion liegt – wie dem kosmischen Atemzug der Marswesenheit – ein Wechselspiel von unbewußten Sympathie- und Antipathieprozessen zugrunde. Mit ersteren öffnen wir uns beim Einatmen der Welt, um die belebende, frische Luft aufnehmen zu können. Durch die Kraft der physiologisch wirksamen Antipathie stoßen wir die als unbrauchbar empfundene, verbrauchte, mit Kohlensäure überladene Luft in der Ausatmung ab. Ein entseelter Organismus kann nicht mehr atmen. In den regelmäßigen Wechselzügen des Atems, in der Ausdehnung und Zusammenziehung des Brustkorbs usw. haben wir ein mikrokosmisches Gegenbild des synodischen Atmens der Marssphäre vor uns. Dabei finden wir im Übergang der äußeren in die Kontinuität der inneren Atmung den Konjunktionspol der Marssphäre wieder. Der Atmungsprozeß verbindet sich mit den sonnendurchwirkten Herz- und Zirkulationsprozessen und findet so den Anschluß an die ätherisch betonten Tiefenregionen des Stoffwechsels. Er verliert sich gleichsam in ihnen.

«Des Mars erschaffendes Klingen»[8] aber drängt andererseits zur Selbstdarstellung; es bricht in der Orientierung des Atmungsprozesses zum oberen Menschen durch, wo das Oppositionsgeschehen des Mars wirksam wird und eine «kleinere Partie [vom astralischen Leibe] aus seiner ganzen Einorganisierung in den übrigen Menschen [heraushebt]. Die kleine Umlaufszeit des Mars ist ja auch dafür maßgebend. Der Mensch lernt ja innerhalb einer Zeit, die durchaus der halben Umlaufszeit des Mars ungefähr entspricht, die ersten Sprachlaute.»[9]

Hier löst sich das astralische Marsgeschehen aus seiner Verhaftung an die organischen Aufbauprozesse heraus und schafft sich in den Sprachorganen ein eigenes Wirkungsfeld. Erst jetzt bringt es seine innersten Qualitäten, die *laut-* und *sprachbildenden Kräfte* zur Erscheinung. Dieser Befreiungs- und Verselbständigungsprozeß erfordert die Oppositionskräfte *organisch* wirksamer Antipathie. Sie äußern sich in der Fähigkeit des Menschen, den naturgegebenen Atmungsvorgang vom Bewußtsein her zu durchbrechen und zum Werkzeug der Sprache zu steigern. Das damit verwandte kosmische Geschehen finden wir u.a. phänomenologisch in der Durchbrechung des siderischen Umlaufs des Marsplaneten wieder, der mit Stehenbleiben und Rückwärtsbewegung dem von der Sonnenbahn vorgeschriebenen Gang das Element der Diskontinuität abringt. Wie wir bereits gesehen haben, ist es das gleiche Geschehen, welches aus dem ausgebreiteten Sphärenweben des Mars eine herzförmige Innenpartie herausgliedert. Bildhaft betrachtet entspricht der Ort des Kehlkopfes mit dem Brennpunkt der Stimmritze dem Schnittpunkt der Marsschleife, die sich ihrerseits in ihrer Abschnürungstendenz auch in den Lufträumen der Nebenhöhlen abprägt, die der Stimme eine zusätzliche Resonanzmöglichkeit schaffen. So können wir uns langsam dem Verständnis des Satzes nähern: «Der Mensch lernt sprechen dadurch, daß die Marskräfte in ihm wirken, und im Sprechen zeigen sich die Marskräfte.»[10]

Am Himmel klingen die der Inspiration vernehmbaren Sphärenklänge der einzelnen Planeten zur Sphärenharmonie zusammen. Ein Ausdruck letzterer sind die fortlaufenden Begegnungen der Planeten untereinander, welche gleichsam die Saiten des planetarischen Orchesters zum zusätzlichen Erklingen bringen. Das Spiel des konjunktiven oder trigonalen Zusammenwirkens oder der oppositionellen Spannungszustände belebt das fortwährend wechselnde «Astralempfinden des Kosmos». Das Zusammenklingen des Mars mit den übrigen Wandelsternen können wir im irdischen Echo in den Metamorphosen der menschlichen Sprache vernehmen. Sie veredelt sich zu den Rhythmen der Dichtkunst und des Gesangs, wenn sie die Kraft der Venussphäre aufnimmt. Im Zusammenklang mit dem Weisheitswirken Jupiters empfängt sie den gedanklichen Inhalt und steigert sich zur geformten Rede, die in Predigt oder Vortrag einen ganzen Gedankenorganismus zu vermitteln vermag. Aus der Begegnung mit der Kraft Merkurs gewinnt sie die intellektuelle Beweglichkeit, die der Diskussionsredner und Advokat benötigen. Saturn aber schenkt der Offenbarung des Mars Tiefe und Innerlichkeit und führt sie zur Involution des bewußten Schweigen-Könnens. Vor der Gefahr, uns in Redseligkeit und Geschwätz zu verlieren oder in die unbeherrschte Aggressivität hineinzusteigern, bewahrt uns jedoch vor allem die Durchdringung mit der Sonnenkraft des Herzens. Im Zusammenwirken mit ihr gewinnt die Sprache den ichhaften Ausdruck unserer Persönlichkeit. «Auf diese Weise gibt die Sternkonstellation dasjenige ab, in das sich der Mensch hineingeboren werden läßt nach den Bedingungen seiner früheren Erdenleben.»[11]

IV.
DAS ANTHROPOSOPHISCHE MENSCHENBILD ALS GRUNDLAGE EINER ERWEITERTEN MEDIZIN

VOM WESEN DES RHYTHMUS
IM
MENSCHLICHEN ORGANISMUS

Das ganze Leben der Natur ist eingebettet in irdisch-kosmische Rhythmen, in denen sich vor allen Dingen die Erscheinungen des zu uns gehörenden planetarischen Systems darstellen. Dabei tritt der tägliche Tag-Nacht-Rhythmus besonders hervor. Der erst in den letzten Jahrzehnten genauer erforschte, übergeordnete 24stündige Rhythmus durchdringt alle Naturreiche und spiegelt sich in einer Unzahl physiologischer Prozesse. An ihm ist abzulesen, wie stark auch der menschliche Organismus in seinen unbewußten biologischen Tiefen noch mit dem Leben des Erdorganismus verbunden ist. Denn diese «innere Uhr» mit ihren Hauptumschlagsphasen jeweils um 3 Uhr nachmittags bzw. nachts stellt sich bei kontinentalen Flugreisen nach wenigen Tagen auf die *Ortszeit* um. Hingegen zeigen der von der Willkür sehr oft durchbrochene Schlaf-Wach-Rhythmus oder die Fortpflanzungsfähigkeit, welche von jeder jahreszeitlichen Brunstzeit des Tieres losgelöst ist, wie weit der Verselbständigungsprozeß der Schöpfung gerade im Menschen fortgeschritten ist; denn er hat von allen Geschöpfen den Gipfel der Individualisierung erreicht. Eine Voraussetzung dazu ist die bereits im Tierreich beginnende Verinnerlichung und Verselbständigung rhythmischer Prozesse, wie sie sich z.B. in Atem und Herzschlag manifestieren.

Im folgenden Beitrag sollen vor allem solche endogenen Rhythmen auf einige wesentliche Besonderheiten, auf ihren psychosomatischen Zusammenhang und ihren Ursprung untersucht werden.

Der Verfasser hat bereits an anderer Stelle[1] gezeigt, wie Rhythmus sich nur entwickeln kann im Spannungsfeld *entgegengesetzter* Prozesse, Phasen oder Zustände. Er vermittelt die jeweils vorhandene Polarität, schafft Gleichgewicht und macht erst durch diese Eigenaktivität die harmonische Ganzheit eines Organismus möglich. Deshalb ist der funktionsfähige, elastische und ausgewogene Rhythmus Grundbedingung und ein Hauptmaßstab für die Gesundheit.

In vielen Organen und Organsystemen «gerinnen» rhythmische Prozesse zu entsprechenden anatomisch-morphologischen Strukturen. An der regelmäßig gegliederten Knochensäule, deren sich 30fach und mehr wiederholenden Grundbausteine – die Wirbel – den Wirbeltieren den Namen gegeben haben, ist das Urphänomen jedes Rhythmus abzulesen. Die zusätzlich konkav und konvex schwingende Säule vermittelt zwischen den beweglichsten Teilen des Organismus, den Gliedmaßen, und dem unbeweglichen, in sich erstarrten Schädel. Zugleich wird dadurch ein zentralisierendes, abgerundetes Element mit den weit ausgreifenden, radial gestalteten Teilen der Peripherie verbunden. Die im mittleren Teil der Wirbelsäule herauswachsenden Rippenpaare bilden im Brustkorb ein unübersehbares, eigenes rhythmisches System. Ausdehnung und Zusammenziehung des Brustkorbs, Heben und Senken der Rippen sowie der regelmäßige Wechsel der zebrastreifenartig angeordneten Ein- und Ausatmungsmuskulatur zeigen zugleich, wie unlösbar anatomische Struktur und physiologischer Prozeß verbunden sein und ineinander übergehen können.

Der Atemrhythmus
im Spannungsfeld der Polaritäten

Am Atemrhythmus, diesem Hauptrhythmus aller höheren beseelten Lebewesen, läßt sich ein oft übersehenes Urphänomen ablesen. In der Trachea und in den Bronchien kann die Luft nur auf und ab, herein- oder herausströmen. Die in regelmäßiger Ausdehnung und Zusammenziehung webende Lunge erweist sich als ein urrhythmisches Organ. Sauerstoffdurchtränkte Außenwelt und kohlensäureüberladene Innenwelt, Stoffaufnahme und -ausscheidung, der gasförmige Aggregatzustand der Luft und der flüssige des Blutes werden fortwährend vermittelt und ausgeglichen.

Untersuchen wir jedoch den eigentlichen Gasaustausch in den Alveolen, so zeigt sich ein überraschender Tatbestand. Sauerstoffaufnahme und Kohlensäureabgabe folgen nicht mehr dem rhythmischen Wechsel des Atems, sondern spielen sich in ununterbrochener Folge ab. Der Rhythmus des Atems verklingt in Anpassung an das *kontinuierlich* strömende Blut der Kapillaren. Der Atemrhythmus als solcher wird dort aufgelöst, wo die äußere Atmung in die Zirkulation und damit in den Beginn der inneren Atmung und in den Stoffwechsel übergeht.

Am oberen Pol der Atemwege stoßen wir auf ein entgegengesetztes Phänomen. In den mit dem Nasen-Rachen-Raum in engster Verbindung stehenden pneumatisierten Kammern des Schädels, in der Vielfalt der Nebenhöhlen, steht der Luftstrom praktisch still. Der Atemrhythmus ist gleichsam abgestoppt. Der geringfügige Luftaustausch erfolgt zudem ohne Eigenbewegung und gegenphasisch. Bei der Einatmung werden die Nebenhöhlen ent-lüftet und bei der Ausatmung be-lüftet.

Die Unbeweglichkeit des Kopfes als Träger des Nerven-Sinnes-Systems spiegelt sich in der Atemruhe der Nebenhöhlen. Das in der Nase vorgeschaltete Geruchsorgan und das sich im Mittelhirn befindende Atemzentrum betonen die Beziehung zum Sinnes-

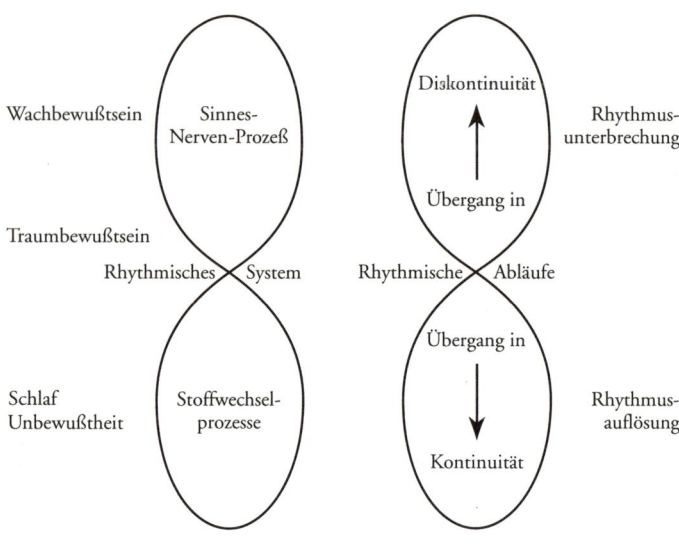

Wachbewußtsein | Sinnes-Nerven-Prozeß | Diskontinuität | Rhythmus-unterbrechung

Traumbewußtsein

Rhythmisches ✕ System | Rhythmische ✕ Abläufe

Übergang in

Schlaf Unbewußtheit | Stoffwechsel-prozesse | Kontinuität | Rhythmus-auflösung

Abb. 16

Nerven-System im Haupte. Aber noch auf ganz andere Weise können sich Kopffunktionen in den Atemprozeß hineinschieben. Dies ist am Husten abzulesen, der durch einen Fremdkörperreiz, sei es Schleim oder ein in die «falsche Kehle» gelangter Speiserest, ausgelöst wird. Wir lernen den Kehlkopf als ein Organ kennen, durch das die Atemwege vom Bewußtseinspol her total verschlossen, der Atemrhythmus unterbrochen und die Ausatmungsluft gewaltig gestaut werden können. Im danach erfolgenden Hustenstoß wurden «Windgeschwindigkeiten» von Orkanstärke gemessen! Der explosionsartige Vorgang schiebt den Fremdkörper heraus und ist ein regelrechter Entrhythmisierungsvorgang. Der dabei erfolgte Kurzschluß zwischen übermäßigem Sinnesreiz und außergewöhnlichem Willensakt erweist sich in diesem Falle als nützlich, zeigt zugleich aber den Übergang zum echten Krankheitsgeschehen an.

Daß eine Metamorphose des angedeuteten Entrhythmisierungs-
prozesses auf höherer Ebene zur Laut- und Sprachbildung führt,
sei hier nur angedeutet.

Zunächst kam es darauf an zu zeigen, wie der normale Atemprozeß sich zwischen zwei polaren Situationen entfaltet. Auf der einen
Seite findet der Anschluß an den völlig *unbewußt* bleibenden
Alveolarprozeß statt, dessen Funktion trotz Husten oder sonstiger
Entrhythmisierung weiterläuft (siehe Abb. 16). Am oberen Pol
droht Stauung, Unterbrechung oder Entfremdung von der physiologischen Funktion, wie dies z.B. der Fall ist beim Husten, bei
einer Atemübung oder bei der Lautgebung mit einseitiger Verstär-
kung und (oder) Verlangsamung der Ausatmung. Die von Rudolf
Steiner entdeckte Dreigliederung des menschlichen Organismus
spiegelt sich in der aufgezeigten Dreigliedrigkeit der Atemorganisation.

Das dreigegliederte Nieren-Blasen-System

Im Sinne einer goetheanistisch-phänomenologischen Betrachtung
muß das Urbild – der Typus der Dreigliederung des Ganzen – in
allen Teilen, also in den einzelnen Organen und Organsystemen,
in abgewandelter Form wiederzufinden sein. Blicken wir auf das
Nierensystem und die ableitenden Harnwege. Anatomisch sind
polare Gestaltungen unverkennbar, die – prozessual gesehen – dem
Strömen und dem Stauen dienen. Glomeruli, Nierenkelche und
Nierenbecken sowie die Blase selbst sind mehr oder weniger kuge-
lige oder sich ausweitende Auffangorgane der aus dem Blutstrom
ausgesonderten Flüssigkeit. Dazwischen liegen die langgestreck-
ten, röhrenförmigen Tubuli, Harnleiter und die Harnröhre. Am
Nierenpol findet sich ein *kontinuierliches* Strömen in Form der
Absonderung des Vorharns in die Glomeruli, der Rückresorption

in den Tubuli und in dem Weiterströmen des fertigen Harns in Kelche und Nierenbecken. Diesem Strömen stellt sich das große Stau-, Aufhalte- und Sammelbecken der Blase entgegen. Der Harnstrom kommt zunächst zum Stillstand. Die polaren Prozesse und Organe werden vermittelt durch die Harnleiter mit ihren peristaltischen Bewegungen. Der erzeugte Rhythmus wird bei der Blasenspiegelung deutlich sichtbar, wenn der Harn in regelmäßiger Folge aus den Einmündungsstellen der Ureteren einperlt. In diesem polar organisierten Strömungssystem darf die Blase selbst als gesteigerte Zusammenfassung der vielen kleinen Bläschen, der Glomeruli, der allerersten Stau- und Auffangorgane, aufgefaßt werden.

Das in relativ regelmäßigen Abständen erfolgende Einnässen der Windeln durch den Säugling zeigt, daß der rasche Rhythmus der Ureteren durch die Staufunktion der Harnblase in einen langsameren, dem Bewußtsein noch entzogenen Rhythmus umgewandelt wird. Für den Säugling ist er noch naturgemäß; aber das Kind muß diesem Rhythmus entwachsen. Die vom Bewußtsein gesteuerte Funktion des Blasenschließmuskels hat eine relativ entrhythmisierende Aufgabe und befreit so – zumindest relativ – vom Zwang der Natur. Die Möglichkeit, den Harn verhalten zu können, ist in bestimmten Situationen ebenso wichtig wie eine vorzeitige Entleerung (etwa zwecks Abgabe einer Harnprobe). Wiederum zeigt sich ein dreigegliedertes Organsystem, das sich aus der Polarität eines völlig unterbewußt verlaufenden kontinuierlichen Prozesses (Nierenfunktion) und dem vom Bewußtsein ergriffenen Gegenpol (Blasenstau- und Entleerungsfunktion) entwickelt.

Ähnliche Verhältnisse finden wir beim Verdauungstrakt. Vollbewußt und relativ unregelmäßig nehmen wir die Nahrung in kürzester Zeit, gleichsam stoßweise, auf. Es steht uns frei, größere oder kleinere Mengen verschiedenster Speisen von fester, weicher oder flüssiger Konsistenz in willkürlich bemessenen Zeitabschnitten uns zuzuführen oder eine Mahlzeit ganz ausfallen zu lassen. In der Mundhöhle aber stellt sich jedem Bissen ein erster Stau- und Rhythmisierungsprozeß entgegen. Das Kauen als eine rhythmisch vor sich gehende Funktion und die Einspeichelung führen zur Bildung und Aufteilung in gleichmäßige Speisekugeln, die nach dem Schluckakt von der Peristaltik des Ösophagus weiterbefördert werden. Obwohl der Magen seine Funktionen der Weiterverarbeitung nur als erneutes Stauorgan entfalten kann, unterliegen alle seine Bewegungsvorgänge einem strengen Rhythmus. Die Entstehung eines zur endgültigen Resorption erforderlichen gleichmäßigen Nahrungsstromes setzt nicht nur die totale Verflüssigung der Speisen voraus, sondern auch ihre mannigfache weitere Durchrhythmisierung. Diese erreicht im Dünndarm in der perlschnurartigen Aufgliederung des Speisebreies, den Ausstreich- und Pendelbewegungen sowie in der raschen Fortbewegung einen Höhepunkt. Hier gibt es keinen Zustand ausgesprochener Stauung oder längeren Stillstandes. Es kommt in dem auf viele Meter Länge und eine riesige Oberfläche verteilten Nahrungsstrom zu einer feinen kontinuierlichen Resorption in die Blutbahn. Anstelle einer einzigen Mundöffnung mit ihrer Zunge strecken sich in Gestalt von Tausenden von Zotten gleichsam feinste Mundöffnungen und Zungen der Nährflüssigkeit entgegen. Der stoßweise sich vollziehenden und relativ groben Nahrungsaufnahme durch den Mund (im Kopfbereich), die aber von mannigfachen Sinnesprozessen begleitet wird, folgt in polarer Weise der sanfte, über viele Stunden sich kontinuierlich hinziehende Übergang in die Blutbahn und damit der eigentliche Übertritt in das Innere des Organismus. Er geschieht völlig unbewußt. Die rhythmischen Vorgänge vermitteln auch hier zwischen extrem verschiedenen Verhältnissen und ermöglichen die Umwandlung der Diskontinuität in den kontinuierlich dahinfließenden Dünndarmstrom. Dieser ist dem feinen Blutstrom der Kapillaren und damit zugleich dem innersten Stoffwechselgeschehen angepaßt.

Mit dem Übergang der Restsubstanzen in den Dickdarm erfolgt der große Phasenwechsel von der Aufnahme der Nahrung zur Ausscheidung des Unbrauchbaren. Jetzt überwiegt der Stauprozeß im Eindicken des Nahrungsstromes. Der langgestreckte, vor allem der Fortbewegung dienende «dünne» Darm weitet sich in den Haustrien des Dickdarms erneut aus. Er deutet so bereits – ähnlich wie die Ausweitung des Magens – auf Anhalteprozesse hin. Die «Sackgasse» des Blinddarms, die bei den Huftieren besonders ausgeprägt ist, mit der Notwendigkeit zum Stillstand und die retrograde Peristaltik, welche im Dünndarm unmöglich ist, sind Ausdruck des gewaltigen Umschwungs. Die relative Entrhythmisierung, die sich auch in oft stundenlangem Aufenthalt des Kotes an der gleichen Darmstelle zeigt, endet in der willkürlich gehandhabten, vom Bewußtsein wiederum abgefangenen Stuhlentleerung. Die Volkskrankheit der spastischen oder atonischen Obstipation läßt auch hier erkennen, wie beim Aufheben des Rhythmus durch den Bewußtseinspol der normale Prozeß unmerklich in eine Dysfunktion bzw. in einen Krankheitsprozeß übergehen kann.

Zirkulations- und Nervensystem

Die Verhältnisse in Zirkulations- und Nervensystem können hier nur gestreift werden. Dem kontinuierlichen Fließen und Sickern des Blutes im Kapillarnetz steht im Herzen als einem «Stauorgan» die totale, vierfach erfolgende Unterbrechung des Blutstromes gegenüber. Der über die Arterien in die Peripherie hineinpulsierende Rhythmus der Herztätigkeit vermittelt diese Polarität und garantiert die Einheitlichkeit des dreigegliederten Kreislaufs. Das Anhalten des Blutstromes durch die Herzklappen ist der Funktion der Stimmbänder vergleichbar und geht in die Richtung eines Bewußtwerdens. Es zeigt sich hier, warum das Herz vor allem auch als *Sinnesorgan* für die Kreislauftätigkeit verstanden werden muß.

Das vegetative Nervensystem, das die unbewußten Organfunktionen in den biologischen Tiefenschichten versorgen muß, ist als Netzwerk über weite Bereiche verteilt und in Hunderte von Ganglien aufgelöst. Sein Gegenpol ist das Zentralnervensystem, das dem bewußten Seelenleben zugrunde liegt. Es ist eine auf ein einziges Organ zusammengezogene, hochdifferenzierte Nervenansammlung. Dazwischen vermittelt das Rückenmark, welches im Gleichklang mit der Wirbelrhythmik *rhythmisch* durchgegliedert ist. Die auch hier strukturell sich spiegelnde Dreigliederung ist offensichtlich verwandt mit den drei normalen Bewußtseinsstufen im Seelenleben, wo die Polarität von Schlafen und Wachen durch das Träumen überbrückt wird (siehe Abb. 16, S. 164).

Vom Ursprung des Rhythmus

Im folgenden soll noch der Frage nachgegangen werden, welche Kräfte den rhythmischen Prozessen zugrunde liegen. Dazu ist ein Blick auf die sogenannten übersinnlichen Wesensglieder des Menschen erforderlich. Wie gezeigt wurde, tauchen wir am unbewußten Pol mit dem jeweiligen Zurücktreten der rhythmischen Prozesse in feine, kontinuierlich verlaufende physiologische Vorgänge unter, welche vor allen Dingen die organische Grundlage des Organismus ausmachen. Der kontinuierliche Gasaustausch in den Alveolen ist dem CO_2- und O_2-Übergang im Blattgrün der Pflanze ebenso vergleichbar, wie die Aufnahme des Speisesaftes durch die Darmzotten mit der Funktion der pflanzlichen Haarwurzeln verglichen werden kann. In der Pflanze aber überwiegen offensichtlich diese feinen kontinuierlich verlaufenden Lebensprozesse. Das ohne erkennbaren äußeren Motor sich abspielende Steigen und Sickern der Säfte als Voraussetzung ihres Lebens ist Ausdruck des Strömens der belebenden, ätherischen Bildekräfte, die sich im Ätherleib in einer übersinnlichen Kräfteorganisation zusammenfassen.

Im tierischen Organismus geht das vom Ätherleib getragene Leben in Erleben über. In jedem Sinnesprozeß entzündet sich seelisches Leben, leuchtet auf und steigert sich in Lust und Unlust, Sympathie- und Antipathiegefühlen usw. zum Innenleben von Tier und Mensch. Die von Begierden, Nahrungs- und Geschlechtstrieb impulsierte Eigenbeweglichkeit des Tieres weist hingegen mehr von der Willensseite her auf den Einschlag der gleichen neuartgen und gegenüber der Pflanze höheren Kräftewelt hin. Die anthroposophische Menschenkunde spricht von der astralischen Organisation, dem *Empfindungs-* oder *Astralleib,* welcher den ganzen Organismus durchdringt und beseelt. Beim Menschen kommt ein *geistiger* Wesenskern – das Ich – hinzu.

Vom Lebenswillen der Organe

Erst die systematische Erforschung der genannten Wesensglieder mit ihrem Eingreifen und Zusammenwirken wird eine vertiefte, wirklichkeitsgemäße Menschenkunde, Pathologie und Therapie ermöglichen. Besonders bedeutsam erscheint hierbei, daß auch von *leibgebundenen* Seelenkräften gesprochen werden muß. Die Antriebs- und Willenskräfte des Astralleibes z.B. werden nicht nur in der willkürlichen Bewegung über das Instrument der quergestreiften Muskulatur tätig, sie manifestieren sich auch in der Tätigkeit der glatten Muskulatur, geben dieser den Tonus und dynamisieren so die Stoffwechselorgane. Der von der glatten Muskulatur hervorgerufene Tonus der Gefäßwand, den wir als Blutdruck messen, ist also gleichfalls Ausdruck dieses dumpfen Lebenswillens, der im quergestreiften Herzmuskel in ganz besonderer Weise tätig ist und fortwährend das Seelische im Organismus verankert. Während in den Kapillaren die Tätigkeit des Ätherleibes überwiegt, sind Herzschlag, Sprungkraft und Dynamik des rasch dahinströmenden Blutes ebenso Ausdruck des Astralleibes wie alle peristaltischen Bewegungen anderer innerer Organe. Hypotone oder hypertone Zustände dürfen also, wo immer sie auftreten, als ein zu schwaches oder zu starkes Eingreifen des Astralleibes aufgefaßt werden.

Das Wechselspiel der Wesensglieder

Damit aber nähern wir uns dem Begreifen der tieferen Ursachen und Impulskräfte des Rhythmus als Ausdruck des Zusammenspiels der höheren mit den niederen Wesensgliedern. Der unserem ganzen Leben übergeordnete Schlaf-Wach-Rhythmus zeigt am deutlichsten, was in Betracht kommt. Im Schlafe lösen sich Astralleib und Ichwesen vor allem aus der Sinnes-Nerven-Organisation heraus. Das Bewußtsein tritt zurück. In den von uns geschilderten dreigegliederten Organfunktionen entfällt damit die «Bedrohung» des Rhythmus von der Kopfseite her durch den Bewußtseinspol, dessen Übersteigerung in krankhafte Zustände führen muß. Die Mundfunktion (Nahrungsaufnahme), die Kehlkopffunktion (Lautgebung) und die Endphasen der Ausscheidungsprozesse sind ausgeschaltet. Der Ätherleib, der vor allen Dingen in den kontinuierlich dahinfließenden Lebensprozessen tätig ist, überwiegt jetzt gegenüber den Sinnes- und Bewußtseinsfunktionen des Astralleibes; d.h. es überwiegt der die Lebensprozesse vertretende Pol der Kontinuität.

So erfüllt der Schlaf seine aus den biologischen Tiefen kommende Aufbau- und Regenerationsfunktion. Der «Archaeus» des Paracelsus entfaltet als der «inwendige Arzt» jede Nacht ungestört seine volle Tätigkeit. Mit dem Erwachen ergreifen Astralleib und Ich von der Sinnes-Nerven-Seite her wieder stärker die Gesamtorganisation. Das bewußte seelische Leben tritt in den Vordergrund. Der Wechsel von Wachen und Schlafen wird so als ein Atemrhythmus höherer Art zwischen Leib und Seele verständlich. Er darf als Urbild fast aller anderen physiologischen Rhythmen betrachtet werden, die als Metamorphosen dieses Wechsels aufgefaßt werden müssen. Denn in allen Organbereichen gilt es, zwischen der Polarität organischer, aufbaubetonter Vorgänge und der Gegenprozesse, die dem seelischen Leben dienen, in differenzierter Weise den erforderlichen Ausgleich zu schaffen. Dies gilt auch für die erwähnte «innere Uhr» des strengen 24-Stunden-Rhythmus, der das Phasenspiel von Leistungsbereitschaft und Erholungstendenzen im Gleichklang mit dem Erdorganismus abrundet. Urbildhaft werden durch den Schlaf-Wach-Rhythmus zugleich die Vorgänge in der rhythmischen Organisation selbst beleuchtet, die von Rudolf Steiner in folgender Weise charakterisiert werden:

«Hier verbinden sich Ich-Organisation und Astralleib abwechselnd mit dem physischen und ätherischen Teil und lösen sich wieder von diesen. Atmung und Blutzirkulation sind der physische Abdruck dieser Vereinigung und Loslösung. Der Einatmungsvorgang bildet die Verbindung ab; der Ausatmungsvorgang die Loslösung. Die Vorgänge im Arterienblut stellen die Verbindung dar; die Vorgänge im Venenblute die Loslösung.»[2]

Während die Herztätigkeit dem Zugriff des Ich entzogen ist, zeigt die Möglichkeit, den in den Atemmuskeln zunächst unbewußt oder traumhaft tätigen Lebenswillen vom Ich her mit Bewußtsein zu steuern, wie fließend die Grenze zwischen den unbewußten und bewußten Funktionen im Wechselspiel der Wesensglieder sein kann. Atemvolumen (und Lautstärke) hängen von der Intensität des Willens ab, mit der wir uns der Atemmuskeln bedienen. Diese, die Rippen und die dazugehörigen Gelenke stellen eine ins rhythmische System emporgehobene metamorphosierte Gliedmaßennatur dar. (Die gliedmaßenlosen Schlangen bewegen sich mit Hilfe ihrer Rippen fort!) Diesem Willenspol der Atemorganisation entspricht als Gegenpol im Sinnes-Nerven-System das Geruchsorgan und das Atemzentrum im Mittelhirn, wie anfangs bereits gezeigt wurde. Dazwischen entfaltet sich der eigentliche Atemrhythmus. Welche Kräfte aber liegen genauer betrachtet seinem Regelmaß und Wechselweben zugrunde? Sie hängen zweifellos mit Geheimnissen der astralischen Welt zusammen. In dem Buche *Theosophie. Einführung in übersinnliche Welterkenntnis und Menschenbestimmung*[3] schildert Rudolf Steiner als Geistesforscher in einem besonderen Kapitel das Seelenland, auf welches das Griechentum mit dem Ausdruck «Weltseele» noch hindeuten konnte. Die Grundkräfte der astralischen Welt werden dort als vielfach abgestuftes Zusammenwirken von Sympathie- und Antipathiekräften erfahren. Diese bilden auch den menschlichen Astralleib und sind bis in den physischen Leib hinein strukturierend und impulsierend tätig.

So liegt dem Atmungsprozeß nicht nur der Selbsterhaltungstrieb in Gestalt des in der Atemmuskulatur tätigen Lebenswillens (s.o.) zugrunde, sondern zugleich jeder *Einatmung* ein feiner, traumhafter Sympathieprozeß und jeder *Ausatmung* ein Antipathieprozeß. Erstere ist mit dem «Appetit» nach frischer Luft verbunden, letztere bewirkt die Befreiung von der verbrauchten Atemluft. So begleiten feine, dumpfe Lust- und Unlustgefühle den Atemprozeß. Nicht der Körper, sondern die Seele atmet! Immer wieder schilderte Rudolf Steiner, wie die rhythmischen Prozesse im Menschen die physiologische Grundlage der fühlenden Seele sind. Die Fortführung der Idee der Dreigliederung des menschlichen Organismus führt zur Erkenntnis, daß so, wie in den Stoffwechselprozessen leibgebundene Willenskräfte wirken, auch in allen rhythmischen Prozessen leibgebundene Sympathie- und Antipathiekräfte im Unterbewußten regulierend und harmonisierend am Werke sind. Erstere begünstigen mehr das Eingreifen des Astralleibes in den Ätherleib, letztere mehr die Loslösung und das Sich-Abstoßen. Wo immer wir also im Organismus auf nicht von der Umwelt induzierte rhythmische Vorgänge stoßen, sollten wir nicht nach mechanischen oder rein chemisch-physikalischen Ursachen suchen, sondern eine Erweiterung der Menschenkunde im aufgezeigten Sinne vornehmen. Nicht in den Molekülstrukturen des Atemzentrums oder des Sinusknotens sind die Ursachen des Atem- und Herzrhythmus zu finden, sondern in den höheren Wesensgliedern, welche sich auch diese Organe geschaffen haben.

Krankheit durch Rhythmusstörung

Blicken wir in diesem Sinne nochmals zurück auf die zu Beginn dargestellte dreigegliederte Atemorganisation. Im ruhigen, regelmäßigen Atmen dürfen wir den Ausdruck eines harmonischen Zusammenspiels von Ätherleib und Astralleib erblicken, das sich in den entsprechenden Organen des physischen Leibes niederschlägt. Die von der Sinnes-Nerven-Seite ausgehende Bewußtwerdung und die damit verbundene *Ent*rhythmisierung bringen hingegen ein Übergewicht des Astralleibes und des Ich zum Ausdruck. In dieser Steigerung liegt stets die Möglichkeit, daß sie zur Krankheit führt, wie z.B. am Symptom des Hustens abzulesen ist. In der Beseitigung eines Fremdkörpers kommt dem Husten noch eine befreiende, gleichsam heilende Funktion zu. Als quälender Krampf- oder gar Keuchhusten aber macht sich der Astralleib selbständig, ergreift die Organisation von oben her zu stark und verhakt sich in ihr. Der «bellende Husten», der keuchende Atem, die heisere, wie das Blöken eines Schafes klingende Stimme usw. gemahnen uns daran, daß sich das Wesensglied, das unsere Verwandtschaft mit dem Tier ausmacht, in ungerechtfertigter Weise verselbständigt. Es wird nicht mehr vom Ich beherrscht, und der Ausgleich zwischen Ätherleib und Astralleib ist gestört. Ähnliches gilt, wenn sich der Lebenswille, welcher in der glatten Muskulatur der Bronchien tätig ist, verkrampft und asthmatische Zustände entstehen. Dabei ist auch mit zu berücksichtigen, daß der Astralleib als «Empfindungsleib» der Sensibilität aller Sinnesprozesse zugrunde liegt. Übersensibilitäten, die als allergische Prozesse auftreten, sind offensichtlich der organische Niederschlag körperlicher (Fremdstoffe, Umweltgifte) oder seelischer Reizüberflutung und Chaotisierung im Sinnesbereich. Sie schwächen die rhythmischen Prozesse von oben her und stören schließlich auch den Lebenswillen.

Stärkung der Mitte als Weg zur Gesundheit

Vielleicht wird gerade hier ersichtlich, warum die Geistesforschung den Ätherleib als Träger der Gesundheit und den Astralleib als krankmachendes Prinzip bezeichnen muß. Dies gilt besonders in jener Grenzzone, wo die geschilderten rhythmischen Prozesse vom Bewußtsein ergriffen, bewußt gesteuert, aber auch entrhythmisiert werden können. Unserer Willkür, Selbständigkeit und Freiheit wegen ist dies erforderlich. Jedes Übermaß und jede Übertreibung muß jedoch schädigen, jeder Streß geht in die gleiche Richtung. Besonnenheit und Selbstdisziplin aus Einsicht in die Gesamtzusammenhänge sind hingegen diejenigen Ich-Funktionen, welche die ungezügelte Astralität, die niedere oder animalische Natur in uns, bändigen können. Bei einer Aneignung guter, heilsamer Gewohnheiten wird man deshalb die Pflege aller möglichen Lebensrhythmen besonders beachten müssen. Dabei sind, wie wir alle wissen, kleinste Schritte entscheidend. Ein aufmerksames, ichdurchdrungenes Genießen der Speisen, sorgfältiges Kauen – statt Hinunterschlingen bei gleichzeitigem Zeitunglesen oder Radiohören – wirken günstig zurück auf den ganzen Verdauungsprozeß.

Angst, Abwehr, Mißtrauen, Vorurteile, Kritiksucht und Verstimmungen aller Art rufen seelische Antipathiekräfte auf. Auf die Dauer müssen solche negativen Seelenstimmungen das Gleichgewicht der im Organismus tätigen Sympathie- und Antipathiekräfte stören und damit die rhythmischen Funktionen schwächen. Wie bekannt, sind Dystonie und Verkrampfung im vegetativen Bereich die Folge und leisten vielerlei Krankheiten Vorschub. Wer hingegen die seelische Waagschale nach der Sympathieseite in Richtung Unbefangenheit, Positivität und Dankbarkeit verschiebt und um Gleichmut ringt, stärkt zugleich die menschliche Mitte bis ins Leibliche.

DER ATEMRHYTHMUS
ALS PSYCHOSOMATISCHES
LEBENSGESCHEHEN

Das Leben der irdischen Organismen ist von äußeren oder inneren Rhythmen vielfältigster Art getragen und durchwirkt. Während jedoch die Pflanzen ganz dem periodischen Wechsel der Tages- und Jahreszeiten hingegeben und von ihm abhängig sind, entwickeln die höherorganisierten Lebewesen innere Rhythmen, welche ihnen eine immer größere Unabhängigkeit von der Umwelt und Selbständigkeit ermöglichen. Bei den Wirbeltieren und im menschlichen Organismus hat diese Entwicklung mit der Wirbelsäule und dem Brustkorb bis in die Knochenstruktur zu einem eigenen rhythmischen System geführt. Dieses birgt mit Herz und Lunge die zwei Zentralorgane, welche mittels Herzschlag und Atem das Leben des Organismus durchziehen und erhalten. Im folgenden soll die Atemfunktion besonders betrachtet werden.

Der Atem zwischen Lebenswillen und Bewußtseinspol

Der Rhythmus, der am stärksten in unser Leben eingreift, ist die Abfolge von Wachen und Schlafen. Sie bestimmt in entscheidender Weise das Wechselweben von Leib und Seele und ist der Atmung verwandt. Denn beim Einschlafen ändern sich nicht nur die komplizierten physiologischen Prozesse der Großhirnrinde, etwa im Sinne einer Art «Abschaltung», sondern es löst sich die seelisch-geistige Wesenheit weitgehend vom Leibe und wird in ihre übersinnliche, vorgeburtliche Heimat eingebettet. Beim Aufwachen zieht die Seele erneut in die Leiblichkeit ein, wir «kommen» buchstäblich wieder «zu uns selbst». Es findet – ganzheitlich betrachtet – ein Atemholen zwischen Leib und Seele statt. Deshalb vermögen wir, genauso wie wir tief oder oberflächlich atmen können, auch mehr oder weniger tief zu schlafen. Die Schlaftiefe kann sogar experimentell gemessen werden.

Aber auch bei der gewöhnlichen Atmung, welche die Stoffwechselprozesse befeuert und dem Austausch von Sauerstoff und Kohlendioxidgas dient, haben wir es mit einem von Seelenkräften impulsierten und durchwirkten Geschehen zu tun, das tief in die Leiblichkeit eingreift. Rein physisch gesehen, darf die Brustkorb- und Lungenfunktion durchaus mit einem Blasebalg verglichen werden. In diesem kann nur durch den erzeugten Unterdruck die umgebende Luft angesaugt und durch Überdruck mechanisch ausgepreßt werden. Aber der Blasebalg am Kaminfeuer muß von einem beseelten Wesen willensmäßig ergriffen und zielstrebig bedient werden! Alle dazu erforderlichen Kräfte sind auch – auf einer grundsätzlicheren Ebene – in der sehr kompliziert gebauten Atemorganisation verankert und tätig. Sie wirken jedoch innerlich in einem reflex- und instinktartig verlaufenden Lebensgeschehen, an den Leib gebunden und daher zunächst unwillkürlich und dem Bewußtsein entzogen.

Dabei dürfen die Rippen als verfeinerte Röhrenknochen und die gesamte äußere Atemorganisation mit den zwei Schichten der Ein- und Ausatmungsmuskulatur als ein verwandeltes Gliedmaßensystem aufgefaßt werden. Jedes Rippenpaar, gelenkig am dazugehörenden Wirbel befestigt, gleicht zwei sich rundenden und vorne sich verbindenden Armen, die sich nur noch heben (Einatmung) und senken können (Ausatmung). Ähnlich wie im Herzmuskel ist hier ein Teil unseres unbewußt bleibenden Lebenswillens am Werk, mit dessen Hilfe wir uns mit jedem Atemholen im kleinen, gleichsam stetig neu und den Organismus erneuernd, verkörpern.

Aber auch der Bewußtseinspol mit seinen Sinnes-Nerven-Prozessen ist am Atem wesentlich beteiligt. In der Nase mit den Eingangsöffnungen für die Luft finden wir ein besonderes Sinnesorgan eingebaut. Das Riechen ermöglicht es, die feinsten stofflichen Veränderungen der Atemluft zu registrieren. Die Riechnerven ziehen unmittelbar ins Gehirn. In dessen Tiefe – im Stammhirn – aber ist in der Gestalt des sogenannten Atemzentrums ein weiterer Sinn, der Lebenssinn, beteiligt. Er spürt dauernd den Kohlensäure- und Sauerstoffgehalt des Blutes ab, so daß von hier aus die Atemtiefe reguliert, ja die Atmung selbst in Gang gehalten werden kann. Die Lebenswichtigkeit dieses Sinnes-Nerven-Prozesses geht u.a. daraus hervor, daß bei jeder Narkose sorgfältig darauf geachtet werden muß, daß nur die Funktionen der Gehirnrinde, niemals aber diejenigen der tieferen, uralten Partien des Gehirns ausgelöscht werden. Letzteres würde mit sofortigem Atemstillstand zum Tod des Patienten führen.

Ein Spiegel des menschlichen Organismus

Das Wesentliche des Atemprozesses bleibt jedoch sein rhythmischer Verlauf. Er geht wie jeder Rhythmus aus einer Polarität hervor und vermittelt die entgegengesetzten Prozesse. Im vorliegenden Falle sind es der Sauerstoffbedarf des Organismus und die Notwendigkeit der Ausscheidung der Stoffwechselschlacke Kohlendioxid, die auszugleichen sind. Bei der Nahrungsaufnahme bedarf es – seelisch gesehen – stets einer gewissen Eßlust und Sympathie zur betreffenden Speise. Das Hereinholen des Sauerstoffs in Gestalt der frischen Luft darf als eine verfeinerte Ernährung bezeichnet werden. Dabei liegt auch jeder Einatmung – unbewußt – eine den Lebenswillen impulsierende Sympathiekraft zugrunde. Die Ausscheidung der als stickig empfundenen, mit CO_2 überladenen Alveolarluft wird hingegen durch leibgebundene Antipathiekräfte des beseelten Organismus traumartig bewirkt.

Damit aber erweist sich uns der Atemrhythmus als ein durch und durch psychosomatisches Geschehen! Seine von Lebenswillen (Stoffwechseldynamik), Gefühlsweben (dem eigentlichen, rhythmischen Wechselgeschehen) und Sinnesprozessen (Nervenanteil) durchwirkte Dynamik ist ein Spiegelbild der dem ganzen menschlichen Organismus urbildhaft zugrundeliegenden Idee der Dreigliederung, die zugleich die Grundlage von Denken, Fühlen und Wollen darstellt.[1]

Willensmäßige Handhabung

Das flächenartige Zwerchfell ist der größte Atemmuskel, der kuppelartig zugleich die rhythmisch tätigen Organe des Brustkorbs gegen die Stoffwechselorgane der Bauchhöhle anatomisch abgrenzt. Trotzdem wirkt die unermüdliche Bewegung des Zwerchfells auf die Bauchorgane wie eine leichte Dauermassage, die für deren gesunde Funktion von Bedeutung ist. Hier soll jedoch noch auf eine andere Grenzzone hingeblickt werden, die in einzigartiger Weise bei der Atemorganisation hervortritt und weit wichtiger zu sein scheint. Es ist das Grenzgebiet zwischen den vom vegetativen Nervensystem betreuten, unbewußten physiologischen Prozessen und den bewußten, willkürlich gehandhabten seelischen Betätigungen. Vermögen wir doch im Wachen jederzeit in die Atmung bewußt einzugreifen, was beim Herzschlag nicht möglich ist. Dies geschieht z.B., wenn wir bei der Wahrnehmung übelriechender Luft den Atem anhalten oder durch kräftige Hustenstöße einen

Kuchenkrümel hinausschleudern, der in die falsche Kehle geraten ist. Der Husten wird ausgelöst von der lokalen Überreizung der Trachealschleimhaut, also von einem übersteigerten Sinnesprozeß. Dieser führt über den gänzlichen Verschluß der Luftröhre durch die Stimmbänder des Kehlkopfes und die dadurch bedingte Stauung zu einer explosionsartig verstärkten Ausatmung, wobei Windgeschwindigkeiten von Orkanstärke gemessen wurden. Ein solcher radikaler Eingriff, der eine völlige Durchbrechung des Atemrhythmus bedeutet, hat jedoch eine sinnvolle, weil reinigende, also gleichsam therapeutische Funktion, die auch beim Abhusten von Schleim bei einer Bronchitis nützlich ist. Beim sinnlosen Keuchoder Krampfhusten tritt hingegen ein echt krankhafter Prozeß in Erscheinung, bei dem die leibgebundenen Seelenkräfte, ähnlich wie bei Asthma, zu tief in die Leiblichkeit eingreifen und sich in ihr gleichsam verbeißen.

Lautgebung und Sprache

Wir nähern uns an der genannten Grenze einem «offenbaren Geheimnis», welches das Problem der Kränkung und die Möglichkeit einer Höherentwicklung umschließt. Es wird uns bewußt, wenn wir das Schnurren einer sich wohlfühlenden Katze, das Bellen eines gereizten Hundes oder gar das Zwitschern eines Singvogels vernehmen. Die zunächst verborgenen, weil ganz leibgebundenen Seelenkräfte offenbaren sich auf dieser veredelten Stufe ihrer Betätigung in der Lautgebung des beseelten Organismus und eröffnen uns – sinnlich wahrnehmbar – den Zugang zu ihrem innersten Wesen. Indem nun der Mensch nicht nur – vokalisierend – Seelenstimmungen, sondern die Inhalte seines Hauptes, nämlich Vorstellungen und Gedanken, dem Ausatmungsstrom einprägt, wird die Lautgebung zur Sprache gesteigert. Dies geschieht durch Stauen des Atems an Gaumen, Zunge, Zähnen und Lippen sowie durch ein differenziertes Durchgestalten. Das Ergebnis sind die Konsonanten. Dem bewußten Eingreifen-Können in die Atemorganisation wird so eine neue, höchste Fähigkeit entbunden.[2]

Sie ist unerläßlich zur geistgemäßen Verbindung mit unseren Mitmenschen. Ohne die – wenn auch stets vorübergehende – «Störung» des normalen Atemrhythmus hätte sie nicht entstehen können. Aus der geschilderten Entrhythmisierung wird jedoch bei der Lautgebung und beim Sprechen in den feinen Rhythmen, die Ton und Klang zugrunde liegen, eine höhere Rhythmik neu geboren. Niemals aber könnte die Geistseele des Menschen über die Atemwege ihr Innenleben offenbaren, wenn nicht die mit ihnen verbundenen Lebensgrundfunktionen und Organe bereits von den geschilderten aufbauenden Seelenkräften durchzogen und *gebildet* worden wären. Sie gestalten auch die tierische Organisation vollendet durch und offenbaren sich in den verschiedenen Tierarten auf vielfältigste Weise. Ihre Gesamtheit wird in der anthroposophischen Menschenkunde daher auch als Seelenleib (oder Astralleib) bezeichnet.

Kosmologische Gesichtspunkte

Im letzten Teil dieser Betrachtung wollen wir noch auf einen kosmologischen Gesichtspunkt des Atemrhythmus eingehen. Neuere Untersuchungen bestätigen, daß beim gesunden Menschen durchschnittlich 18 Atemzüge auf die Minute entfallen. Mit der Zahl 60 (Minuten pro Stunde) und 24 (Stunden pro Tag) vervielfältigt, ergibt dies 25920 Atemzüge am Tage. Es ist die gleiche Zahl, welche die einzelnen Sonnenjahre – im majestätisch-langsamen Wandelgang des Frühlingspunktes durch alle zwölf Sternbilder des Tierkreises – im sogenannten platonischen Weltenjahr zusammenfaßt. Wir stehen vor solch einer verstandesmäßigen Rechnung mit der Frage, ob es sich nur um einen ungerechtfertigten Analogieschluß handelt; gibt uns doch die moderne Astronomie, welche lediglich die physische Außenseite des Kosmos so gründlich erforscht, nicht die geringsten Anhaltspunkte für einen echten Zusammenhang dieses menschlichen mit dem umfassenden kosmischen Rhythmus.

Für die vorchristliche Menschheit hingegen, welche den Menschen noch als Mikrokosmos in einem beseelten und durchgöttlichten Makrokosmos erlebte, war dieser Zusammenhang eine reale, übersinnliche Erfahrung. Insbesondere im alten Indien tastete man sich durch meditative Praktiken in Form gezielter Atemübungen an die geschilderte Grenzzone zwischen dem Unbewußten und dem Bewußtsein heran. Man war sich ihrer Bedeutung voll bewußt, erlebte die Lautgebung und Wortgestaltung noch als Ausdruck mantrischer Schöpferkräfte und vermochte die unbewußten Seelenkräfte zu erhellen. Auch hier galt es – gleichsam in umgekehrter Richtung wie beim Aufblühen der Laute –, eine neue Fähigkeit, nämlich diejenige übersinnlicher Wahrnehmung zu entwickeln. Dabei spielte u.a. eine besondere Vermittlungsrolle die physiologische Tatsache, daß bei jedem Atemzug das Rückenmarkswasser (Liquor) zum Gehirn als dem Träger des Vorstellungslebens auf- und abströmt. Wenn eine entsprechende moralische Schulung und Läuterung dazukam, verwandelte sich das bloße physische Lufteinziehen oder Inspirieren in die erhöhte Stufe geistiger *Inspiration*, also in das Aufklingen übersinnlicher Erfahrungen und Begegnungen. Bei dieser Ausweitung des Bewußtseins wurden die leibgestaltenden Seelenkräfte nicht nur als solche erkannt, sondern zugleich ihr Ursprung in kosmischen Bereichen erfahren. Planeten und Sternbilder wurden als Ausdruck der Innerlichkeit des Sternenhimmels erkannt. Die bei der Eingliederung des Eisens in die Atemorganisation obwaltenden Kräfte z.B. brachte man mit der «Sphäre» des Wandelsterns Mars in Verbin-

dung. In einem alten Mysterienspruch ist deshalb die Rede von
«des Mars erschaffendem Klingen». Der «Sternengürtel des Tierkreises» wurde erlebt als Ausdruck der die Schöpfung beseelenden,
also tierbildenden oder astralischen (sternartigen) Kräfte. Das aus
dem Weltenjahr hervorgehende Maß des normalen Atemrhythmus
war inspirative Erfahrung und wurde zur unbezweifelbaren
Gewißheit.

Um Mißverständnissen vorzubeugen, sei jedoch ausdrücklich
betont, daß die angedeutete Art der uralten Jogaschulung für den
modernen, abendländischen Menschen keinesfalls mehr geeignet
ist. Seine Bewußtseinskräfte haben sich in das Haupt als Träger des
Ichbewußtseins sowie des logischen und urteilsfähigen Denkens
verlagert. Eine moderne Schulung zur Bewußtseinserweiterung
durch Meditation, wie sie in der Schrift Rudolf Steiners *Wie erlangt
man Erkenntnisse der höheren Welten?* geschildert ist, muß deshalb
im wachen Vorstellungsbereich ansetzen. Sie kann erst sekundär
über Seelenruhe, Hingabe und Andacht die dem rhythmischen
System zugrundeliegenden Gefühle einbeziehen.

Eine so gewonnene zeitgemäße Geist-Erkenntnis, wie sie in der
Anthroposophie vorliegt,[3] kann dann auch – wie bereits angedeutet – auf die tiefere Wesenheit des Wach-Schlaf-Rhythmus und
seine Verwandtschaft mit dem Atem hinweisen, die eingangs dieses
Aufsatzes erwähnt wurde.

Das Menschenleben – ein Weltentag

In diesem Zusammenhang ergibt sich das kosmische Maß des
menschlichen Erdenlebens. 25920 Tage oder «Atemzüge von
Schlafen und Wachen» umspannen einen Zeitraum von rund
70 Jahren. Im platonischen Weltenjahr, in dem ein Weltenmonat
2160 Sonnenjahre währt – so lange bewegt sich der Frühlings-

punkt in einem bestimmten Sternbild – dauert ein Weltentag 72 Jahre. 25920 durch die kosmische Zahl von 360 geteilt ergeben diesen Zeitraum, in dem der Frühlingspunkt um 1° weiterwandert. Selbstverständlich schließt auch hier das kosmische Maß des Menschenlebens die aus der individuellen Schicksalssituation stammenden Abwandlungen nicht aus. Es macht aber für eine übergeordnete, ganzheitliche Betrachtung darauf aufmerksam, daß unser Erdenleben selbst als ein einziger großer Atemzug aufgefaßt werden darf. Bei der Verkörperung des Menschengeistes, den es in dieser Form im Tierreich nicht gibt, sprechen wir von Inkarnation, wörtlich der Fleischwerdung des Geistes. Unser Ich arbeitet sich mühsam im ersten Drittel des Lebens in die vom Vererbungsstrom herangereichte organische Grundlage herein. Mit dem beginnenden Alterungsprozeß, der sich durch die Menopause der Frau oder das erste Ergrauen der Haare anzeigt, lösen wir uns hingegen langsam aus der Leiblichkeit wieder heraus. Diese Involutionsphase, die zugleich mit einer Reifung des freiwerdenden Ichwesens verbunden ist, bereitet die endgültige Lösung, die sich im Sterben vollzieht, bereits vor.

Wer lernt, das Menschenleben als einen großen Atemzug zwischen Leib und Geistseele im kosmischen Zusammenhang zu begreifen, gewinnt nicht nur ein neues Lebensgefühl, sondern steht zugleich vor der Frage, ob sich nicht auch hier ein Geschehen offenbart, das sich im Rhythmus wiederholen könnte. Mit dieser Frage, die von der Vorstellung der In- und Exkarnation zur Möglichkeit der Reinkarnation oder Wiederverkörperung führt, soll diese Betrachtung abgeschlossen werden.

DIE HAUT
ALS ORGAN DES ICH

Der Mensch ist das letzte und damit jüngste Glied der Schöpfung und bezeichnet sich auch als Krone der Naturreiche. Er ist aber auch das kränkste Glied der Schöpfung. So viele Krankheiten wie im Menschenreich gibt es bei allen Tieren und Pflanzen in gar keiner Weise. Und davon macht die Haut keine Ausnahme. Die Vielfalt der Hauterkrankungen ist so außerordentlich und bereitet sowohl solche diagnostischen wie auch therapeutischen Schwierigkeiten, daß wir auch hier den Facharzt, den Dermatologen, brauchen. Nun, gemessen an allen vergleichbaren Wirbeltieren, Warmblütern oder Säugetierformen stellt die menschliche Haut ein einzigartiges, geradezu seltsames, wenn nicht absurd zu nennendes Phänomen dar. Das Schlagwort vom nackten Affen weist auf diese Eigenart hin. Es trifft nämlich das Wesentliche. Der Mensch ist das eigentliche nackte Wesen der Schöpfung. Und das ist offensichtlich eine Mangelerscheinung oder ein Anzeichen – das wäre zu prüfen – einer unterentwickelten Situation. Bekanntlich sehen wir die Haut der Tiere gar nicht. Sie haben als Fische ein Schuppenkleid. Die Vögel haben nicht nur ein Federkleid, sondern die Federn bestimmen ja weit über die eigentliche Begrenzung des Tieres hinaus das Volumen und die Gestalt in ganz außerordentlicher Weise. Die vergleichbaren Säugetiere haben ein Haarkleid, das fast den ganzen Organismus als Pelz, als kurz- oder langhaariges Fell in irgendeiner Form überzieht. Bei dem Menschen beschränkt sich das Haarkleid nur auf die Kopfhaut, beim Mann greift es etwas weiter über, und so mit zwölf bis vierzehn Jahren macht ja der Organismus den Versuch, das Haarkleid zu ergänzen. Aber wie kümmerlich bleibt das dann im Sinne der sogenannten sekundären Geschlechtsmerkmale!

Die feine, zarte, kaum wahrnehmbare Lanugobehaarung kann ja in keiner Weise irgendwie ein tierisches Fell ersetzen. Es ist eine ganz merkwürdige Sache, daß dem Menschen hier etwas fehlt, was ja nun doch grundlegend auch sein Verhältnis zur Umwelt ändert: Denn er ist damit zusätzlich gefährdet und im Grunde genommen in unseren Breitengraden ohne eine zusätzliche künstliche Hülle, ohne Bekleidung gar nicht richtig existenzfähig.

Alle großen Kulturen der Menschheit sind ja nicht in den Tropen entstanden. Dort könnte der Mensch zur Not nackt existieren. Das ist nicht das eigentliche Feld menschlicher Entwicklung, sondern es sind die Subtropen und vor allem die mittleren Breitengrade. In der Arktis kann er natürlich genausowenig existieren. Was hat es damit auf sich? Dieses Problem ist nur lösbar, wenn wir es in einen größeren biologisch-anthropologischen Zusammenhang hineinstellen. Es zeigt sich, daß dieser Mangel ein tiefgreifender Störungsprozeß ist. Alle Tiere sind am Anfang ihres Lebens nackt, wie der Mensch eben auch, in der Embryonalzeit, denn das Haarkleid ist ja eine sekundäre Bildung. Es entsteht also die Frage: Hält der Mensch eine Art unterentwickelten, in die Embryonalzeit gehörenden Zustand fest, über den er nicht hinauskommt?

Das Tier entwickelt nicht nur ein vollgültiges Haarkleid, sondern Steigerungen, wie die Mähne des Löwen, die Schweife, alles das, was Tiere bilden können: Zotteln, Fransen usw. Unter den Vögeln ist es ganz besonders bedeutsam, wie sich das zu besonderer Schönheit, zu ganz besonderen Ausdrucksformen ausweitet.

Im folgenden nun fuße ich vor allem auf Darstellungen, die Westenhöfer bereits vor 40 bis 50 Jahren in seinem großen Werk *Der Eigenweg des Menschen* eingehend wissenschaftlich ausgearbeitet hat. Westenhöfer betrachtet die ganze Stammbaumfrage des Menschen einmal von einem ganz anderen Gesichtspunkt her und zeigt – was viele Forscher an einzelnen Dingen nachgewiesen haben, wofür man aber bisher keine Erklärung gefunden hat –, daß der Mensch in vieler Beziehung primitive Zustandsformen, über welche die Tiere weit hinausschreiten, beibehält und somit in vieler Beziehung ein absolut rückständiges Wesen ist.

Das kann überraschen, denn er ist ja die Krone der Schöpfung. Wie kann er rückständig sein? Nun, betrachten wir z.B. die menschliche Hand. Man sagt, sie sei ein großartiges, vollkommenes Organ. Vergleichen wir diese fünfstrahlige Hand mit der Spezialisation eines Pferdehufes, bei dem die Mittelphalange unerhört verlängert und spezialisiert ist und die anderen Glieder schrumpfen, dann behält die Hand einen urtümlichen Zustand bei. Sie behält auch in bezug auf die schon erwähnte Nagelbildung einen äußerst primitiven Zustand bei, denn wir können unsere bescheidenen, kleinen Hornschuppen mit wirklichen Löwenkrallen oder Hufen irgendwelcher Tiere überhaupt nicht vergleichen.

Es ist ein primitives Stadium festgehalten. Wenn man erst einmal auf diese Idee kommt und dann den ganzen Menschen von Kopf bis Fuß durchgeht, wie das Westenhöfer einerseits getan hat und wie es in dem Buch von Hermann Poppelbaum *Mensch und Tier – fünf Einblicke in ihren Wesensunterschied*[1] im Sinne der anthroposophischen Geisteswissenschaft geschieht, dann ist man ganz erstaunt.

Da bemerkt man, daß für jedes Tier z.B. typisch ist, daß es in bezug auf die Kopfpartie die Organe der Ernährung außerordentlich stark ausbildet, großmacht, vorschiebt im Sinne dessen, was wir als Schnauzenbildung kennen. Deshalb sind wir gezwungen, von einem menschlichen Mund und einem tierischen Maul zu sprechen. Stellen wir uns nur vor, wie ein Rind, ein Pferd usw. aussieht – und das gilt ja auch noch für den Affen. Bekanntlich schieben auch alle Menschenaffen diese Partie außerordentlich vor und entwickeln ein großes Gebiß.

Wiederum ist – gemessen an allen tierischen Gebissen – das menschliche Gebiß ein primitives, einfaches, nicht ausdifferenziertes, was zur Folge hat, daß wir auch gar nicht wissen, was wir essen sollen, und sich manche Menschen überlegen müssen, ob sie Vegetarier oder hauptsächlich Fleischesser werden sollen. Das Gebiß schreibt es nicht vor. Eine Kuh weiß dagegen von vornherein genau, sozusagen aufgrund ihrer Gebißorganisation, daß sie zum Vegetarier geboren ist, und der Löwe, als geborener Fleischfresser, hat seine Reißzähne, mit denen unsere Eckzähne nicht konkurrieren können. Der Eber hat anständige Hauer, der Elefant Stoßzähne; mit allen solchen großartigen Bildungen können wir ja in gar keiner Weise aufwarten, was natürlich auch mit der Unterentwickeltheit des menschlichen Kiefers zusammenhängt.

Ich könnte nun Hunderte solcher Beispiele vorführen, bis in alle anatomischen Einzelheiten. Vor welch einem rätselhaften Phänomen stehen wir da eigentlich? Wir können auch die Wirbelsäule nehmen. Wenn man ihrem Verlaufe folgt, erscheint beim Pferd ein schöner Schweif, beim Hasen wenigstens noch eine anständige Pritsche. Der Mensch als Krone der Schöpfung müßte doch eigentlich etwas aufzuweisen haben, was über all das hinausgeht. Statt dessen zieht er buchstäblich «den Schwanz ein»! Betrachten wir sein Skelett! Da sind verkümmerte, verwachsene Steißbeinwirbelchen, die zu nichts mehr taugen. Wieder eine Unterentwicklung oder Rückbildung. Was ist es eigentlich? Waren diese Dinge nie entwickelt? Dann ist das Ausdruck einer Stauung, des Beibehaltens eines relativ unterentwickelten, in das Embryonalwesen zurückreichenden Zustandes. Oder man muß, um aus einer typisch tierischen Gestalt eine menschliche zu machen, diesem Wesen schönste und typische Bildungen wegnehmen. Denn mit Geweihen, Hörnern usw. können wir nicht aufwarten. Im Gegenteil, wir lassen uns sogar ausgesprochen ungern Hörner aufsetzen! Womit hängt es zusammen, daß wir gerade das, was Tiere so besonders ausdrucksvoll, so tierisch macht, so differenziert, so anpaßt an ihre Umwelt, daß wir das alles eigentlich nicht besitzen?

Ja, ein Spaßmacher hat gesagt, wenn die Tiere ein Zoologiebuch schreiben würden und den Menschen einordnen müßten, dann käme der ganz schlecht weg. Das stimmt! Er käme schlecht weg. Dies gilt vor allem auch, wenn man neben der Anatomie und Morphologie einmal die Zeit seiner ontogenetischen Entwicklung berücksichtigt. Jedes Wesen braucht eine bestimmte Zeit, um nach der Geburt auszuwachsen, auszureifen und fertig zu werden, um dem Kampf ums Dasein gewachsen zu sein oder als vollgültiges Mitglied seiner tierischen Art zu zählen.

Wie sieht das beim Menschen aus? Es liegt da eine ganz außerordentliche, völlig unerwartete und zunächst überhaupt nicht erklärbare, einzigartige Verlangsamung seiner Wachstumsperiode vor. Die menschliche Entwicklung benötigt bis zur Vollreife den ungewöhnlich langen Zeitraum von 20 bis 21 Jahren. Manche Menschen wachsen sogar noch bis zum 24. Jahre. Daran gemessen, schließen alle vergleichbaren Säugetiere, die an Größe, an Masse den Menschen oft sogar weit überragen und schon deshalb länger brauchen müßten – auch die großen Menschenaffen und Rinder – ihre Entwicklung viel früher ab. Sofort nach der Geburt kommen die ersten Zähne. Kaum sind sie da, erscheinen die zweiten Zähne, und mit der unmittelbar danach einsetzenden Geschlechtsreife sind diese Tiere ausgewachsen. Demgegenüber finden sich beim Menschen unwahrscheinlich lange Pausen, in denen sozusagen gar nichts passiert, als daß er ein bißchen wächst. Bis überhaupt die ersten Zähne da sind, dauert es bereits sehr lange. Dann zieht sich nach einer Pause die Ausbildung der zweiten Zähne über Jahre hin, bis endlich – in unserer Zeit sich beschleunigend in der Menschheit – die Geschlechtsreife einsetzt. Es wäre unter allen Umständen zu erwarten, daß der Mensch sofort nach der Geschlechtsreife, da er jetzt die Art erhalten kann, auch ausgewachsen ist. Und er ist nicht fertig! Wir wissen, welche ungeheuren Probleme daraus mit entstehen, daß eine gewisse biologische Ausreifung der Geschlechtsfunktion erfolgt ist und der Mensch trotzdem weder biologisch noch seelisch-geistig ausgereift ist. Diese Retardation wird ja so unangenehm empfunden, daß man die Zeit bis zur Volljährigkeit um drei Jahre verkürzt und auf 18 Jahre festgelegt hat.

Man könnte als Mediziner da noch einige ergänzende Vorschläge machen. Man könnte ganz bestimmt mit entsprechenden Manipulationen, z.B. mit Hormonspritzen, erreichen, daß der Mensch viel früher fertig wird. Das wäre medizinisch durchaus zu machen. Vielleicht wird noch irgendein Diktator, der rasch Soldaten braucht und auf Bevölkerungsvermehrung Wert legt, das einmal durchführen. Denn der Materialismus ist noch lange nicht auf seinem Höhepunkt angelangt.

Der weltbekannte Amsterdamer Embryologe und Anthropologe Bolk hat die Stauungsphänomene und die rätselhafte Retardation des Menschen auch wahrgenommen und eine Erklärung gefunden. Er weist darauf hin, daß z.B. das Wachstum von der Hypophyse gesteuert wird, wie die pathologischen Formen des Riesenwuchses und des Zwergwuchses zeigen. Die Hypophyse gibt den hormonellen Gongschlag, damit die Eierstockfunktion rechtzeitig in Gang kommt. Es muß beim Menschen eine Störung der Hypophyse vorliegen und damit des Zusammenspiels der inneren Drüsen. Da ist etwas verzögert, da wird etwas falsch gemacht. Da diese Fehlfunktion vererbt ist im gesamten Menschengeschlecht, muß in Urzeiten eine sehr unglückliche Mutation stattgefunden haben. Sie hat das Erbgefüge gestört, und so kam es zum Menschen als dem Produkt einer hormonellen Mißbildung. Hat er nicht recht? Dann sind wir Menschen als Seitenzweig der Tiergattungen eben das Zufallsprodukt einer sehr unglücklichen Mutation, haben aber aufgrund einer anderen Mutation ein dreimal größeres Gehirn als die großen Menschenaffen – also auch ein bißchen mehr Gescheitheit –, und dadurch können wir im Kampf ums Dasein schließlich noch durchkommen.

Was liegt hier vor, und was hat das mit unserem Thema «Die Haut» zu tun? Nun, die Haut kommt eben bei dem geschilderten phylogenetischen Unfall am allerschlechtesten weg. Sie bleibt nackt und absolut unvollständig und wird im Gegensatz zu allen in sich vollendeten Tiergattungen auch noch unmittelbar sichtbar in ihrer Blöße. Der Mensch soll sich ja sogar seiner Nacktheit schämen! Vielleicht weil er unbewußt spürt: «Ich bin, gemessen an allen tierisch vollendeten Geschöpfen, ein ganz minderwertiges Lebewesen, eine Mißbildung.» Man müßte den Tiefenpsychologen fragen, ob das nicht der eigentliche Grund ist, warum sich der Mensch nicht so gerne nackt darstellt.

Nun, hier ist der Punkt, wo wir mit der geisteswissenschaftlichen Menschenkunde versuchen müssen, an dieses grundlegende Problem heranzutreten. Können wir es durchschauen, können wir es in höhere Zusammenhänge einbauen? Das berührt natürlich die Frage: Was ist der Mensch in Wirklichkeit? Was ist sein Wesen? Wie unterscheidet er sich eigentlich vom Tier? Sind wir überhaupt berechtigt, den Menschen nur als ein höheres Säugetier zu betrachten, so wie Grzimek es gemacht hat in der neuen 14bändigen Ausgabe des *Tierreichs*? Da ist die bisher im alten Brehm noch vergessene Tiergattung «homo sapiens» zwischen Affen und Fledermäusen eingeordnet. Grzimek meint außerdem, es sei nicht möglich, in Zukunft Unterschiede zu machen; wir beleidigten eigentlich die Tiere, wenn wir sagen, sie *fressen*! Und so hat er durchgesetzt, daß alle Mitarbeiter dieses Werkes die Tiere nur noch *essen* lassen. Also der Löwe ißt, das Schwein ißt, die Wespe ißt usw. Im Grunde genommen ist das falsch; denn wenn man das Tier zum Maßstab macht für den Menschen, dann müßte es natürlich jetzt heißen: Die Menschen fressen. Also: Wir gehen gleich zum «Abendfressen»! Hier hat das Werk doch einen ziemlichen Fehler. Es ist inkonsequent, jetzt plötzlich den Menschen zum Maßstab zu machen. Das geht nicht an. Fortan haben wir keinen Mund mehr, sondern etwas anderes.

Hier liegt aber nun doch ein außerordentlich ernstes Problem vor. Denn aus der großartigen Entdeckung der abstammungsmäßigen Verwandtschaft von Pflanze, Tier und Mensch, die niemand leugnen kann, und einem falsch verstandenen Darwinismus den materialistischen, biologischen Kurzschluß zu ziehen, der Mensch sei nun ein höheres Säugetier, damit nimmt man ihm die Würde und verneint die Möglichkeit seiner Individualität, seiner Persönlichkeit. Hier dokumentiert sich eine Blindheit für die Ichnatur des Menschen. Und viele Probleme, viel mehr, als wir denken, im heutigen gesellschaftlichen, sozialen, im pädagogischen und im psychologischen Bereich, auch im medizinischen, rühren davon her, daß Naturwissenschaft und Psychologie nicht wissenschaftlich lösen konnten die Frage, ob der Mensch das Recht hat, sich als ein viertes Naturreich zu bezeichnen, oder doch nur als ein Tier aufzufassen ist. Natürlich gibt es immer noch Menschen, die aus philosophischen, weltanschaulichen oder religiösen Gründen sagen: Nichts einfacher als das, der Mensch hat eine göttliche ewige Wesensnatur, dadurch unterscheidet er sich vom Tier. Und man kann nur dankbar sein, wenn Menschen diesen Glauben noch haben. Aber das hat mit Wissenschaft natürlich nichts mehr zu tun und würde auch nicht in die Zukunft führen, weil der Glaube ohnehin immer mehr dahinschwindet. Daher brauchen wir an dieser Stelle eine Geisteswissenschaft, eine Anthroposophie, die ja mit diesem Wort schon zum Ausdruck bringt, daß sie über die Anthropologie hinausgehen möchte. Und wir werden sehen: Nicht um einen unfruchtbaren Gegensatz zu anthropologisch-biologischen Grundtatsachen handelt es sich, sondern gerade darum, letztere denkend so durchdringen zu können, daß sie sich neu aussprechen und das Rätsel Mensch zur Lösung führen.

Was kann denn nun der Geistesforscher zum Kernproblem der Menschwerdung sagen? Er bildet erst die Methoden aus, die Erweiterung der Erkenntniskräfte, eine innere Grenzüberschreitung, die es ihm möglich macht, zu übersinnlichen, zu geistigen Erfahrungen zu kommen. Es ist hier nicht meine Aufgabe, von diesem meditativen, konzentrativen Erkenntnisweg zu sprechen. Ich möchte nur in aller Kurze daran erinnern, daß es keine vorchristliche Hochkultur der Menschheit gab, die nicht einen geistigen Schulungsweg besessen hätte, sei es Jogatechnik, Zenbuddhismus oder die Mysterien mit ihren Einweihungsmethoden bis hin nach Griechenland. Wer war ein Eingeweihter? Der, der sein Bewußtsein so geschult hatte, daß er übersinnliche Fähigkeiten hatte. In der blumigen Sprache des Ostens sagte man wohl auch, man bilde neue, nichtphysische Sinnesorgane aus, und nannte sie die Lotosblumen, die Chakrams. Nun, man könnte auch sagen, es handelt sich um übersinnliche Wahrnehmungen, um ein nicht auf den physischen Leib sich stützendes Bewußtsein. Der moderne Naturwissenschaftler muß selbstverständlich von den sinnlichen Erfahrungen ausgehen und sie mit einem gehirngebundenen Verstand so logisch, so sachlich, so sorgfältig wie möglich bearbeiten. Und es fällt gerade dem Mediziner sicher nicht leicht, von der Möglichkeit eines leibfreien Bewußtseins zu sprechen. Und doch ist dies das zentrale Anliegen des Geistesforschers, so geschult zu sein, daß man den Leib verlassen kann. Wir tun es jeden Abend im Schlaf. Wenn wir einschlafen, löst sich ja das Seelisch-Geistige vom Leibe. Wir haben dann das Instrument des Leibes nicht mehr zur Verfügung, und sofort verlieren wir das Bewußtsein. Was ist dann der Sinn einer modernen geistigen Schulung? So sich erkraftet zu haben durch die Übungen, daß man dann wach bleiben kann, wenn man den Leib relativ verläßt oder ablegt. Die erste übersinnliche Erfahrung ist einschneidend und kann wirklich das ganze Dasein des Menschen umkrempeln, weil es die Erfahrung ist: *Ich bin auch unabhängig von meiner Leiblichkeit!* Letztere ist Hülle, sie ist Werkzeug, sie ist Instrument. Sobald ich hineingeschlüpft bin, bin ich immer in der Gefahr, mich mit diesem Instrument völlig zu identifizieren, aber es ist nicht dasselbe wie mein geistiges Selbst, mein Ich. Es tritt also eine geisteswissenschaftliche Erfahrung auf, deren

Ergebnis natürlich die Voraussetzung aller Religionen dieser Erde ist. Wir sagen doch, im Tode legt man die Hülle ab, das Kleid. Es bildet sich ein leibfreies Bewußtsein nachtodlicher Art in einer anderen Welt. Die Schulung lebt nur diesen Prozeß sozusagen voraus.

Aufgrund der angedeuteten Erfahrung des Ich ist es ein Grundanliegen anthroposophischer Menschenkunde, den Begriff Inkarnation gewissermaßen wirklich durchdrungen und von allen Seiten beleuchtet in die moderne Menschenkunde einzuführen. Was hat das für Konsequenzen? Wann können wir sagen, ein Mensch inkarniere sich? Solange ein Mensch wächst, inkarniert er sich. Es arbeitet sich seine göttlich-geistige Kern- oder Ichwesenheit in die Leiblichkeit hinein, um die Naturgrundlage zu etwas ganz Neuem zu machen, das so in der ganzen Schöpfung nicht existiert, nämlich zum Instrument eines gegenwärtigen Geistes, während Tiere doch nur Sensibilität, Trieb, Lust, Unlust, Sympathie, Antipathie, Aggressivität usw., also ein Seelisches haben. Wir haben leider keine saubere Begriffserklärung in unserer Zivilisation oder Psychologie zwischen Seelischem und Geistigem, zwischen der Ichnatur und der Seelenwesenheit. Von Unsterblichkeit zu reden, hat überhaupt nur Sinn, wenn man von einer Geist- oder Ichwesenheit sprechen kann.

Und hier wird nun deutlich, daß die verlängerte menschliche Entwicklung einen tiefen Sinn hat. Sie stellt die Möglichkeit her, das ganze Großartige überhaupt fertigzubringen: auf die drei Naturreiche ein viertes aufzubauen! Der Mensch ist ohnehin der letzte. Die Schöpfung hat sich Jahrmillionen Zeit genommen, um diese Stufe zu erreichen. Denken wir an Kaltblüter, Wechselblüter, Warmblüter, Weichtiere, Knorpeltiere, Knochentiere usw. Lassen wir doch schließlich in der ontogenetischen Entwicklung dem einzelnen menschlichen Organismus zwanzig Jahre Zeit, um das fertigzubringen, was er leisten muß, nämlich ein Ich hineinzuführen in die Leiblichkeit. Die muß offenbleiben, plastisch und relativ undifferenziert erhalten werden, um von einer tierischen zu einer menschengemäßen Organisation aufsteigen zu können und all den feinen Zuschliff zu erfahren, den Rudolf Steiner die Ich-Organisation nennt. Der Begriff der Ich-Organisation gehört allerdings mit zu den schwierigsten Begriffen einer anthroposophisch-medizinischen Menschenkunde. Die Organisation ist nicht dasselbe wie der, der organisiert. Aber ohne eine richtige Organisation läuft alles nicht richtig ab. Und so muß der Mensch, man kann sagen, von Kopf bis Fuß vom Ich durchdrungen werden. Wir erleben das Ich zunächst ja nur als einen Punkt, irgendwie als Brennpunkt unseres Bewußtseins oben im Haupte, der alles zusammenfaßt, alles koordiniert und überblickt. Und dabei wissen wir so wenig vom Ich, daß man stundenlang diskutieren kann, ob es überhaupt ein Ich gibt oder ob der Mensch doch nur bloß irgendein bewußtes seelisches Wesen, wie jedes Säugetier, ist. Wir müssen und dürfen dasjenige, was aufleuchtet im Spiegelbild der vom Gehirn reflektierten Vorstellung, dieses wirklich schwache Spiegelbild, Ich genannt, nicht verwechseln mit der Gesamtheit der Ich-Wesenheit, die vollgültig den ganzen Leib durchdringt und in dieser Funktion weitgehend unbewußt bleibt.

Und so können wir sagen, wir möchten uns in der Anthroposophie nicht in Gegensatz stellen zur Naturwissenschaft. Wenn aber eindeutige Phänomene da sind, und die werden verstandesmäßig ausgelegt im Sinne einer materialistischen Auffassung, einer Theorie, wie Bolk dies tut, dann muß man aussprechen dürfen: Eine solche Theorie kann total falsch sein. Und natürlich ist das Urteil, der Mensch sei Produkt einer hormonellen Mißbildung, bedingt durch unglückselige Mutation, ein rein intellektueller Kurzschluß eines ich-blinden Forschers, von dem man als Naturforscher ja auch gar nicht verlangen kann, daß er den Geist kennt. Seine Aufgabe ist, die Natur zu erforschen. Und der Mensch als Naturwesen ist heute weitgehend erforscht.

Die Naturwissenschaft lehrt uns aber nicht die typisch mensch-

lichen Erscheinungen; sie lehrt uns nicht, zum Beispiel den aufrechten Gang, die Sprache und das übergroße Gehirn als Ausdruck
einer im unsichtbaren Inneren vor sich gegangenen, gewaltigen
Umwandlung zu erkennen, nämlich als Hinweis auf die Einarbei-
tung eines Ich und auf seine Verkörperung. Für eine solche geistge-
mäße Betrachtung wird aber nunmehr auch klar, worauf die geschilderte Eigenart der menschlichen Haut zurückzuführen ist. Es
muß eben gerade vermieden werden, daß sich diese physische
Organisation, welche das ganze Wesen begrenzt, im Sinne eines
Inneren ausdifferenziert, welches nur aus Trieben, Instinkten, Ag-
gressivitäten, Begierden usw. besteht. Wesen und Bedürfnisse des
Tieres drücken sich aus in Krallen, Reißzähnen, in der Schnauzenbildung, in einem Schwanz, mit dem der Hund wedelt, in tieri-
scher Behaarung, in einem scheckigen Fell, in Mähnenbildungen,
Hörnern usw. Das alles ist typisch tierisch und großartig in seiner
Weise als Ausdruck eines Seelischen, welches das Instrument des
tierischen Leibes bis ins letzte durchgestaltet und durchdifferen-
ziert. Aber es wäre nicht menschlich! Deshalb müssen gerade diese
tierischen Bildungen verhindert werden. Diese Auffassung stellt
die Abstammungslehre in gewisser Beziehung auf den Kopf. Wohl
müssen wir sagen, Mensch und Tier hängen abstammungsgemäß
zusammen; aber aus dem Tier macht man keinen Menschen, indem man es immer weiter verbessert, sondern indem man es an-
hält, rückbildet, staut, sogar eine Entwicklung zeitlich verlangsamt
und vermeidet, daß diese Organisation allzu tierisch wird. Dann
haben wir in dieser phylogenetischen Zurückhaltung den Ausdruck der heranwachsenden Ich-Wesenheit, die dann allerdings
die dargereichte Organisation steigert und nun z.B. den Vierbeiner
heraushebt aus seiner Bindung an die Schwere. Die Aufrichtung
zum Zweibeiner, zum aufrecht schreitenden Wesen ist in gewisser
Beziehung ein Akt der Befreiung und eine Tat des Ich. Sie wiederholt sich jeden Morgen, wenn wir zu uns kommen und aufstehen.
Man wende jetzt nicht ein, Affen seien auch zweibeinige Wesen!

Affen sind Hangeltiere und haben spezialisierte Vordergliedmaßen, die bis über die Knie herunterreichen, damit sie im Urwald phantastisch von einem Baum zum anderen hangeln können. Affen sind Baumbewohner. Beim Menschen wurde gerade diese Verlängerung der Vordergliedmaßen verhindert.

Ein weiterer Ausdruck der Ich-Eingliederung ist die Steigerung der tierischen Lautgebung zur Vielfalt menschlicher Sprache. Sie drückt nicht nur, wie bei den Tieren, eine seelische Empfindung oder Stimmung aus, sondern sie teilt dem Mitmenschen die Gedankeninhalte mit, welche das Ich als erkennendes Wesen neu im Haupte erschafft. Der denkschöpferische Mensch hebt sich auch aus der Vererbung relativ heraus, aus den Gesetzen der Gattung, des Stammes, der Familie und der Rasse; denn jeder ist doch eigentlich nur so viel Mensch, wie er individuelle Kraft besitzt, Kraft der Einsicht und Urteilsbildung, Kraft der Verantwortung, Durchhaltekraft, Charakterfestigkeit und schöpferische Fähigkeiten.

Bei der menschlichen Haut tritt das Phänomen – wir wollen es so nennen – der Zurückhaltung, der Stauung, damit aber auch des Offenhaltens der Organisation in ganz unübersehbarer Form in Erscheinung. Und so ist eben der sogenannte nackte Affe gerade in seiner Nacktheit ein offenbares Geheimnis. Er enthüllt, was das Affengeschlecht in tragischer Verhärtung nicht ergreifen und verinnerlichen konnte – das Ich! Dieses macht den Menschen zu einem neuen Wesen der Schöpfung, in welchem sich das Bewußtsein zum Selbstbewußtsein steigert.

Beim Menschen verlagert sich dabei ohnehin das Schwergewicht der Weiterentwicklung von außen nach innen. Die äußere gestaltliche Ausdifferenzierung wird auf ein solches Minimum beschränkt, daß jemand vielleicht einwendet: Daß der Mensch ein viertes Naturreich ist, das kann schon deshalb nicht stimmen, weil er überhaupt keine Vielfalt von Arten und Gattungen hervorgebracht hat. Gewiß, es gibt Gelbe und Weiße und Schwarze; aber wenn man damit nur die Verschiedenheit der Hunderassen oder gar die Unterschiede zwischen Vögeln und Regenwürmern, Schmetterlingen und Löwen vergleicht – welch eine ungeheure Vielfalt herrscht im Tierreich! In der Menschheit hingegen sind alle Individuen einander ähnlich, und das bißchen Schwarz, Weiß oder Gelb fällt dabei gar nicht ins Gewicht, gemessen an der Artenvielfalt der Tiere. Wir kommen gar nicht zurecht, wenn wir nicht bemerken, daß die Entwicklung eben nicht nur Höherentwicklung einer Organisationsform ist, sondern auch ein Verinnerlichungsprozeß. Im Menschen erreicht die Schöpfung ein Höchstmaß an Innerlichkeit, und in seinem Seeleninneren bricht die Fülle, der Reichtum durch als die Vielfalt menschlicher Gedanken, Weltanschauungen, religiöser Vorstellungen, künstlerischer Produkte, welche sich in äußeren Lebensformen bis hin zu den Erfindungen der Technik niederschlagen. Wir bereichern ja tatsächlich uns und die ganze Welt mit Schöpfungen und Produkten unseres Geistes, die einzigartig sind, und *kompensieren* dadurch die biologischen Beschränkungen auf nur eine Art.

Andererseits ist jedes menschliche Individuum bis in die äußerste Peripherie vom Ich her durchprägt und offenbart gerade in der Haut die Einmaligkeit seines Innersten. Dies gilt besonders für die Hautpartien der Hand und des Gesichtes. Morphologisch gesehen ist gerade die Hand durch ihre Undifferenziertheit nicht auf eine einzige Betätigung, wie etwa die Grabschaufelgliedmaße des Maulwurfs, festgelegt und kann dadurch zum universellen Instrument des Geistes werden, der seine Ideen durch ihre Beweglichkeit und Plastizität im Sinne der eben genannten Eigenschöpfungen verwirklichen kann. Die feine Differenzierung des Liniensystems der Haut von Handinnenfläche und Fingerkuppen trägt hinwiederum die Merkmale der Ich-Organisation. Deshalb genügt für den Kriminalisten ein einziger Fingerabdruck, um einen Menschen unter Millionen von Exemplaren seiner Gattung untrüglich zu identifizieren. Wir stecken eben mit dem Ich sogar in den Fingerspitzen drinnen, was sich auch im «Fingerspitzengefühl» äußert oder was uns in anderer Weise durch die von ichhaftem Fleiß erwirkte Geschicklichkeit eines Geigers demonstriert wird.

Die weitaus bekanntere Möglichkeit zur Identifikation einer Persönlichkeit bietet jedoch das Paßbild, also ein Gesichtsfoto. Warum eigentlich? Weil die Hautpartie des Gesichtes nicht mit Haaren zuwächst und so durch ihre «nackte Offenheit» wiederum das individuelle Innere in der menschlichen Physiognomie spiegeln kann. Deren Ausdrucksfähigkeit erreicht nun in der Mimik des Menschen einen jede tierische Organisation weit übersteigenden Höhepunkt. In letzterer ist zwar diese Bewegungsmöglichkeit durch die einzigartige anatomische Erfindung von Muskeln, die nicht am Knochen, sondern nur in der Haut selbst ansetzen, wie zum Beispiel der Mundmuskel, schon vorbereitet, aber erst beim Menschen zur Vollendung geführt. Studieren wir einmal Hunde-, Kuh- und Ziegengesichter oder Gesichter anderer Tiere im Zoo, und schielen wir dann so nebenbei auf die Gesichter der Zoobesucher, die da reden und gestikulieren! Vergleichen wir dann die entsprechenden Beobachtungen, so werden wir hingeführt zur Wahrnehmung des Ich, weil sich eben doch in der Eigenart, wie ein Mensch lacht, spricht, sich bewegt, auch nur die Stirn runzelt, das Menschen-Ich ausspricht. Der deutsche Sprachgeist hat das verstanden. Er hat ein Wort geprägt, das man nun im allgemeinen keinem Tiergesicht zulegt, nämlich das Wort «Antlitz». Löwenantlitz, Mäuseantlitz – das geht nicht, aber Menschenantlitz. Man sagt auch nicht: «Der Mensch tritt nach dem Tode vor das Gesicht Gottes.» Wohl aber: «Er tritt vor das Antlitz Gottes.» Ja, das geht. Für diese feinen Unterschiede, diese feinen Nuancen müssen wir hellhöriger werden, wenn wir uns an die Wirklichkeit der Individualität, an die Wahrheit des so schwer faßbaren Ich herantasten wollen.

Auch die mittelalterlichen Mystiker waren in dieser Hinsicht sehr bescheiden und wußten: Mehr als einen Punkt fassen wir nicht. Sie sprachen daher vom Fünklein Gottes. Natürlich kann die Frage entstehen, ob so ein Fünklein nur immer Fünklein bleiben soll. Es läßt sich allzuleicht ganz verdunkeln, man kann es zertreten. Könnte das Fünklein nicht Flamme werden?

Wir haben also wirklich in der Hautoberfläche des menschlichen Antlitzes den ganz besonderen Ausdruck der Ich-Natur des Menschen. In diesem Sinne müßte man wohl alle Phänomene der gesamten menschlichen Haut in differenzierter Weise studieren, da sie anatomisch an den verschiedenen Körperregionen stark variiert. Blicken wir jedoch noch auf eine allgemeine Eigenschaft der Haut hin, nämlich ihre Farbe, wofür man einen eigenen Namen prägen mußte, das Inkarnat. Sehr nüchtern findet man dafür im Lexikon: Fleischfarbe. Das drückt es aber nicht aus; denn Fleisch in der Küche sieht anders aus. Es handelt sich um den eigenartigen Farbtonschimmer, der ja künstlerisch so schwer darzustellen ist. Aber was heißt das Wort Inkarnat? Es kommt von Inkarnation, zu deutsch Verkörperung. In jedem Menschen ist ein Ichwesen verkörpert. Ein sprechender Ausdruck des vollen, gesunden Inkarniertseins ist also das menschliche Inkarnat; über die Bahnen des Blutes ist der Mensch bis in die Hautfarbe durch-icht. Wird er plötzlich blaß und «weiß wie Käse», dann ist nicht nur das Inkarnat weg, dann geht das Ich weg; der Mensch wird bewußtlos. Gewinnt er dann nach entsprechenden Maßnahmen, etwa durch die Injektion von «Weckmitteln», wieder Farbe, so zeigt das, er ist wieder inkarniert. Also das Wort «Inkarnat» ist ganz großartig. Es ist eine Wortschöpfung, die derjenigen des Antlitzes ebenbürtig ist. Insofern ist es für den Arzt und für jeden Menschen besonders bedeutsam, die Hautfarbe der Mitmenschen etwas bewußter zu beachten. Manchmal fällt es einem ja auf, wie gelblich oder bläßlich ein Mensch aussieht oder gar etwas grünlich oder grau. Man ahnt dann die individuelle Eigenart oder ermißt daran ja auch die Gesundheit des Betreffenden.

Das Ich ist der innerste Brennpunkt unseres Daseins, der Bezugspunkt für alle unsere Erlebnisse. Es ist die führende Kraft in uns, die alle Vorstellungen koordinieren und durch bewußte Verobjektivierung unberechtigte oder überschießende Sympathien oder Antipathien überwinden und durch entsprechende Gedanken Triebe und Leidenschaften zügeln kann. Seine oberste Funktion ist das Harmonisieren von Denken, Fühlen und Wollen. Nur der Gleichklang dieser Dreiheit garantiert die seelische Gesundheit unseres Wesens, die vom Ich als der inneren Ordnungsmacht immer neu hergestellt werden muß. Es faßt die Vielfalt physiologischer und seelischer Begebenheiten zur Einheit des Organismus und zur Ganzheit der Persönlichkeit zusammen.

Wenden wir diese Erkenntnis im Sinne unseres Themas auf die Haut an, dann dürfen wir auch in ihr einen Zusammenschluß des ganzen Organismus erwarten. Tatsächlich finden wir in der Haut den ganzen Menschen wieder. Wir sprechen in der Geisteswissenschaft vom dreigliedrigen Menschen, vom Sinnes-Nerven-System, vom Stoffwechsel-Gliedmaßen-System und vom diese beiden Pole vermittelnden rhythmischen System. Die Haut hat an allen drei Organisationsformen Anteil. Sie ist in ausgesprochenem Maße Träger von Sinnes-Nerven-Funktionen. Wir haben gerade infolge der Nacktheit der Haut den Tastsinn, Wärmesinn, Schmerzsinn viel stärker entwickelt als eben viele Tiere, was ich vorhin schon andeutete mit dem Hinweis auf das Fingerspitzengefühl. Wir haben auch einen Lichtsinn der Haut. Blinde Menschen können, wenn sie geschult sind, erfühlen: Der Raum ist blau oder rot. Man hat auch andere Versuche gemacht, mit den Fingern zu spüren, ob ein Papier gelb oder rot ist. Auch das gelingt eigenartigerweise in vielen Fällen. Die Haut hat einen verborgenen Lichtsinn. Sie reagiert auf das Licht, sie wird braun und dunkel und schützt durch Pigmentierung. Die Haut hat zweitens Anteil an der Durchblutung und Durchatmung. Die Fähigkeit des Errötens, des Erbleichens zeigt ihren Anschluß an das Zirkulationssystem. Die Haut hat drittens Anteil am Gliedmaßen-Stoffwechsel-System. Dort ist Ernährung zuständig, Stoffzufuhr und Stoffausscheidung. In dieser Beziehung sehen wir auf die Schweiß- und Talgdrüsen. Die Haut fettet sich selber ein und scheidet täglich durch feine Verdunstung 500 bis 600 g Wasser aus, ohne zu schwitzen. Das Bewegungssystem ist vertreten durch die Elastizität und durch die mimische Muskulatur, von der vorhin die Rede war. Außerdem hat jedes Haar sogar einen kleinen Muskel, so daß sich die Haare aufrichten, also sträuben können, wenn sich dieser Muskel zusammenzieht. So könnten wir also in der Haut den ganzen dreigliedrigen Menschen wiederfinden.

Die erwähnten Harmonisierungsfunktionen des Ich sind nur möglich durch das Herstellen von inneren Gleichgewichten sowohl im physiologischen als auch im seelischen Bereich. Darin liegt eine Hauptfunktion des Ich, das im vielfältigen Waagespiel des Organismus stets das Hypomochlion darstellt. Im Erhalten des labilen Gleichgewichts des aufrecht stehenden oder gehenden Menschen findet dieses Geheimnis der Ichorganisation seinen besonderen Ausdruck. Auch in der Haut können wir es ablesen. Schon die Eigenart des Inkarnats ist nur möglich im feinen Gleichgewichthalten zwischen Erröten und Erbleichen, zwischen Ausdehnung und Zusammenziehung der Gefäße, also zwischen einem Zuviel oder Zuwenig der Blutzufuhr. Wie wir wissen, hängt mit dieser Feinregulation der Durchblutung zugleich die Möglichkeit der Wärmeregulation des gesamten Wärmehaushaltes des Organismus intim zusammen. Da die Wärmeorganisation in uns der unmittelbare Träger der Ichwesenheit ist, ist die Wärmeregulationsfähigkeit der Haut – im Zusammenhang auch mit der Aufgabe der Schweißdrüsen – ein besonders wichtiges Instrument der Ich-Organisation. Überwärmung oder Unterkühlung bringen ja gerade infolge der natürlichen Nacktheit und Schutzlosigkeit des Menschen besondere Gefahren mit sich. Ihnen zu begegnen, verlangt von dem oben angeführten Gleichgewichtsschaffen des Ich größte Aufmerksamkeit.

Dieses Sich-im-Gleichgewicht-Halten gilt aber für alle Prozesse der Haut. Die Haut kann zu trocken oder zu feucht sein, sie kann verhornen, wie bei der Psoriasis und – wie bei der Sklerodermie – so stark verhärten, daß die Gliedmaßenbeweglichkeit eingeschränkt wird. Sie kann sich aber auch bei feuchten, serösen Ekzemen und anderen entzündlichen Prozessen der Auflösung nähern. Damit orientiert sich dieses Organ wieder am ganzen Menschen. Denn am Stoffwechsel- und Aufbaupol überwiegen in Verdauung, Ernährung und Blutbildung die Verflüssigungstendenzen, worauf die acht bis zehn Liter Verdauungssäfte, die täglich gebildet werden, hinweisen. In der Gerinnungstendenz des Blutes hingegen dürfen wir einen Ansatzpunkt sehen für die Verdichtungs- und Gestaltungskräfte des Gegenpols, des Sinnes-Nerven-Systems. Es ist eine ungeheure Leistung des Organismus, aus dem flüssigen, völlig ungeformten Urmaterial, dem Blute, feste, umrissene Organe herauszuplastizieren bis zum Ersterben in der Knochengestaltung. Dazu sind Entvitalisierungsprozesse erforderlich, die sich zum Beispiel auch an der Tatsche ablesen lassen, daß alle Nerven- und Gehirnzellen nach der Geburt ihre Teilungsfähigkeit verlieren.

Die Haut als äußerste Grenze des menschlichen Organismus gibt ihm wesentlich seine Gestalt. Es ist nun interessant zu sehen, daß die Zellen der obersten Hautschicht, der Epidermis, aus dem Quellgrund des sogenannten Stratum germinativum dauernd neu hervorgehen, sich abplatten, den Zellkern verlieren, vertrocknen und verhornen – also absterben. Die damit verbundene feine Abschilferung der Haut, die jeder kennt, weist auf diesen Todesprozeß hin, der in der Verhornung der Zehen- und Fingernägel sich steigert. Jeder Mensch steckt – so gesehen – in einer feinen Todeshaut, die er im Gegensatz zu den Schlangen, die sich zu häuten vermögen, nie abwerfen kann. Im Schmelz der Zähne, dem härtesten Material, das wir an uns tragen, erreicht dieser Gestaltungsprozeß seinen Höhepunkt. Was ist der Schmelz? Er ist umgewandelte Epidermisschicht, ein gleichsam ins Mineralische übersteigerter Verhornungsprozeß. So begegnen sich in der Mundpartie extreme Gegensätze. Im zarten Rot der Lippenhaut droht gleichsam die Aufbaukraft des Stoffwechselpols über die Ufer zu treten. Das Lippenrot ist der Übergang zur weichen, flüssigkeitsdurchtränkten Schleimhaut der Verdauungsorgane. Dem Lippenrot steht das Weiß der Zähne als unmittelbarer Ausdruck der Kopfgestaltungskräfte entgegen. Hier tritt in Rot und Weiß organisch auseinander, was in der Inkarnatfarbe der übrigen Körperhaut so harmonisch verschmilzt.

Die angedeutete Polarität durchzieht unser ganzes Leben und wird auch hierbei von der Haut gespiegelt. Überwiegen die Aufbaukräfte in der Jugend, so tritt ihnen mit zunehmendem Alter das Überhandnehmen der Abbaukräfte entgegen. Die Inkarnationsphase des Ich geht langsam in seine Exkarnationsphase über. Im gleichen Sinne wandelt sich die frische, durchsaftete, prallelastische Haut des Kleinkindes langsam zur vergilbten, vertrocknenden, runzeligen Haut des Greises um. Der Lebensgang des Ich findet in diesem Wandel seinen sprechenden Ausdruck. Was das Ich als Schicksal getragen, gestaltet und durchlitten hat, leuchtet uns als Altersreife in der fein ausziselierten, durchfurchten Haut des Antlitzes des älteren Menschen entgegen, ein Vorgang, den das Gesicht des ichlosen und daher biographielosen Tieres nicht kennt.

Die Geheimnisse der Haut sind damit nicht erschöpft. Wir sind ja nicht nur die jüngsten Glieder dieser irdischen Schöpfung, wir sind wirklich auch die unvollkommensten. Sind wir überhaupt schon im vollgültigen Sinne Mensch? Haben wir nicht viel mehr Unmenschlichkeit als Menschlichkeit? Wir sind unfertig. Vielleicht ist der Sinn unseres Daseins, immer wieder neu Mensch zu werden durch Selbstverwirklichung, sei es in der Schule des Lebens oder im Prozeß der Selbsterziehung. Wir müssen selbst Entscheidendes hinzutun, damit das angeführte Fünkchen zur Flamme wird. Der Schöpfer hat den Menschen nicht vollendet entlassen wie die Tiere, er traut uns zu, daß wir uns selbst den letzten Schliff geben. Auch dieses Geheimnis steckt in der Haut; denn so nackt, wie uns der Schöpfer gemacht hat, können wir einfach nicht bleiben und dokumentieren das dadurch, daß wir die Schöpfung verbessern und uns den fehlenden Pelz beschaffen, indem wir das Material dort, wo es vorhanden ist, bei Schafen z.B., abscheren oder Baumwolle nehmen oder was auch immer. Das ganze Geheimnis menschlicher Bekleidung ist einmalig, weil der Mensch eben kein Tier ist. Wenn ich mich umschaue, finde ich beim besten Willen nicht zwei Menschen, die gleich gekleidet sind. Jeder ist individuell gekleidet. Jedermann bringt also seine Wesenheit, seinen Lebenszusammenhang, seine Eigenart so oder so, wie er es haben möchte, zum Ausdruck. Ich bin erst verkehrsfähig im menschlichen Umgang, ich kann mich erst sehen lassen, wenn ich angezogen bin. Ich muß mich immer erst zu dem machen, was ich werden kann. Dies ist aber nur ein Gleichnis für die innere Situation unseres Ich. Ich bin nicht fertig und vollkommen von der Natur entlassen.

An dieser Stelle ergibt sich abschließend noch ein letztes Problem. Die Haut erfordert als solche eine zusätzliche Pflege, die über alles hinausgeht, was wir bei Tieren kennen, und bietet mit ihren Anhangsgebilden, vor allem den Haupthaaren, große Möglichkeiten der Verschönerung des Menschen. Es entstehen die besondere Hygiene der menschlichen Haut und die Kosmetik. Wir gehen als erstes jeden Morgen zum Waschbecken oder zur Dusche und benutzen Seife, eine typisch menschliche Erfindung, und Kamm oder Bürste. Auch hier sind wir als ichbegabte Wesen aufgerufen, etwas zu pflegen, zu verbessern, zu vermenschlichen als Ausdruck innerer Ordnung und Sauberkeit. Ist das Rasieren nicht auch eine Art täglichen Vermenschlichungsprozesses? Wer als Mann das Barthaar einfach ungepflegt wachsen läßt, folgt zweifellos den Gesetzen der Natur. Aber können oder sollen wir als Mensch nicht gerade über die Natur hinauswachsen und dies auch durch das «Anhalten», das «Beschneiden» auf diesem Gebiete so bekunden, wie wir uns im Inneren bei der Triebnatur, die wir vom Tiere geerbt haben, Zurückhaltung auferlegen und zu Verwandlungen kommen? Die Bedürfnisse des nackten, aber mit einer wirklichen Hautoberfläche begabten Menschen, der seine Unvollständigkeiten und Möglichkeiten bemerkt, haben zu ganz neuen Berufen und zu einer ganzen Industrie geführt. Darin aber walten Ich-Funktionen! Die differenzierte Pflege der Haut in den verschiedensten Situationen und Altersstufen steigert der Mensch zur Kosmetik. Auch in dieser Art des Sich-Verschönerns, Schmückens, Ordnens verleiht er seinem schöpferischen Inneren einen entsprechenden Ausdruck im eigentlichen Sinne des Wortes Kosmos. Erst mit einer menschengemäßen Kosmetik stellt sich der Mensch in seiner Aufrechte vollgültig in die Harmonie der Welt, in den Kosmos hinein. Eine solche Betrachtung, mit dem höchsten Ideal der Ichentwicklung zur Persönlichkeit im Hintergrund, wirft aber ein Licht auf den kleinsten Handgriff. Sie regt uns zur Verantwortung, Aufmerksamkeit und Liebe zur Sache im Kleinen und im Alltag an. In diesem Sinne stehen wir heute nicht nur vor der Frage einer Vermenschlichung der Medizin, sondern auch der Hygiene. Dazu sollten diese Ausführungen ein Beitrag sein.

ZUR SINNESFUNKTION
DER HERZKLAPPEN

Indem Rudolf Steiner aufforderte, dem Herzen als Sinnesorgan unsere Aufmerksamkeit zu widmen, lenkte er von der Pumpenvorstellung ab in Richtung eines beseelten Organes. Denn Sensibilität und Wahrnehmungsvermögen, die aus den Tiefen des Lebens zum mehr oder weniger bewußten Er-leben führen, erfordern die Durchastralisierung mittels der Kräfte des Empfindungsleibes. Dessen physische Fühlhörner sind jeweils die Nerven.

In jedem Sinnesorgan stellt sich der Organismus dem Umweltgeschehen – in der Netzhaut das Auge dem strömenden Licht, im Trommelfell das Ohr den heranbrandenden Schallwellen – entgegen und hält es auf. Erst durch diesen Widerstand des Spiegelorgans kann das Eindringende in den *Eindruck*, die herandringende Qualität zum Bild der Wahrnehmung emporgehoben werden. Das Herz als Glied des dreigliedrigen Organismus ist am Sinnes-Nerven-Pol orientiert, wenn es sich in der bekannten einzigartigen Weise dem Kreislaufgeschehen entgegenstellt, den Blutstrom regelmäßig unterbricht und dessen kontinuierlich bewegliches Element in den Herzkammern – wenn auch nur für einen Augenblick – zum absoluten Stillstand bringt. Dieses durch die Ventilfunktion der Herzklappen bedingte vierfache Stopp-Phänomen wurde im Bann des Blicks auf die «motorische Pumpleistung» zweifellos als solches nicht ernst genug genommen. So konnte es nicht im Sinne Goethes «zur Lehre» werden.

In der reinen Bewußtseinsebene unterteilt die Verstandesseele den Zeitenstrom in immer kleinere, gleich große Abschnitte der Stunden, Minuten und Sekunden oder zerstückelt die zu messende Strecke in Meter und Zentimeter. Der Umgang mit Maß, Zahl und Gewicht gehört zu den Grundfunktionen exakter Wissenschaft, die sich das zu beobachtende Material quantitativ zum Bewußtsein bringt. In der biologischen Ebene bewältigt das Herz die täglich umgesetzte Stoffmasse von insgesamt über fünf Tonnen Blut durch die regelmäßige, differenzierte Aufgliederung in die einzelnen Kammerblutvolumina. In ihnen zieht sich das Blut aus der sphärenhaften Ausweitung in der Peripherie – perlschnurartig aneinandergereiht – auf engstem Raum kugelförmig zusammen. Das dabei manifest werdende rhythmische Geschehen vermittelt zwischen dem von unten heranbrandenden Stoffwechselgeschehen und dem formenden Bewußtseinspol. Dabei wird dem Muskelhohlorgan mit seiner Willensfunktion vom gestaltenden Kopfpol her die aus Bindegewebe bestehende Sehnenplatte als Träger der Klappenmechanik eingebaut, die entscheidend zum Funktionieren der Herzrhythmik beiträgt.

Inzwischen ist einem amerikanischen Wissenschaftler der Nachweis gelungen, daß die Herzklappen reich innerviert sind. Auf Grund einer Reihe von Tierexperimenten konnte Terence H. Williams, Neuroanatom an der School of Medicin in New Orleans, weiter zeigen, «daß die Klappen als Rezeptoren fungieren. Sie registrieren, wie stark das Blut strömt, und leiten diese Information an das Gehirn weiter.»

Diese Erkenntnis von der erweiterten, übermechanischen Funktion der Herzklappen darf als bedeutsamer Baustein zu einer wirklichkeitsgemäßen Herzlehre freudig begrüßt werden. Sie zeigt, wie fruchtbar Natur- und Geisteswissenschaft aufeinander zuarbeiten können. Der aufsteigende Weg vom Kalt- zum Warmblüter ist – evolutorisch gesehen – der Ausdruck der immer stärker in die Tierwelt sich hineinarbeitenden Astralität als Träger eines bewußten Innenlebens. Die Innervierung der Herzklappen beginnt bei den Nagetieren, wo bekanntlich der Sinnes-Nerven-Pol ein gewisses Übergewicht in der Gesamtorganisation besitzt. Während jedoch bei den höheren Säugern alle vier Klappen innerviert werden, sind beim Menschen nur die Mitral- und Tricuspidklappe mit Nervennetzen versehen. Warum eigentlich? Über Vergleichsuntersuchungen bei Menschenaffen scheint noch nichts bekannt zu sein.

Williams ging u.a. bei seinen Untersuchungen vom elektronenmikroskopischen Nachweis der Bildung von Nervenkollateralen aus, wonach intakte Nerven neue Fasern wachsen lassen, wenn in benachbarten Regionen Nerven beschädigt sind. Er tastet sich damit an die höhere Ganzheit des die ätherische Organisation durchdringenden Empfindungsleibes heran, der mit seiner Sensibilitätsfunktion stets die Gesamtorganisation umspannen will. Er beabsichtigt, auch an den Herzklappen das als «Sprießen von Kollateralen» bekannte Phänomen zu studieren, um den Nachweis führen zu können, daß auch an transplantierten Klappen und Herzen die Nervenkollateralen besonders schnell ausgebildet werden und das Spenderherz mit dem Nervensystem des Empfängers eng verbunden wird. «Das neue Herz muß also dem Hirn des neuen Herrn gehorchen.»

Williams will seine Forschungen ausdehnen auf andere noch unbekannte, aber zu vermutende «Herzkontrollstellen im Stammhirn und Rückenmark». Er nimmt an, daß vom Gehirn aufgrund der Sinnesfunktion der Klappen regelmäßige Signale an diese Kontrollstellen weitergeleitet werden, wobei sich die Frage erhebt, inwieweit das Gehirn seinerseits direkte Impulse an das Herz selbst weitergeben kann. Wie wäre sonst die Fähigkeit indischer Fakire zu verstehen, die für kurze Zeit den Herzschlag anhalten können? Damit berühren wir eine intime geisteswissenschaftliche Zukunftsperspektive der Herzentwicklung. Wiederholt hat Rudolf Steiner ausgesprochen, daß das Herz als quergestreifter Muskel dazu veranlagt ist, einmal willentlich bewußt gehandhabt zu werden: «Das Herz ist … bestimmt [dazu], in der Zukunft ein viel höheres Organ zu sein. Es ist quergestreift, weil es in der Zukunft ein willkürlicher Muskel sein wird wie unsere Handmuskeln von heute. Wir werden in der Zukunft dem, was die Seele als Impuls empfindet, mit einer Bewegung des Herzens willkürlich entsprechen. Der Mensch wird seine Arbeit nicht nur durch das Werkzeug der Hand vollführen, sondern das Herz wird ein Werkzeug der Seele sein, in einer Weise, wie der Mensch es heute noch gar nicht ahnt.»[1]

Die Verhärtung der Urteilsbildung, welche die Einseitigkeit der Pumpentheorie der Herzfunktion mit sich bringt, ist nach Rudolf Steiner ein schweres Hemmnis, um zur zeitnotwendigen Gesundung des sozialen Lebens zu kommen. Aus weiteren Hinweisen der Geistesforschung geht hervor, daß die angedeutete Zukunftsaufgabe des Herzens für den künftigen sozialen, man könnte sagen: spirituell-herzlichen Umgang der Menschen untereinander von größter Bedeutung sein wird. Denn «wie jetzt schon die Eingeweihten, so werden in Zukunft alle Menschen den Seeleninhalt ihrer Mitmenschen wahrnehmen können». Die Erarbeitung einer lebensgemäßen Herzlehre ist deshalb eine der wesentlichen Voraussetzungen, um in diese Zukunftsaufgabe der Menschheit hineinzuwachsen. Die Entdeckung der Sinnesfunktion der Herzklappen hat uns diesem Fernziel einen Schritt nähergebracht.

DIE MUNDPARTIE –
EINE KOSMOLOGISCHE
BETRACHTUNG

Mensch rede,
und du offenbarst durch dich
das Weltenwerden.

Rudolf Steiner

Das therapeutische Umgehen mit den sieben Grundmetallen fordert uns immer wieder auf, die Menschenbildung und die ihr zugrundeliegenden physiologischen Prozesse im Lichte planetarischer Wirksamkeiten zu studieren. Im folgenden wird der Versuch unternommen, in einem Teil des Organismus die Planetenprozesse zur Anschauung zu bringen: in der Mundpartie. Es geschieht in dem Vertrauen, daß im Teil die Idee des Ganzen stets zu finden ist und eine in bestimmter Richtung spezialisierte Partie des Organismus aus dem Ganzen zusätzliche Beleuchtungen erfahren kann.

In der Anatomie und Physiologie der Mundpartie treten uns Phänomene entgegen, die merkwürdig und in ihrer Art einzigartig im ganzen Organismus sind. Sie verdanken, wie wir sehen werden, dem einseitigen Hervortreten planetarischer Prozesse ihre Entstehung.

Aus dem nur wenig geöffneten Mund blitzt uns das Weiß der Zähne entgegen. Sie zeigen uns unmittelbar eine solche einzigartige Bildung im Gesamtorganismus. Es handelt sich um die einzige Stelle im Körper, wo das Knochengerüst nicht nur bis unter die Haut vordringt – wie an der Tibiakante oder in der Ellenbogengegend –, sondern den Zusammenhang des Organismus durchbricht und nach außen vorstößt. In den Stoßzähnen des Elefanten (Schneidezähne) oder den Hauern des Ebers (Eckzähne) tritt uns dieser Durchbruch übersteigert entgegen.

In der Knochenbildung treten die Saturnkräfte in Erscheinung. Diese wirken bekanntlich auch in jeder Sinnesorganbildung und haben eine vorzügliche Domäne in dem Hauptträger der Sinnesprozesse, in der Haut. In der abschließenden Grenzbildung der Haut erleben wir die Abrundekraft Saturns, der sich seinerseits mit einem Ring umgibt. Dabei treten diese Kräfte im Absterbeprozeß des abschilfernden Hornhautmantels der Haut besonders zutage. So wird nun der vorstoßende Zahnknochen von einer extremen Metamorphose des Epithels, der Schmelzkappe als der härtesten und am meisten in die Mineralisierung strebenden Substanz des ganzen Organismus, abgefangen und abgerundet. Der Zahn ist ein Gebilde, das wirklich nur noch aus «Haut und Knochen» besteht und in diesem Kurzschluß erstarrt. Wie die Felsmassen der Erde eine letzte Steigerung im Aufblitzen der Edelsteine erfahren, als dem vollendeten Ausdruck lebensätherischer Wirksamkeit, so leuchtet im Haupte die plastizierende Formkraft des Organismus unter der unsichtbaren Meißelführung des fixsternnächsten Saturn im Denkmal der Zahnbildung auf.

Im Ganzen einer Gliedmaße wird die Starrheit des in sich unbeweglichen, passiven Knochens erst sinnvoll durch die ergänzende Partnerschaft des aktiven, in sich beweglichen und bewegenden Muskels als dem eigentlichen Organ des Willens. Die hier auftretende, echte Polarität erfährt in der Bildung der Gelenke als rhythmisierender Untergliederung der Knochensäule mit dem gleichzeitigen Übergang in die abrundende Knorpelsubstanz ihre Vermittlung.

Da im Gebiß der Pol der Knochenbildung in so einseitiger Weise in Erscheinung tritt, müssen wir in der Mundpartie einen ebenso extremen Gegenpol erwarten. Dieser tritt uns in der Tat im Zungenmuskel entgegen. Die Eigenart der hier auftretenden Metamorphose der Muskulatur kann man sich zum Bewußtsein bringen, wenn man sich etwa den Bizeps von seinem Ansatzpunkt am Radius probeweise loslösen, die Haut durchstoßen und wie eine zusätzliche, knochenlose Gliedmaße, schlangenhaft, frei im Raume sich betätigen läßt. In diese einzigartige Freiheitssituation ist der quergestreifte Muskel der Zunge eingetreten, so daß der Sprachgeist zur Wortbildung des «Züngelns» greifen mußte, um diese neu gewonnene Art der Bewegung und Willensbetätigung zu charakterisieren. Die ungewöhnliche Beweglichkeit der Zunge wird dabei durch die Tatsache unterstützt, daß ihre Muskelfasern nach allen Richtungen ziehen. So wie uns nirgends mehr die unerbittliche Härte des Knochens zum Bewußtsein kommen kann als im Aufeinanderschlagen oder Zusammenpressen der Zähne, so ergreifen wir wohl an keiner Stelle des Organismus die innere Muskelplastik, die Aktivität und Willensbeweglichkeit eines Organs intimer als in der Zunge. Es ist die Impulsivität der Marskräfte, die über das Eisen in den Blutprozeß einstrahlen, denen wir hier wie in einer organisierten, verleiblichten Flammenbildung begegnen. Ihr steht das starre «Gehege der Zähne» als peripher begrenzender und bändigender Gegenpol gegenüber.

So wird auch verständlicher, daß sich gerade die schwerwiegendste Form einer Störung des Eisenprozesses, die perniciöse Anämie, im Brennen der Zungenspitze als einem ihrer Haupt- oder Frühsymptome ankündigt, während der Saturnismus, die Bleivergiftung, im Bleisaum des Zahnfleisches sich zeigt.

Im Stoffwechselvorgang, welcher der Willensäußerung zugrunde liegt, spielt bekanntlich ein latenter Cyanprozeß eine besondere Rolle, der vom Eisenprozeß beherrscht wird. Ersterer tritt im rätselhaften Gehalt des Mundspeichels an Rhodankalium und -natrium zutage und mutet – die Zunge umhüllend – wie ein spiegelartiger Niederschlag ihrer Überbeweglichkeit an.

Wo finden wir in der aufgedeckten Polarität die zu erwartende Vermittlung des Jupiter-Stannum-Prozesses analog der Gelenkbildung in der Gliedmaße? In der Bildung des Hauptes selbst sind die Jupiterkräfte tätig im Ausplastizieren der Schädelrundung und der Vermittlung zwischen Verhärtung (Mikrocephalus) und

Erweichung (Hydrocephalus). So sehen wir die Stannumprozesse am Werke in der rechten Wölbung der Gaumenplatte im Gleichgewicht zwischen Flachgaumen und Spitzgaumen und im Verhältnis vom harten zum weichen Gaumen. Sie rhythmisieren die Reihenfolge der Zähne und runden das menschliche Gebiß zum bogenförmigen Halbkreis ab, so daß etwa rechtwinklige Abknickungen, wie wir sie im Tierreich finden, vermieden werden. Das embryonale Zusammenführen der rechten und linken Kieferhälfte und das gar nicht selbstverständliche Aufeinanderpassen des starren Ober- und des beweglichen Unterkiefers gehören ebenfalls hierher. Ist doch der harmonische Zusammenschluß der Oberkiefer- und Unterkieferzähne – die Hauptkunst der Prothesentechnik – selbst eine Art Gelenkprozeß. So können wir an dem Vorstehen des Ober- oder Unterkiefers, dem Auseinanderweichen der Zähne oder ihrem zu engen Zusammen- oder gar Hintereinanderrücken, mit einem Wort, an der ganzen Plastik der Mundhöhle unmittelbar die Jupiterprozesse ablesen und Rückschlüsse auf ihre Tätigkeit im ganzen Organismus ziehen.

Eine sich oft als notwendig erweisende Korrektur der Zahnstellung durch äußere, mechanische Mittel ist im Grunde ein Appell an die Stannumprozesse und sollte von einer Stannumtherapie (Stannum pr. in Mittel- bis Hochpotenz) begleitet sein, um Schockwirkungen der Ichorganisation zu vermeiden und diese gleichzeitig von innen her zum Ergreifen der in Betracht kommenden Bildeprozesse anzuregen.

In der tastenden Funktion des relativ wenig beweglichen Zäpfchens liegt eine abgemilderte Metamorphose der Zungenbildung vor. Sie geht in die Torflügel der beiden Gaumenbögen über, welche in der rhythmischen Beweglichkeit des Sich-Schließens und -Öffnens ebenfalls von Stannumprozessen durchwirkt sind.

Die Fülle dieser plastischen Kräfte greift auf die Zunge als «Sprachgliedmaße» über. Von hier aus fällt ein neues Licht auf die Tatsache, daß in der Schleimhaut der Zunge und in dieser selbst der Stannumgehalt des ganzen Organismus am größten ist und den Zinngehalt von Herz, Hirn oder Leber um das Fünf- bis Zehnfache übertrifft.[1]

Die extreme Analyse, die der Organismus in Zahn- und Zungenbildung vornimmt, wird so im eigentlichen Ausplastizieren der Mundhöhle durch den Jupiterprozeß in einer höheren Synthese zur Ganzheit zurückgeführt.

Die Dreigliederung des ganzen Organismus spiegelt sich in der Dreiheit des Antlitzes, in welchem die Stirnpartie dem Sinnes-Nerven-System, die Nasen-Augen-Partie dem rhythmischen System und die Mundpartie dem Stoffwechselsystem zugeordnet ist. Während im oberen Menschen vor allem die obersonnige Planetendreiheit einstrahlt, haben die drei untersonnigen Planeten die besondere Beziehung zu den Stoffwechselprozessen. Wir dürfen deshalb erwarten, in der Mundpartie, als dem Eingangstor zum Stoffwechselgeschehen, auch die Mond-, Merkur- und Venusprozesse wiederzufinden.

In der Tat begegnen wir in der Speichelbildung unmittelbar den im Flüssigen waltenden Merkurprozessen. An keiner Stelle seines Organismus kommt der Mensch so intim mit den Stoffwechselvorgängen bewußt in Berührung wie im Prozeß des Einspeichelns der Nahrungsmittel. Bilden wir doch aus den in der Mundpartie angehäuften Drüsen ca. 1 Liter Mundspeichel täglich, welcher dem Nahrungsstrom entgegenfließt. Dabei werden in der Verflüssigung fester Nahrung, im Geschmeidigmachen trockener Substanzen und der Umformung in die gleitfähige, schleimumhüllte Speisekugel die Tropfentendenzen Merkurs greifbar. Auf die Stomatitis mercurialis und die schon in der homöopathischen Schule bekannte therapeutische Wirkung des Quecksilbers bei Erkrankungen der Mundschleimhäute braucht der Vollständigkeit halber nur hingewiesen zu werden. In der erwähnten Durchplastizierung des Bissens und seiner rhythmischen Untergliederung im Schluckprozeß sehen wir jedoch zugleich einen weiteren Einschlag der Stannumfunktionen.

Im Aufsaugen des Nahrungsstromes durch die Darmzotten und im Übergang in das Stromgebiet der Pfortadervene sind vor allem die Venusprozesse wirksam. Die Leber saugt ihrerseits diesen Strom so begierig auf, wie ein Rind am Brunnentrog das frische Wasser schlürft. Eine feinere Metamorphose solchen lustvollen Eintauchens in die stofflichen Aufbauprozesse zeigt das Bild des Kindes an der Mutterbrust. Die dabei sich manifestierende Lippenfunktion des Säuglings, welche in diesem Stadium dem Kleinkinde den Namen verleiht, gibt uns zugleich den Hinweis, wo wir in der Mundpartie den besonderen Ausdruck der Venuskräfte zu suchen haben.

Der eigentümliche Übergang der Mundschleimhaut in die Wangenhaut drängt den saturnischen Absterbeprozeß der sonstigen Epidermisverhornung und -abschließung zurück und läßt das Inkarnat in einer Steigerung, im Lippenrot, erglühen, um im Rot der Wangen noch einmal aufzuleuchten. Die größere Empfindlichkeit, Anschwellung und Rötung dieser Örtlichkeit sind uns sonst im Organismus als die Merkmale einer Entzündung bekannt. In einzigartiger Weise tritt so in der Lippenbildung ein sonst verhülltes, vom Blutprozeß durchwobenes Inneres an die Oberfläche und gibt dem ganzen menschlichen Antlitz eine besondere Note. Man denke sich etwa den Übergang der Augenschleimhaut in die Lidhaut ähnlich gestaltet wie die Lippen, und man ahnt, welche heilsam abklärenden Prozesse vom oberen Menschen ausgehen und bis in die emporquellenden Stoffwechselprozesse der Mundpartie einstrahlen. Daß das weibliche Geschlecht heute immer mehr dazu übergeht, diesen Prozeß mit dem Lippenstift zu übersteigern, ist ein besonderes kulturpsychologisches Problem, dessen Behandlung den Rahmen dieses Aufsatzes sprengen würde.

Mit Recht wird jedoch die zart geschwungene Form der Lippenanschwellung als Schmuckstück der Anmut gewertet. Und wie die

Morgenröte den kommenden Tag ankündigt, so gibt uns das Rot der Lippen einen Hinweis auf das Gebiet der Liebe, das im Reiche der Venuskräfte seinen kosmischen Ursprung hat. Der zarte Sog des Kusses ist eine edelste, blütenhafte Metamorphose der bereits geschilderten Funktionen.

Wie am Himmel die Planeten zueinander in wechselseitige Beziehung treten und nie isoliert wirken, so können selbstverständlich auch in die bisher erwähnten Teilprozesse stets andere hereinspielen. In den schmalen, verbissenen Lippen eines Menschen, der die vom Leben auferlegten Prüfungen des Leides nicht genügend verarbeiten konnte, sehen wir den Ausdruck saturnischer Verhärtungen. In den wulstigen Lippen des Negers treten uns die nicht voll bewältigten Stoffwechsel-Drüsen-Prozesse entgegen, welche als einseitige Merkurwirkungen dieser Rasse den Ursprung gaben. In der Lippenblässe oder der Cyanose können wir andere, tiefe Einblicke in den ganzen Organismus bzw. in seine Blut- und Kreislaufprozesse tun.

Die Mundpartie als Ganzes dient zunächst der Aufnahme der Erdennahrung und ihrer bereits hier beginnenden Verarbeitung. Dem Fressen des Tieres tritt das Essen des Menschen zur Seite. Mit der äußeren Nahrungsaufnahme stehen wir am Anfang aller Stoffwechselprozesse. Die Nahrung ist das physische Fundament aller Wachstums-, Aufbau- und Regenerationsprozesse, welche u.a. in der Fortpflanzung gipfeln. So ist das Eintauchen in den Strom der Nahrungsaufnahme die unerläßliche Voraussetzung unserer irdischen Verleiblichung. Der an einem hartnäckigen Pylorospasmus zugrundegehende, atrophische Säugling bringt uns dies in erschütternder Weise zum Bewußtsein.

Im planetarischen Sphärenbereich sind es die Mondenkräfte, welche der menschlichen Entelechie im vorgeburtlichen Sein den Impuls zur Verkörperung geben und sie wiederum in den Bereich der Erdenschwere und der Stofflichkeit hineinführen. In der Art, wie ein Mensch ißt und auch mengenmäßig der Nahrungsaufnahme sich hingibt, können wir etwas wie einen Abglanz seines Eintrittes in den Bann der Mondenkräfte ablesen. So ist das In-Gang-Kommen des Nahrungsstromes selbst einem Eintauchen in die fortwirkenden Mondenkräfte zu verdanken. Sie finden in der Waagrechten des tierischen Rückgrates, dem der Nahrungsstrom von vorne nach hinten parallel fließt, einen besonderen Ausdruck und binden die Vordergliedmaßen der Vierfüßler an die Erde und bilden den Kopf als Freßwerkzeug heran. Die Gestalt des Affen, der mitten im Aufrichteprozeß der Schwere verfällt und dies u.a. in der Hypertrophie des Unterkiefers zeigt, ist ein besonders tragisch anmutendes Beispiel für ein Überwiegen einseitiger Mondenwirkung. In der Gewichtszunahme eines wohlgenährten Säuglings lesen wir hingegen die positive Seite der Durchkraftung aus diesem Bereiche ab. Der Volksmund sagt von einem Menschen mit gerundeten Wangen und Doppelkinn, er habe ein «Vollmondgesicht». In der Tat dürften bei der Wangenbildung die Mondenkräfte eine ähnliche Rolle spielen wie die Jupiterkräfte bei der Stirnbildung.

In der Grundfunktion der Mundpartie, der beginnenden Nahrungsaufnahme und -verarbeitung, kommt also dem Mondprozeß eine die übrigen planetarischen Prozesse fundamentierende Sonderrolle zu. Dabei fühlen sich die geschilderten Planeten diesem Erden-Mond-Prozeß gegenüber wie zur stärksten Opposition aufgerufen. Sie treten dem Nahrungsstrom mit ihrer Himmelsdynamik in der bekannten Weise zerkleinernd, einspeichelnd, rhythmisierend usw. gegenüber. Diese Opposition zu den Mondenkräften führt jene einzigartige Steigerung herbei, der wir in den geschilderten Sonderphänomenen der Mundpartie anatomisch und physiologisch begegnen.

Insofern die Mundpartie des Menschen der Nahrungsaufnahme dient, haben wir eine unerläßliche Erbschaft aus dem der alten Mondentwicklung verhafteten Tierreich übernommen. Kann das Ich dieses Erbe nicht voll ergreifen, so kommt es zu tierisch bzw.

dämonisch anmutenden Vereinseitigungen und Verzerrungen aller geschilderten Prozesse. Die aus der Heilpädagogik bekannten Phänomene zeigen sich, wie Abgleiten vom Essen ins Fressen, Beißen, Schnutenbilden, Ausspucken, Prusten, Herausstrecken der Zunge und zähnefletschendes Grinsen.

Der Einschlag des Ich hat einst unsere Organisation der mondverhafteten Waagrechten entrissen und zur aufrechten Haltung geführt, welche die Horizontale von oben her durchkreuzt und den Menschen in die Richtung des sonnenverwandten Pflanzenwuchses hineinstellt. In der Tat sind es Sonnenimpulse, welche unsere Vordergliedmaßen dem Bann der Schwere entrissen und in der Freiheit der Arm- und Handbildung ein spezielles Organ des vernunftbegabten Geistes erschaffen haben. Damit aber entstand zugleich die Voraussetzung zur Sprache, deren Verfolgen das Wirksamwerden der in unserer Betrachtung noch fehlenden Sonnenkräfte in der Mundpartie auffinden lassen. Es scheint uns für die Sonnenwirkungen charakteristisch zu sein, daß wir sie nicht in einer isolierten anatomischen oder physiologischen Einzelheit finden, sondern in einem allen Teilen übergeordneten Prozeß.

Bei der Lautbildung wird der aus dem rhythmischen Bereich kommende Ausatmungsstrom durch die Mundhöhle umgeleitet. Der aus einer höheren Region stammende Prozeß dringt eine Stufe tiefer. Er tritt als von Innenwärme durchwirkter Luftstrom dem in entgegengesetzter Richtung strebenden flüssig-festen Nahrungsstrom entgegen. Die so entstehende Polarität zwischen dem der Stoffesschwere verhafteten Nahrungsstrom und dem in der Leichte wirkenden Atemstrom umschließt das Grundgeheimnis der menschlichen Mundpartie. In einzigartiger Weise ruft diese Polarität alle bisher besprochenen Organe zu einer entsprechenden Steigerung auf. Sie antworten mit der Entwicklung einer völlig neuen Funktion, mit der Ausbildung des Wortes und der Sprache.

War die Aufgabe bei der Nahrungsaufnahme die mechanische Zerkleinerung und chemische Zersetzung, also Zerstörung und

Überwindung eines materiellen Äußeren, so verwandelt sich dieselbe jetzt in aufbauende, plastizierende Durchgestaltung eines höheren Elementes, welches in der flutenden, schöpferischen Gestaltung des Wortes ein Inneres offenbart. Das Material, welches dabei ergriffen wird, ist der vom Willensstoß des Brustkorbs durchsetzte, vom Kehlkopf zusätzlich durchrhythmisierte und daher bereits tönende Luftstrom. Durch die Stellung von Unterkiefer, Zunge und Lippen erhält er seine vokalischen Qualitäten und wird zusätzlich konsonantisch im Sinne der Gaumen-, Zungen-, Zahn- und Lippenlaute durchplastiziert.

Während der Nahrungsstrom durch die Trieb- und Instinktwelt der organischen Tiefen des Organismus in Gang gebracht und angesaugt wird, strahlt in den Ausatmungsstrom aus dem innersten Bewußtseinszentrum lichtvoller Gedankenklarheit ein Impuls von oben ein. Er ist nicht naturgegeben, sondern wird in Freiheit von der Persönlichkeit hervorgebracht. In seiner Verbindung mit dem rhythmischen System erkennen wir seine Impulsierung aus den Sonnenkräften, welche dem menschlichen Organismus die Aufrechte gaben.

Wie jeder Ton in der Oktav auferstehen kann, so werden bei der Bildung des Wortes noch einmal alle planetarischen Prozesse der Mundpartie zum Erklingen auf einer höheren Stufe aufgerufen. Draußen im Weltall ruft die Sonne durch ihre konjunktionelle oder oppositionelle Begegnung mit den gleichmäßigen siderischen Umlaufzeiten der Planeten diese zu den zusätzlichen Beschleunigungen und Verlangsamungen, zum Stillstand und Rückwärtslauf auf. Sie antworten mit dem Lichtwandel und der synodischen Rhythmenbildung der Schleifen auf die übergeordnete und schöpferisch eingreifende Stellung der Sonne. So scheint uns der Sonnenimpuls im mikrokosmischen Abglanz die besprochenen Planetenprozesse zur Steigerung in der Sprachbildung emporzuführen und zu dirigieren.

Dies ist jedoch nur möglich, weil in der Gestaltung des Instruments von Anfang an alle einseitigen Ausdifferenzierungen, wie wir sie im Tierreich so zahlreich finden und z.B. besonders gut in der Spezifizierung des tierischen Gebisses ablesen können, verhindert wurden. Der alles überstrahlende, harmonische Einfluß der Sonnenkräfte war beim Menschen stetig wirksam und garantiert auch an dieser Stelle des Organismus den Aufbau der Ich-Organisation. Er verhindert die Umbildung der Mundpartie in ein tierisches Maul mit entsprechenden Freßwerkzeugen.

Unserer Auffassung von der Funktion der Sonne braucht der besondere Anteil des Mars an der Sprachbildung nicht zu widersprechen. Der Eisenprozeß schafft durch die Eingliederung der Atmung, durch die Bildung des Kehlkopfes und mit dem entscheidenden Anteil der Zunge beim Sprechen unerläßliche Voraussetzungen der Lautgebung als solcher, die bereits im Tierreich eine Rolle spielt. Erst das Einstrahlen des *sinnverleihenden* Gedankenelementes von oben hebt die Lautgebung zur Wortbildung und Sprachbegabung empor. Uns scheint im Gegenteil das Zusammenwirken der Mars- und Sonnenimpulse bei der Sprachbildung ein Urbild zu haben in dem – für die Metalle einzigartigen – kosmischen Zusammenspiel des Eisens mit der Sonne. Entstammt doch das jungfräuliche Meteoreisen, welches täglich millionenfach im Sternschnuppenregen hereinglitzert oder als Meteor herunterdonnert, nach den Angaben Rudolf Steiners nicht dem Planeten Mars, wie man vielleicht erwarten könnte, sondern bestimmten Ausstrahlungen der Sonne selbst. Diese geht also bereits kosmisch ein besonderes Bündnis mit unverdorbenen Marsprozessen ein.

Durch unsere Betrachtung empfängt das Sprichwort: «Wes das Herz voll ist, des fließt der Mund über» eine tiefere Bedeutung. Wir dürfen uns aber auch daran erinnern, daß schon in den ephesischen Mysterien der innere Zusammenhang bekannt war zwischen den schöpferischen Urkräften der Sonne, dem Feuer, aus dem nach Heraklit alles entstanden ist, und dem Weltenlogos als dem Urbild des Menschenwortes.

In der Polarität des Nahrungsstromes und des lautbildenden, sinntragenden Luftstromes dürfen wir also einen Abglanz des Wechselspiels der Sonne und des Mondes, des Gestirns des Tages und der Nacht, erblicken. So wie draußen der Vollmond zurücktritt und zur Sichelschale werden kann für die Aufnahme der Sonnenkräfte, so erfüllt sich für die Mundpartie als Teil des Organismus der Sinn des Menschen, wenn der als Erbstück übernommene Funktionszusammenhang zurücktritt und das Organ Instrument wird für die Offenbarung des Inneren, des gedankenerleuchteten, sprechenden Geistes.

Im tierischen Astralleib schaut man die Mondenwelt, im menschlichen den harmonischen Zusammenklang von Sonnen- und Mondenwelt. Beim Sich-Öffnen zur Nahrungsaufnahme wird der Mund zu einem Abbild vom «Tor des Mondes»; beim Ertönen der Sprache können wir wie aus dem «Tor der Sonne» das mikrokosmische Echo ihres schöpferischen Sphärenklangs vernehmen.

V.

DIE BEDEUTUNG
MEDITATIVER
NATURERKENNTNIS

VOM URSPRUNG UND WESEN
DES SINNLICH-SITTLICHEN
FÜHLENS

Der unbewußte Schwellendurchgang der Menschheit im Beginn des lichten Zeitalters spiegelt sich in einer Vielfalt von Symptomen. Dazu gehört das Angebot aller möglichen, meist sehr fragwürdigen Arten von Schulungsmethoden wie autogenes Training, Joga-Übungen, transzendentale Meditation u.a. und das zunehmende Bedürfnis vieler Menschen, Selbsterziehung oder Bewußtseinsschulung solcher Art zu praktizieren. In dieser Zeit scheint es geboten, sich auf die Eigenart und Eigenständigkeit des in der abendländischen Geistesentwicklung urständenden, rosenkreuzerischen Erkenntnisweges, wie er von Rudolf Steiner dargestellt wurde, zu besinnen.

Die Bewußtseinsentwicklung der Neuzeit, die von der naturwissenschaftlichen Methode und Seelenhaltung geprägt wird, fußt auf der klaren, nüchternen Sinneswahrnehmung und ihrer Verarbeitung durch ein sachgemäßes, logisches Denken. Physiologisch gesehen stützt sich die Seele dabei vorwiegend auf das Sinnes-Nerven-System. Da dieses «objektive» Vorgehen das als rein subjektiv empfundene Element des Fühlens, also jegliche Sympathie oder Antipathie mit den zu untersuchenden Naturgegenständen, ausschaltet, wird das rhythmische System nicht benötigt. Darin liegt eine disziplinierende Funktion, die zu einer gewissen Selbstlosigkeit erzieht. Es erscheint deshalb bedeutsam und folgerichtig, daß auch der anthroposophische Schulungsweg *primär* nicht mehr, wie das fernöstliche Jogaprinzip, vom Atem, also von Eingriffen in die rhythmische Sphäre ausgeht, sondern vom oberen Bewußtseinspol. Nun hat die Naturwissenschaft durch die Vorschaltung der künstlichen Beobachtungsinstrumente, wie Teleskop und Mikroskop, vor die Sinne und durch die Experimentiertechnik die Wahrnehmungsseite ungeheuer ausgeweitet. Sie droht durch diese in ihrer Weise berechtigten Grenzüberschreitungen zu veräußerlichen, zumal sie das als nominalistisch gedeutete Denkinstrument zwar messerscharf zugeschliffen, aber zugleich entsprechend «verdünnt» bzw. abstrahiert hat. Der Verinnerlichungsprozeß des geisteswissenschaftlichen Schulungsweges, dessen Hauptmittel die Meditation ist, setzt demgegenüber auf der inneren, geistigen Seite, also im Denken an. Dieses schiebt als «reines» Denken die herandringenden Wahrnehmungsinhalte zurück, um sich als «sinnlichkeitsfreie» Betätigung auf seinen geistigen Ursprung zu besinnen und in der Erfassung rein geistiger Inhalte in seiner Selbständigkeit zu erfassen und zu aktivieren. Als keimendes Organ höherer Erfahrung soll es sich durch die konzentrative und meditative Hinwendung auf entsprechende Vorstellungen, Bilder, Symbole, ja ganze Vorstellungsfolgen dem geistigen Schauen erschließen. Im Gegensatz etwa zur transzendentalen Meditation, welche die Konzentration auf konkrete Vorstellungsinhalte als erneuten, nach innen verlagerten Streß ablehnt, darf die geisteswissenschaftlich geübte Meditation als inhaltvolle, gedankenträchtige bezeichnet werden. Im Zusammenhang damit sei auch daran erinnert, daß die kritisch prüfende und doch lebendige, gedankliche Verarbeitung der Geisteswissenschaft nicht nur informatorische Kenntnisnahme, sondern bereits konkreter Übungsschritt auf dem Wege der Geistesschülerschaft bedeutet.

An dieser Stelle soll jedoch auf eine andere, polare Seite dieses Weges eingegangen werden. Sie gehört zu seinen wesentlichen Merkmalen und charakterisiert ihn zugleich als den der abendländischen Bewußtseinsentwicklung gemäßen. Es ist die unübersehbare Tatsache, daß der anthroposophische Erkenntnisweg auch an der Wahrnehmungsseite selbst in entscheidender Weise einsetzt, also an der eigentlichen Ausgangsebene der Naturwissenschaft, die ja von der äußeren Erfahrung ausgeht. So gehört eine besonders aufmerksame Pflege des Bereichs der Sinneswahrnehmungen zum Pflichtenkreis des Geistesschülers. Rudolf Steiner hat das in seinem Buch *Wie erlangt man Erkenntnisse der höheren Welten?* dargestellt.[1] Diese Aufgabe soll hier noch einmal in ihrer zentralen Bedeutung gewürdigt werden.

An den Sinneswahrnehmungen entzündet sich jeden Morgen unser Bewußtsein, das dementsprechend auch als Gegenstandsbewußtsein bezeichnet wird. Wer ein höheres Bewußtsein entfachen und ausbilden will, welches über das Alltagsbewußtsein hinausführen soll, muß auf die Entstehungszone des bisherigen Bewußtseins achten. «Nur dadurch vermag er einen Quell zahlloser Illusionen und geistiger Willkürlichkeiten zu vermeiden.»[2] So gehört es zu den besonderen Bedingungen der Entwicklung der zehnblättrigen Lotosblume, «die Sinneseindrücke selbst in bewußter Weise beherrschen zu lernen … Es ist zu diesem Zwecke notwendig, daß man sich zum Herrn über das macht, was von der Außenwelt auf einen einwirkt. Man muß es dahin bringen, daß Eindrücke, die man nicht empfangen *will*, man auch wirklich nicht empfängt … Man muß es in den Willen bekommen, daß man nur die Dinge auf sich wirken läßt, auf die man die Aufmerksamkeit wendet, und daß man sich Eindrücken wirklich entzieht, an die man sich nicht willkürlich wendet. Was man sieht, muß man sehen *wollen* …»[3] Ein Gleiches gilt für das Hören.

Während es sich hierbei um ein strenges Überwachen, Aufnehmen oder Abweisen der Sinneseindrücke selbst, besonders aber auch derjenigen handelt, welche durch die Zivilisation geprägt sind, wird der Geheimschüler bereits im Kapitel «Die Vorbereitung» desselben Buches auf ein anderes, ganz neues Verhalten gegenüber den Sinnesempfindungen verwiesen. Hierbei geht es vor allem um die Sinneseindrücke aus der unverfälschten, natürlichen Umgebung, also aus den Naturreichen in ihrer gottgewollten Ursprünglichkeit. Sie verwandeln sich in eine naturgegebene Fülle unerschöpflichen Übungsmaterials, das sich den geistgeschaffenen Meditationen als ergänzender Gegenpol zur Seite stellt. Es soll zu «einer ganz bestimmten Pflege des Gefühls- und Gedankenlebens» dienen, welche durch Meditieren allein nicht zu erreichen ist. Der Geistesschüler «soll frisch, mit gesundem Sinne, mit scharfer Beobachtungsgabe in die Sinnenwelt sehen und dann sich seinen Gefühlen überlassen.» – «Erst schaue man so lebhaft, so genau, als es nur irgend möglich ist, die Dinge an. *Dann* erst gebe man sich dem in der Seele auflebenden Gefühle, dem aufsteigenden Gedanken hin.»

In dieser Weise sollen wir unsere gezielte Aufmerksamkeit und seelische Hingabekraft der belebten Natur zuwenden, mit besonderer, gleichwertiger Beachtung alles «Wachsenden, Blühenden und Gedeihenden» einerseits und alles «Welkenden, Absterbenden» andererseits. In ähnlicher Weise sollen wir uns der Welt der Töne gegenüber verhalten, nämlich bis zur völligen Versenkung in das herankommende Fremde, ja bis zu dem Grade, daß wir «mit einem Wesen sozusagen zusammenfließen, von dem der Ton ausgeht».[4]

Wie alle Übungen moderner Geistesschulung rufen auch die genannten normale, bei jedermann schon vorhandene Seelenanlagen zur Entfaltung auf. In der Weisheit des Sprachgeistes offenbaren sich diese schlummernden Fähigkeiten in schönster Weise. Sprechen wir doch von «bitterem» Leid, «süßer» Vorfreude, «dunkler» Sorge, «heiterer» Stimmung, «warmherziger» Liebe, «feuriger» Begeisterung, «kristallklaren» Gedanken usw. Wir bringen damit zum Ausdruck, daß wir bestimmten Realitäten unseres seelisch-geistigen Innenlebens gegenüber ein ähnliches Seelenerlebnis haben, wie es von den zum Vergleich herangezogenen, durch die Sinne erlebten Natureindrücken ausgelöst wird. Ja, sogar die Charakterisierung der Sinneserscheinungen selbst versuchen wir durch eine solche Verflechtung zu beleben, wenn wir von «hellen» oder «dunklen» Tönen, «warmen» oder «kühlen» Farben oder von Farbenklängen und Tonmalerei sprechen. Daran wird aber zugleich deutlich, wie sehr das natürliche, sinnlich-sittliche Erleben Farbigkeit und Herzblut unserer Sprache bestimmt. Und dies ist deshalb möglich, weil «durch die Farben, durch die Töne, durch Wärme und Kälte, durch alle sinnlichen Wahrnehmungen geistige Impulse zu uns» dringen.[5]

Der moderne Zivilisationsbetrieb mit der Reizüberflutung durch Reklame, Verkehrslärm usw. zwingt uns förmlich, unzählige Wahrnehmungen zu übersehen und zu überhören, um uns einigermaßen bewahren zu können. «Wie mit einem seelischen Panzer muß der Geheimschüler umgeben sein für alle unbewußten Eindrücke»,[6] die besonders in dieser Situation auf ihn einströmen. Diesem anzustrebenden Antipathieprozeß tritt in den verlangten Übungen jetzt ein Sympathieprozeß ausgleichend zur Seite, der einen bewußten Übergang vom bloßen Sehen zum *Schauen*, vom zufälligen Hören zum *Lauschen* verlangt. Nur dann können wir uns mit den einströmenden Qualitäten der Umwelt so verbinden, daß das leise Seelenecho zu erklingen beginnt und innerlich wahrgenommen werden kann. Ein solches Üben darf in seiner Eigenart als echt *meditatives Verhalten in der Sinnessphäre* charakterisiert werden. Denn wie beim eigentlichen Meditieren muß der Schüler hier «ganz still in seinem Inneren» werden, soll sich «ganz bewußt» einem einzigen Inhalt zuwenden und «alles andere aus seiner Seele verbannen».[7] Für den modernen Menschen ganz ungewohnt ist aber, daß in dieser Zeit alles verstandesmäßige Nachdenken zurückgestellt werden muß. Jedes erkenntnismäßige Fragen nach dem Entstehen der betreffenden Naturerscheinung, ihren Gesetzmäßigkeiten und was «dieses oder jenes Ding bedeutet», würde den zarten Kommunikationsprozeß unserer rhythmischen Sphäre mit der Sinnesregion stören, ja verunmöglichen. Denn um eine Art Beseelung der Wahrnehmung, um ein seelisches Durchatmen derselben handelt es sich. Im gleichen Maße, wie wir dabei das gehirngebundene Denken hinopfern müssen, beginnen wir in ein herzorientiertes Verhältnis zur Natur einzutreten. Denn die neu aufkeimenden Gefühle wurzeln in der gleichen «Herzenswärme», die nach dem 42. Wochenspruch Rudolf Steiners in der Lage ist, «ahnend vorzufühlen Sinnesoffenbarung».[8] Wir öffnen letzterer unser unbefangenes Gemüt im gleichen Sinne, wie es von Rudolf Steiner in den Wiener Vorträgen «Die Anthroposophie und das menschliche Gemüt» verlangt wurde.[9]

Dem «reinen Denken» als einer wesentlichen Voraussetzung des Meditierens entspricht auf der Gegenseite das «reine Wahrnehmen», das sich der gedanklichen Verarbeitung enthält, als Grundlage des seelenerweckenden Fühlens.

Diese im Rahmen einer modernen Geistesschülerschaft auszubildende Gefühlsreaktion ist offensichtlich verwandt, ja identisch mit dem, was Goethe in entsprechenden, zentralen Kapiteln seiner Farbenlehre als «sinnlich-sittliche Wirkung» der Farbe bezeichnet und erstmals in dieser Art eingehend studiert und dargestellt hat. Dieser Zusammenhang ist kein Zufall. Denn «nach solchen Dingen strebte die Goethesche Weltanschauung. Goethe wollte das reine Phänomen erkennen, was er das Urphänomen nannte, wo er nur zusammenstellte dasjenige, was in der Außenwelt auf den Menschen wirkt, wo sich nicht hineinmischt der luziferische Gedanke, der aus dem Kopf des Menschen selbst kommt. Dieser Gedanke sollte nur der Zusammenstellung der Phänomene dienen. Goethe strebte nicht nach dem Naturgesetz, sondern nach dem Urphänomen; das ist das Bedeutsame bei ihm ...»[10]

Damit ist jedoch nicht gemeint, daß Goethe an der Oberfläche der Sinneswelt bei einem bloßen, ideenlosen Phänomenalismus stehenbleiben wollte, sondern er schuf die Voraussetzung, die geistigen Tiefen der Wirklichkeit in spiritueller Art nach zwei verschiedenen Richtungen hin neu zu ergreifen. Dies geschah, wie die Entstehung der Idee der Urpflanze zeigt, auf ideellem Gebiete durch ein sich verlebendigendes Denken und in der ästhetischen Sphäre, wie das angeführte Kapitel der Farbenlehre erkennen läßt, durch Aufdecken eines Fühlens, welches die Qualität der Wahrnehmungen erschließt. In der mitteleuropäischen Geistesgeschichte leuchten damit in bedeutsamer, wenn auch keimhafter Weise im Goetheanismus wesentliche Ausgangspunkte der Geisteswissenschaft auf. «Denn es handelt sich darum, daß wir uns eine Empfindung erwerben dafür, wie gewissermaßen der Teppich des äußeren Majadaseins vor uns ausgebreitet ist: Wenn wir ihn an verschiedenen Stellen zerreißen, so blicken wir in die Geheimnisse des Daseins erst hinein. Und das muß Gefühl und Empfindung werden für das Umgestaltende der Geisteswissenschaft für die Kultur der Menschheit. Das muß Empfindung werden, daß man, um hineinzuschauen in die Geheimnisse der Welt, eben wird radikal brechen müssen mit der bloßen Beobachtung der äußeren Maja, die ja selbstverständlich eintreten mußte seit dem Glanze und dem Ruhm des naturwissenschaftlichen Forschens.»[11]

Die Kraft zu diesem Zerreißen des Sinnesteppichs aber erwächst uns nur in der Umwandlung und Steigerung der eigenen Seelenfähigkeiten im menschlichen Innern. Ist es doch «das Charakteristische des Geistigen, daß der Mensch es erst erkennen kann, wenn er sich bemüht, wenigstens in geringem Maße anders zu werden, als er von vornherein ist.»[12]

Indem Goethe bei seinem experimentellen Umgang mit Licht und Prisma, das der Herstellung von Urphänomenen der Farbentstehung diente, den unbefangenen Mut und die Geistesgegenwart hatte, darüber hinaus auf die Reaktionen des eigenen Innern gegenüber den Farbeindrücken hinzuhören, beschritt er auch hier geistiges Übungsneuland. Er machte seelische Beobachtungen nach naturwissenschaftlicher Methode im Sinne des Mottos des Buches *Die Philosophie der Freiheit*.[13] Der sichere Instinkt seiner gesunden Künstlernatur ließ ihn vertrauen, daß in der raunenden Sprache der auf Farbe und Farbzusammenstellungen mit bestimmten Gemütsstimmungen und -umstimmungen antwortenden Menschenbrust ein wesentliches Moment gegeben ist zur Wesenserkenntnis der Qualität der Farben. Goethe hat damit auf einem spezifischen, eingeengten Gebiete ein Seelenverhalten ins Licht der Bewußtseinsseele gerückt und methodisch verdichtet, das in mehr allgemeiner und unbestimmter Art das poetisch betonte Naturerleben der Romantiker und Künstler seiner Zeit beschwingte. Ihnen wollte er ja auch mit einer wesensgemäßen Farbenlehre zu Hilfe kommen. Der Geistesschüler des 20. Jahrhunderts aber darf die wertvollen Ansatzpunkte der Goethe-Zeit in dem Bewußtsein aufgreifen und weiterführen, daß das systematisch geübte sinnlich-sittliche Fühlen gegenüber den Naturerscheinungen ein erstes Lüften des Vorhanges ist, der uns vom Erleben der Geistigkeit des Kosmos trennt.

Für diese Schulung kommen zunächst die Eindrücke des Auges und des Ohres in Betracht. Denn «so kann man alle äußeren Gesichtseindrücke in moralische verwandeln, so kann man Gehöreindrücke in moralische Empfindungen verwandeln.»[14]

In *Wie erlangt man Erkenntnis der höheren Welten?* finden wir aber den schwerwiegenden Satz: «Man muß, als Geheimschüler, in dieser Art der *ganzen Natur* gegenüber empfinden lernen.»[15] Die Ganzheit der Natur in ihrer vielfältigen Differenziertheit erschließt sich der Empfindungsseele durch die zwölf Sinnesorgane. Über das sinnlich-sittliche Erleben von Farben und Tönen hinaus wäre also herauszuarbeiten, wie die Universalität dieser Seite des

Schulungsweges sich in zwölf verschiedene Möglichkeiten des Erlebens und Verinnerlichens der Wahrnehmungsseite des Kosmos gliedert.

Auf dem geschilderten Wege erwachsen als erstes imaginative Fähigkeiten. Mit Imagination nehmen wir zunächst die unmittelbar an die physische Außenseite der Natur anschließende ätherische Welt wahr, die sich dann allerdings zugleich als eine differenzierte Vielfalt von elementarischen Wesenheiten entpuppt. Und diese hinwiederum «rufen uns eigentlich zu: Schauet doch nicht so abstrakt die Blumen an und macht euch nicht bloß die abstrakten Bilder davon, sondern habt ein Herz, ein Gemüt für das, was geistig-seelisch in den Blumen wohnt. Das will durch euch aus seiner Verzauberung erlöst werden!»[16]

Wie «man immer mehr zu der Anerkennung dieser Äther- oder Lebenswelt hinter der physischen Natur dadurch gelangt, daß man beginnt, die ganze Welt, die um einen herum ist, moralisch zu empfinden», hat Rudolf Steiner in einzigartiger Weise im ersten Vortrag des Helsingforser Zyklus *Die geistigen Wesenheiten in den Himmelskörpern und Naturreichen* dargestellt.[17] An vier Beispielen, dem Erleben der Himmelsbläue, des Pflanzengrüns, der weißen, unberührten Schneedecke und der Oktav, schildert er, «was das heißt, die Welt moralisch empfinden». Hier erfahren wir von einer höchsten Steigerungsmöglichkeit des moralischen Naturerlebens. Sie stellt sich ein, wenn wir nicht nur «alle äußeren Eindrücke, alle Erinnerungen, alle Sorgen des Lebens, alle Bekümmernisse des Lebens für einen Augenblick vergessen und ganz hingegeben sind dem einzigen Eindruck» der betreffenden Wahrnehmung und «dies so weit treiben», daß dieser Eindruck selbst gleichsam «verschwindet». Es entsteht ein Seelenzustand, «wo das Blau aufhört, für uns blau zu sein», «das Grüne als Grünes für uns verschwindet», wo «man über die weiße Schneedecke hinschauend alles übrige vergessen hat und das Weiße empfindet und dann verschwinden läßt».[18]

In diesem Augenblick übertönt das innere, durch die besondere Anstrengung entstehende moralische Echo unserer Seele den Natureindruck. Das als Frage empfundene Äußere löst zunächst die Stimmungsantwort des Innern aus, und «dann bekommt man ein Verständnis für das, was die Welt ... erfüllt». Es stellt sich heraus, daß die rechte Hingabe an die Naturerscheinungen nicht nur zu neuen Gefühlsformen führt, sondern darüber hinaus zu neuartigen Gedanken, also Erkenntnissen. Denn «man wird neue Arten von Gefühlen *und Gedanken* in seinem Innern aufsteigen sehen, die man vorher nicht gekannt hat.»[19] Dies ist darauf zurückzuführen, daß im sinnlich-sittlichen Fühlen gemäß seinem eigentlichen Ursprung im rhythmischen System des Menschen Inspirationskeime erwachen. Können wir uns jetzt den entstandenen inspirativen Stimmungsgehalt gedanklich zum Bewußtsein bringen, so wissen wir unmittelbar, wie die im ätherisch-physischen Lichtesweben ergründende Pflanzengestalt das naturhafte Gegenbild der sprießenden Gedankengestaltung im Lichte des denkenden Ich ist. Sind doch unsere Gedankenkräfte metamorphosierte Bildekräfte des eigenen Ätherleibes. Oder wir erfassen, daß im Weiß des Schnees, dem «seelischen Bild des Geistes», strahlende Weltengeistigkeit aus den Sphärenumkreisen zur Stofflichkeit geronnen und erstorben ist und nun in ihrer inneren Lichtverwandtschaft das Widerlager abgibt zum Aufleuchten des physischen Lichtes in seiner ihm gemäßen Farbe. Denn «jede Materie auf der Erde ist kondensiertes Licht! Es gibt nichts im materiellen Dasein, was etwas anderes wäre als in irgendeiner Form verdichtetes Licht ... Materie ist ihrem Wesen nach Licht.»[20]

Die Jungfräulichkeit des soeben aus dem Umkreis hereinkristallisierten Schnees offenbart uns dieses Geheimnis. Es ist in jedem zarten, sechsstrahligen, luftdurchwobenen Schneestern verborgen und erschließt sich elementar einem reinen, sinnlich-sittlichen Fühlen. Der geschilderte Augenblick des Umschwungs, in dem der äußere Sinneseindruck entschwindet, erinnert in seiner Art an den

Vorgang, wenn der Geistesschüler durch aktive Anstrengung ein erreichtes imaginatives Bildgewebe wegschafft, um – durch die so gewonnene Seelenleere hindurchgehend – zur Stufe der Inspiration aufsteigen zu können.

Rudolf Steiner schildert in seinen vier Beispielen die Übungen des moralischen Naturempfindens auf einer Stufe höchster Meisterschaft. Dies sollte uns nicht entmutigen, ebenfalls mit solchen Übungen umzugehen. Dürfen doch Übungen auch mißlingen und wollen regelmäßig wiederholt werden. Denn «sehen Sie, was ich Ihnen jetzt sage, kann jede menschliche Seele erfahren, wenn sie nur die entsprechenden Veranstaltungen unternimmt; eine allgemeine menschliche Erfahrung kann das werden, was ich Ihnen jetzt sage.»[21]

Jedermann erfährt ja unmittelbar, wie ihn eine Tonfolge oder gar ein kleines Musikstück anspricht oder wie ihn in einem erstmals betretenen Raume die Farbe der Tapete im Zusammenklang mit den andersfarbigen Fenstervorhängen sofort beunruhigt oder wohlgefällig anmutet. Zunächst verweben sich also der Sinneseindruck und das «in der Seele auflebende Gefühl». Im bewußten Üben lernen wir langsam, beide auseinanderzuhalten und gerade dadurch zu vertiefen, was aus der Grundanleitung in *Wie erlangt man Erkenntnisse der höheren Welten?* bereits eindeutig hervorgeht:

«Erst schaue man so lebhaft, so genau als es nur irgend möglich ist, die Dinge an. *Dann* erst gebe man sich dem in der Seele auflebenden Gefühle, dem aufsteigenden Gedanken hin.» Es wird jetzt deutlicher, warum es darauf «ankommt, daß man auf *beides*, im völligen inneren Gleichgewicht, die Aufmerksamkeit richte».[22]

Selbstverständlich lauern auch auf diesem Teil des Schulungsweges wie überall, wo Schritte zum Schwellenübertritt gemacht werden, Gefahren. Zudem muß dem in der intellektuellen Atmosphäre herangewachsenen Gegenwartsmenschen das Bauen eines Erkenntnisweges auf Gefühlselemente besonders verdächtig oder unwissenschaftlich erscheinen. Wenn eine Person im Anblick einer plötzlich erscheinenden Maus in panischer Angst – womöglich schreiend – auf den nächsten Stuhl springt, liegt offensichtlich eine subjektive Übersteigerung des moralischen Naturempfindens vor. Wie aber sollen wir eine solche Karikatur von dem leichten «Grauen» abgrenzen, das wohl jeden beim Anblick einer großen, häßlichen Kellerspinne oder gar eines Skorpions beschleicht? Wie hüten wir uns vor der Gefahr, welche den Wunsch nach Besitz unmittelbar hineinmischt in die helle Freude und das reine Entzücken an der Schönheit eines farbigen Falters? Die Gefahr der Subjektivität und Voreingenommenheit, der Sentimentalität und des Gefühlsillusionismus ist sicher sehr groß. Denn zweifellos wurzelt auch das moralische Naturerleben in den beiden Grundkräften der Seele, die allem Fühlen zugrunde liegen, in Sympathie und Antipathie. Rudolf Steiner bestätigt dies, wenn er sagt:

«So könnten wir die mannigfaltigsten Sinnesempfindungen auf uns wirken lassen. Wir könnten auf diese Weise das, was wir ringsherum in der Natur durch unsere Sinne wahrnehmen, gleichsam verschwinden lassen, so daß diese sinnliche Decke hinweggehoben wird; dann würden überall moralische Empfindungen der Sympathie und Antipathie auftreten.»[23]

Die bei der Geistesschülerschaft stets erforderliche Läuterung des Astralleibes kommt uns also auch auf diesem Gebiete zugute und ist unerläßlich. Wir dürfen hier uns aber auch daran erinnern, wie eingehend bereits im letzten Kapitel des Buches *Theosophie* die Metamorphose der Sympathie- und Antipathiekräfte zu Erkenntniskräften dargestellt ist und vom Geheimschüler verlangt wird.[24] Andererseits müßte aber auch eine spirituell erweiterte Naturkunde, z.B. eine wesensgemäße Botanik und Zoologie, uns solche Einsichten geben, daß wir an ihnen unsere sinnlich-sittlichen Gefühle prüfen, korrigieren oder gar wissenschaftlich rechtfertigen können. Darin wäre geradezu eine wesentliche Aufgabe anthroposophisch durchdrungener Naturwissenschaft zu sehen. Denn sie wird in der Lage sein zu schildern, wie z.B. dem Entstehen der

Schmetterlingswelt eine andere, sympathiedurchwobene Astralität zugrunde liegt als den Spinnentieren, die ein Abdruck kosmischen Antipathiewirkens sind. Einer Tatsache aber dürfen wir gewiß sein: «Wenn wir auf diese Weise uns angewöhnen, alles das, was unsere Augen sehen, was unsere Ohren hören, was unsere Hände greifen, was unser Verstand, der an das Gehirn gebunden ist, versteht, auszuschalten, und uns angewöhnen, doch der Welt gegenüberzustehen, dann wirkt ein Tieferes in uns als die Sehkraft unserer Augen, als die Hörkraft unserer Ohren, als die Verstandeskraft unseres Gehirndenkens, dann stehen wir mit einem tieferen Wesen der Außenwelt gegenüber ... dann erfaßt etwas Tieferes in uns die Welt als das, was sonst die Welt erfaßt.»[25]

Vom Ursprung und Wesen des sinnlich-sittlichen Fühlens

Die aufsteigende Jahreshälfte mit ihrer in reicher Fülle sich entfaltenden Natur fordert die Menschenseele auf, sich in zunehmendem Maße dem Leben der Umwelt hinzugeben, ja, in ihm gleichsam aufzugehen. Es ist «der Welten Schönheitsglanz», der «des Eigenlebens Götterkräfte zum Weltenfluge zu entbinden» trachtet. Diese schlummernden Götterkräfte in uns sind mit den künstlerischen Impulsen tief verwandt, welche im Sinne zahlloser Ausführungen Rudolf Steiners das Herzblut einer im Leben der Gegenwart voll darinstehenden anthroposophischen Bewegung und Gesellschaft ausmachen sollten. Jene Kräfte aber wollen keineswegs nur im besonderen Bereich der verschiedenen Künste selbst gepflegt, sondern auch überall dort aufgerufen werden, wo es gilt, ins praktische Leben eingreifende Berufszweige im Sinne des zukunftsweisenden Zeitgeistes zu erneuern. Die Spiritualisierung zum Beispiel der Pädagogik, der Medizin oder auch einer Ernährungslehre durch die Möglichkeit des Initiationsprinzips zur wahren Heil-, Erziehungs- oder einer neuen Koch*kunst* ist ohne Einbezug echt künstlerischer Elemente und Fähigkeiten nicht möglich. Damit ist aber nicht etwa nur gemeint, daß in der anthroposophisch orientierten Heilkunst die künstlerische Therapie oder in der Waldorfschulpädagogik der Einbau zusätzlicher Kunstfächer eine besondere Rolle spielen. Das Auge des Arztes, der prüfend eine Heilpflanze oder einen Kranken betrachtet, bedarf der Schulung durch das künstlerische Erleben. Jede Unterrichtspraxis bis in die Mathematik- oder Grammatikstunde hinein soll von künstlerisch gestalteter Methodik selbst durchatmet werden. Nur so kann der Kranke oder der Schüler als leiblich-seelisch-geistige Ganzheit erfaßt, geheilt oder gebildet werden. Die Verordnung einer individuellen Therapie im Sinne der rechten Komposition vielleicht schon vorhandener Heilmittel oder die Auswahl und Verarbeitung des Unterrichtsstoffes erfordern schöpferisches Künstlertum im beruflichen Alltag.

Was aber ermöglicht dem Lehrer zum Beispiel bei der «moralischen» Schilderung von Naturphänomenen oder beim Erfinden sinniger, legendenhafter Geschichten in den ersten Klassen die Belebung seines Verstandeswissens und bewahrt ihn zugleich davor, in Phantasterei oder bloße Symbolik zu verfallen?

Die Frage nach dem Urquell künstlerischen Schaffens und Erlebens ist eine Lebensfrage anthroposophischen Strebens. Nun stützt sich jedes Künstlertum einerseits auf die Wahrnehmung des Ausgangsmaterials, seien es Töne, Formen oder Farben usw., durch die Sinne und bedarf andererseits der willentlichen und technischen Bearbeitungsmöglichkeit durch die Hände. Aber der wichtigste Maßstab für alles künstlerische Gestalten oder erlebnismäßige Aufnehmen bildet sich in der Mitte des Menschen, im Aufwachen seiner Herzenskräfte. Schon Schiller hat auf diese rhythmische Region entscheidend hingedeutet, wenn er den Spieltrieb in die Mitte zwischen Form- und Stofftrieb einordnet als Urkraft im ästhetischen Felde. Das fühlende Erleben muß die Sinneswahrnehmung beseelen und sich zugleich mit dem in Seelentiefen schlummernden Gewissen verbinden. Mit der Ganzheit des dreigliedrigen Menschen verbunden, entspringt aus dessen Mitte das sinnlich-sittliche Fühlen als das Lebensblut der Künstlerseele. In ihm aber kann diese zugleich Richtschnur und Maßstab für ihre Phantasie und ihr Schaffen finden, die sich auf rechte Urteilsgefühle stützen, auf Gefühlsurteile verlassen müssen. Den Eurythmistinnen sagte Rudolf Steiner einmal: «Nur in Ihren Köpfen sind Sie sentimental; das Herz weiß schon das Richtige.» Assja Turgenieff bestätigt die oben geäußerte Auffassung, wenn sie aus ihrer künstlerischen Arbeit mit Rudolf Steiner weiter berichtet, wie dieser anläßlich der Bearbeitung des roten Westfensters bemerkte:

«Der Verstand ist ein böser Hund im Künstlerischen ... Gewiß müssen Sie einen Gedanken, eine Idee gehabt haben. Aber Sie müssen sie dann hinter sich lassen, sie vergessen und nur aus dem *Gefühl* arbeiten. Sie dürfen nie vorher wissen, wie das Bild, die Komposition fertig ausschauen wird.»

Auch bei der Schnitzarbeit an den Architraven betonte Rudolf Steiner diesen Hinweis mit den Worten:

«Sie müssen eine Fläche machen und auf sie Ihr ganzes Gefühl, Ihre Aufmerksamkeit richten, und dann die andere Fläche – und neugierig, gespannt darauf warten, was für eine Grenzlinie zwischen beiden Flächen entsteht.»[26]

Der künstlerische Schaffensprozeß greift also immer wieder auf die unmittelbare Wahrnehmung zurück, um das Entstehende nach Maßgabe des Gefühlsurteils zu korrigieren, zu metamorphosieren, zu steigern und zu vollenden.

Aber auch das fertige Kunstwerk oder die künstlerische Behandlung eines Unterrichtsstoffes wendet sich an die gleiche Sphäre im Betrachter oder Zuhörer. Es möchte sein herzhaftes Interesse erwecken und sein gemüthaftes Erleben wachrufen. In ähnlicher Weise vermögen wir uns aber auch den Kunstwerken der Natur gegenüber zu verhalten, die Götterdenken und Götterhände in jahrmillionenlanger Schöpfertätigkeit geschaffen haben. Das moralische Naturerleben, dessen Entwicklung vom Geistesschüler gefordert wird, ist innig verwandt, wenn nicht identisch mit dem geschilderten künstlerischen Erleben. Diese Verwandtschaft veranlaßte Rudolf Steiner, in dem Buche *Wie erlangt man Erkenntnisse der höheren Welten?* an der entsprechenden Stelle die Fußnote einzuflechten:

«Bemerkt soll werden, daß *künstlerisches* Empfinden, gepaart mit einer stillen, in sich versenkten Natur, die beste Vorbedingung für die Entwicklung der okkulten Fähigkeiten ist. Dieses Empfinden dringt ja durch die Oberfläche der Dinge hindurch und gelangt dadurch zu deren Geheimnissen.»[27]

Im folgenden soll versucht werden, den menschenkundlichen Grundlagen des sinnlich-sittlichen Empfindens in den Wesensgliedern nachzugehen. Vor allem wohnen dem unverdorbenen Astralleib und dem gesunden Ätherleib bestimmte Grundgesetze und -strukturen inne, welche mit den makrokosmischen Verhältnissen korrespondieren und dadurch die Objektivität der sinnlich-sittlichen Gefühle – bei entsprechender Haltung des Übenden – gewährleisten.

Nehmen wir ein praktisches Beispiel. Jeder kennt das Erlebnis, das sich einstellt, wenn wir aus einem hellgrünen, lichtdurchfluteten Laubwald in einen Tannenwald überwechseln oder auch nur eine Linde mit einer Fichte vergleichen. Irgendwie umfängt uns eine ernste, besinnliche Stimmung. Das Sich-Zusammenziehen der zum ganzen Himmelsrund sich ausdehnenden Krone des Laubbaumes zur pyramidalen Tannengestalt und der streng von unten bis zur Gipfelspitze durchgehende, aufsteigende Stamm scheinen uns selbst zur Konzentration und zur Überprüfung unserer Haltung, insbesondere unserer inneren Aufrichtekraft aufzurufen. Diese Verhaltenheit weicht augenblicklich einer Art Lockerung, die uns gleichsam erleichtert aufatmen läßt, wenn wir einer hellgrünen, zartnadelig aufsprühenden Lärchengruppe begegnen.

Wir können uns dabei unmittelbar erinnert fühlen an die sinnlich-sittliche Empfindung, die wir beim Anblick einer lichten, zart-zweigigen Birke haben. Vielleicht weist unser Verstand, der fest-stellen muß, daß Birke und Lärche ganz verschiedenen Pflanzen-gattungen angehören, dieses Verwandtschaftsgefühl streng zurück.

Mit welchem Recht dürfen wir solchen Gefühlserlebnissen ver-trauen? Sind sie Ausdruck einer echten, wenn auch gleichsam noch traumhaft verschleierten Begegnung mit dem eigentlichen Wesen der genannten Baumarten? Nur eine die Grenzen des gegenständli-chen Bewußtseins überschreitende Geistesforschung vermag hier eine klare Antwort zu geben. Das Wesen aller Nadelbäume urstän-det in der Saturnsphäre. Die der Urwärme verwandten Saturn-kräfte führen alle Pflanzen zur Involution in das Samenkorn, zu jenem Konzentrationszustand der Lebenskräfte, in welchem die Pflanze – wärmegereift – die Kälte des Winters in äußerer Ruhe und Starre durchzustehen vermag. Die Koniferen offenbaren diese sonnenferne Kräftesphäre in ihrer *ganzen* Gestalt. Der mit dem Sonnenleben mitschwingende Rhythmus der Laubbildung und des Blätterfalls erstarrt zum samenhaften Dauergrün des winterbe-ständigen Nadelkleides. Die auf der geistigen Ebene waltende Kraft des Tiefsinns und die «weltenalte Geistinnigkeit» des Saturn aber finden wir in der Verinnerlichungstendenz organisch widerge-spiegelt, welche die zentrifugalen Farbigkeits- und Dufttendenzen üblicher Blüten so stark in der Öl- und Harzbildung zusammen-zieht, daß diese tief bis in die Nadeln und in das Holz des Baumes eindringen. Von den charakteristischen Phänomenen der Nadel-bäume ausgehend, könnte – befruchtet von der geisteswissen-schaftlichen Forschung – eine lebendige, goetheanistische Botanik das saturnische Wesen der Nadelbäume überzeugend in umfassen-den Ausführungen herausarbeiten. Unser Astralleib aber wird un-mittelbar – bei entsprechender Hingabe – dieses Saturnbezugs inne und bringt ihn in dem entsprechenden Gefühlserleben zum Ausdruck. Er, der aus dem gesamten astralen Weltenorganismus gewoben ist, trägt alle Sternensphären in sich. Die äußere Wahrnehmung des irdischen Grußes aus der Saturnsphäre erinnert ihn an den vorgeburtlichen Aufenthalt unserer Geistseele im Saturngebiet. Aus ihm hat unser Organismus die Kräfte empfangen, welche physisch bis in das Knochensystem hinein wirken und seelisch die «Samenkörner» aller unserer Erlebnisse als den Schatz des Gedächtnisses bewahren und in der Erinnerung wiederbeleben.

Wirken aber die Saturnkräfte mit den übrigen Planetenkräften zusammen, so entstehen die verschiedensten Metamorphosen des Koniferentypus, zum Beispiel aus dem Zusammenklang mit der Sonne die mächtige, dem südlicheren Klima zugehörige Zeder, mit Merkur der Wacholder, mit dem Monde die Eibe und mit der Venus die durchlichtete Lärche, welche sich durch das jährliche Abwerfen der Nadeln dem Saturn in einem hohen Grade zu entziehen vermag und dem Sonnenrhythmus stärker einordnet. Die gleichen Venuskräfte arbeiten aber aus dem übergeordneten Typus der Laubbäume die Birkenarten heraus. Die Venussäule des alten Goetheanum war deshalb aus Birkenholz gebildet. Unser Gefühl der Verwandtschaft zwischen Lärche und Birke hat uns also nicht getäuscht!

Das frische Grün der Natur übt auf den Menschen einen belebenden Eindruck aus, der beim Anblick des dunklen, dichten Tannengrüns, das zum Ausdruck «Schwarzwald» geführt hat, gedämpft wird und sich beim Erblicken des ersten, hellen Frühlingsgrüns steigert. Wie angeregt, bereichert, erfreut, ja entzückt fühlen wir uns aber, wenn sich dem allgemeinen Grün die strahlende Farbigkeit der Blütenstufe des pflanzlichen Lebens entringt! Wir fühlen uns von einem rätselhaften Zauber der Natur seelisch so unmittelbar angesprochen, daß wir glauben, Blumen selbst zur Sprache unserer Gefühle machen zu können. Wie kommt es zu dieser Steigerung derjenigen typischen Empfindung, die in uns bei allem Werdenden aufzusteigen vermag und die Rudolf Steiner vergleicht mit dem Gefühl, das der Sonnenaufgang in uns auslösen kann? Handelt es sich etwa nur um eine «naive», «kindliche» und daher völlig subjektive psychische Reaktion, über die sich «strenge Wissenschaft» erhaben dünken muß?

Wiederum darf sich die unbefangene und gesund empfindende Seele durch die Geisteswissenschaft gerechtfertigt sehen. Denn der hellseherische Blick erlebt das Ätherische jeder Knospe spiralig umspült von bestimmten Kräften der Weltenastralität, welche die Blüte aus dem Sproß hervorlocken. So hat die einzelne Pflanze zwar keine Seele, aber die zu den sieben Gruppenichen gehörende Seelenhaftigkeit der Pflanzenwelt schafft sich in den verschiedenen Blütenarten ihre organischen Abbilder. Ja, was die im Sommer sich dem Weltall erschließende Erdseele erlebt an vielfältigen Begegnungen mit den inneren Tiefen des Kosmos, die Platon noch als Weltseele darstellen konnte, spiegelt die Blütenwelt des Erdenorganismus wieder. Die Künstlerin «Natura» malt im Blütenzauber den organischen Abglanz des Seelenlebens der Erde vor uns hin. Der Schritt des organischen Lebens vom Sprießen zum Blühen, vom Ergrünen zum Aufleuchten in allen Farben und alle damit verbundenen Verwandlungen der Formen zeigen den Übergang vom Leben im ätherischen Felde zum astralischen Bereich. Es ist die sich offenbarende Berührung einer niedriger stehenden Welt durch eine höhere, vor der wir wahrnehmend «in Sinnesdumpfheit» stehen, die ahnen läßt: Auch deine Seele kann sich aus niederen Stufen zu höheren emporentwickeln, auch deinem Leben kommen vertiefende, seelenumwandelnde Kräfte aus höheren Welten entgegen. In der aus mineralischen Tiefen aufsteigenden Natur erlebt die Menschenseele erstmals im Spiegelbild der Blüte sich selbst und vermag die tiefe Verwandtschaft ihrer Innenwelt mit der Außenwelt zu ahnen.

Bei der Betrachtung vieler Blüten entgeht uns nicht, daß manche Arten sich aus der allseitig strahlenden Aufgeschlossenheit (Radialsymmetrie) entfernen, zu Glockenformen verwachsen, zu Röhren oder Trichtern verengen oder gar, wie das Löwenmäulchen, sich gänzlich verschließen. Die meisten dieser Blüten wenden sich zugleich vom Aufblick zum Himmelsrund ab zur Seite. Der Botaniker unterscheidet grundsätzlich die getrennt-blumenblättrigen (Dialypetalae) von den verwachsen-blumenblättrigen Blüten (Sympetalae). Verfolgen wir letztere bis zum gefleckten Fingerhut, der sich der Erde zuwendet, oder gar bis zu der sich unter ihrem eigenen Laub versteckenden, violett getönten, schmutziggrünen Glocke der Tollkirsche, so fällt auf unser Entzücken ein Schatten. Unsere unmittelbare «Blütenfreude» wird gedämpft, unser Herz, das gleichsam mit der Blüte aufgehen will, fühlt sich leicht zurückgestoßen oder gar befremdet. Wir werden an jene eigentümliche Gefühlswirkung erinnert, die der fahle Aufgang des Vollmondes auslöst, dessen kaltes Blinken die hereinbrechende Nacht nicht zum strahlenden Tag aufzuhellen vermag.

Wir begegnen damit in der Welt der Blüten einer Metamorphose jener zwei Grundgefühle, deren Ausbildung die Geistesschulung gegenüber allem Werdenden und Vergehenden verlangt. Welche umfassende, tiefere Gesetzmäßigkeit kündigt sich in dieser Erlebnispolarität an?

Diese Frage beantwortet sich durch die Schilderungen, welche der Geistesforscher von der elementarischen Welt selbst gibt. Diese unmittelbar an die Sinneswelt angrenzende Welt ätherischen Webens wird durchkraftet, polarisiert und weiter differenziert durch das fortwährende Einstrahlen der astralischen Grundkräfte der Sympathie und Antipathie. Erstere wirken vorwiegend in allem Sich-Belebenden und schließen dieses dem kosmischen Umkreis sonnenhaft auf, letztere sondern das Leben von seinem Ursprung ab, geben ihm jedoch Selbständigkeit und führen in ihrer Übersteigerung zur Isolierung und zum Ersterben.

In den zwei Gruppen der dialypetalen und sympetalen Blüten offenbart sich ebenfalls das polare Hereinwirken der kosmischen Sympathie- oder Antipathiekräfte. Unser zweifaches Gefühlserlebnis vermag so – erkenntnismäßig aufgehellt – die nüchterne Feststellung der Botanik von zwei Blütengruppen in sinnvoller Weise an die Urtatsachen der Geistigkeit des Kosmos, in diesem Falle an die Doppelnatur der Weltenastralität, anzuknüpfen. Ihre Wahrnehmung gehört zu den ersten Grunderlebnissen der Menschenseele:

«Man könnte von einem ‹Sinne› sprechen, den der Mensch für die elementarische Welt in seinem ätherischen Leibe zu erwecken vermag. Dieser Sinn ist fähig, Sympathien und Antipathien in der elementarischen Welt wahrzunehmen, wie in der Sinneswelt das Auge Farben, das Ohr Töne wahrnimmt.»[28]

Die Hinwendung der Aufmerksamkeit auf das Werdende einerseits und auf das Vergehende andererseits erzieht unsere Seele zur Wahrnehmungs- und Orientierungsfähigkeit in der elementarischen Welt. Denn in ihr «sind die Sympathien und Antipathien nicht nur durch ihre Stärke zu unterscheiden, sondern so, wie zum Beispiel in der sinnlichen Welt die Farben voneinander zu unterscheiden sind. Wie man eine vielfarbige Sinneswelt hat, so kann man eine vielartig-sympathische oder -antipathische elementarische Welt erleben.»

Wahre sinnlich-sittliche Gefühle sind der zunächst noch sinnengebundenen Seele möglich, weil «dieses Erleben der elementarischen Welt durch Sympathien und Antipathien wieder nicht etwas ist, was nur für die übersinnlich erwachte Seele entsteht; es ist für jede Menschenseele *immer* vorhanden; es gehört zum Wesen der Menschenseele. Für das gewöhnliche Seelenleben ist nur das Wissen von dieser Wesenheit des Menschen nicht ausgebildet.»

Die Gefahr, auf diesem Gebiete übenden Bemühens allen möglichen Illusionen und Subjektivismen zu verfallen, überwindet der Geistesschüler in dem Maße, als es ihm gelingt, von sich selbst, besonders aber von der im Astralleib wurzelnden Egoität und Befangenheit loszukommen und einen Trieb der Seele zu entfalten, «welcher in der Sinneswelt nicht in der Stärke zur Entfaltung kommen kann, in welcher er in den übersinnlichen Welten auftritt. Es ist der Trieb der *Hingabe* an dasjenige, was man erlebt. Man muß in dem Erlebnis untertauchen, man muß *eins* mit ihm werden können, man muß dies bis zu einem solchen Grade können, daß man sich außerhalb seiner eigenen Wesenheit erschaut und in der anderen Wesenheit drinnen fühlt. Es findet eine *Verwandlung* der eigenen Wesenheit in die andere statt, mit welcher man das Erlebnis hat. Wenn man diese Verwandlungsfähigkeit nicht hat, so kann man in den übersinnlichen Welten nichts Wahrhaftiges erleben.»[29]

In anthroposophischen Zusammenhängen wird oft der Befürchtung Ausdruck verliehen, es könne sich das anthroposophische Leben verintellektualisieren und dadurch der Fortgang unserer Bewegung schweren Schaden nehmen. Diese Sorge wäre nur dann berechtigt, wenn sich nachweisen ließe, daß das spezielle Üben auf dem genannten Gebiete – trotz reichlichen Meditierens – vernachlässigt würde. Denn gerade für den naturwissenschaftlich interessierten Zeitgenossen oder gar den beruflich engagierten Forscher ist die Ausbildungsmöglichkeit des geschilderten «innigeren Gemütsanteils»[30] an dem «Leben in der Natur» ein Heilmittel gegen die Gefahr des auf seinem Gebiet erforderlichen und berechtigten intellektuellen Strebens.

Das naturwissenschaftliche Vorgehen ist verknüpft mit dem erstmals ganz und gar sinnen- und gehirngebundenen Bewußtsein des Menschen der Neuzeit. Die Bewußtseinsseele muß sich zunächst ganz auf den physischen Leib stützen. Sie geht aus von dem klaren, gegenständlichen Wahrnehmen, das auf der regelrechten Eingliederung des Ich in den physischen Leib, insbesondere aber auf dessen Sinnes-Nerven-Organisation basiert. Wenn im Sinne der Übungen gesteigerter Hingabe, wie sie Rudolf Steiner zum Beispiel im ersten Vortrag des Helsingforser Kurses so eingehend darstellt, der Sinneseindruck entschwindet und die Gefühlsreaktion einsetzt, geht unser Erleben auf den Ätherleib über. Er gerät als Ganzes in eine schöpferische Resonanz, die uns gefühlsartig zum Bewußtsein kommt. In dieser urständet alles echte künstleri-

sche Schaffen und Erleben. Diese Resonanz ist vergleichbar dem
Entstehen des Nachbildes im Auge, in dem zum Beispiel die Wahrnehmung Grün durch ein ätherisches Aufbaugeschehen mit der
zarten, reinen Gegenfarbe Rot beantwortet wird. An der Tatsache,
daß diese polaren Vorgänge streng gesetzmäßig verlaufen und sich
jeweils auf einen Farbeindruck aus der kalten Seite des Spektrums
eine warme Gegenfarbe bildet und umgekehrt, lesen wir ein sinn-
volles Ganzheitsstreben des Auges ab, das gleichsam von einer
«heilen Welt göttlichen Ursprungs» weiß. Denn: «Man ist als ätherisches Menschenwesen in die elementarische Weltwesenheit ein-
gesponnen ... In das ätherische Menschenwesen wirken so intim
in das Innere herein wie die Gedanken in der Sinnenwelt Kräfte,
Vorgänge usw., die sich nicht so verhalten wie die Gedanken, sondern die wie Wesen sind, die mit und in der Seele leben.»[31]

Bei entsprechendem meditativen Verhalten in der Sphäre der
sinnlichen Wahrnehmung beginnen diese Wesen zu raunen und zu
flüstern. Wer ihre Sprache vernimmt, spürt das Erwachen eines
Tieferen in der Seele, kann ihr verborgenes Wissen beleben und
sein künstlerisches Bemühen und Welterfassen bis in die alltäg-
liche Lebenspraxis hinein klären und in schöpferischer Weise
befruchten.

Der neue Jogawille und seine Widersacher

Alles Wahre und Gute, das die Menschen in Zukunft noch hervorbringen, wird immer mehr den Widersachermächten «abgetrotzt»
werden müssen. Dies gilt auch für den Bereich der Sinnessphäre,
sobald ihm der Geistesschüler als Übungsfeld seine Aufmerksamkeit zuwendet im Sinne des moralischen Naturerlebens oder des
sinnlich-sittlichen Fühlens. Denn statt zur Verlebendigung der
Sinnesprozesse drängen gewisse Zeittendenzen zu deren Mechani-

sierung und Veroberflächlichung, ja zur totalen Korrumpierung. Der Niedergang umfaßt zwei Gebiete: das theoretisch-wissenschaftliche und das praktische. Selbstverständlich soll nicht übersehen werden, daß auch diese Entwicklung von großer Wissensbereicherung und großen technischen Möglichkeiten begleitet ist, die wir zu den Fundamenten unserer Zivilisation rechnen müssen und in vieler Hinsicht nicht missen möchten, und seien es nur die Lesebrille oder das Hörgerät als unerläßliche Hilfen für die Sinnesschwäche im Alter. Doch hier muß die negative Seite, das Unwahre und Ungute, ins Auge gefaßt werden.

An der Schwelle der Neuzeit findet ein großes Erwachen der abendländischen Menschheit für die Sinneswelt statt. Es ist, wie Mikroskop und Fernrohr zeigen, charakteristischerweise begleitet von der «Bewaffnung» aller nach außen gewendeten Sinne, was zu der bekannten unabsehbaren Ausweitung in der Wahrnehmungsebene geführt hat. Die faszinierende Verschärfung der Sinne, die die ganze Welt der Wahrnehmung im idealen Falle in lauter Einzelbestandteile bis hin zu Atomteilchen oder in physikalische Schwingungen auflösen möchte, hat das menschliche Bewußtsein in verstärktem Maße an die Außenseite der Welt gekettet. Es ist der Aberglaube entstanden, die Qualitäten und die Lebensphänomene der Naturreiche ursächlich auf die – mathematisch-physikalisch vorbestimmte und berechenbare – Summierung von toten Bausteinen zurückführen zu können. Die grundsätzliche und folgenschwere Verkennung der Funktion der Sinnesorgane, die mit John Locke (1632 – 1704) begann, hängt mit der so entstandenen Seelenhaltung zusammen.

Locke unterschied bekanntlich primäre und sekundäre Sinnesqualitäten. Nur erstere, die in der wahrnehmbaren Ausdehnung, Formgebung und Bewegung der Objekte bestehen, seien real; Farben, Töne, Geschmacks- und Geruchseindrücke sowie Wärmeempfindungen hingegen subjektive Reaktionen des Organismus auf ganz andersartige Objekte oder Prozesse der Außenwelt. Die

Weiterentwicklung dieser Auffassung durch die moderne Sinnes-physiologie, die sich einseitig an den Vorstellungen der Physik orientiert, hat zu der grotesken Situation geführt, die Rudolf Steiner eingehend in dem Kapitel «Die Welt als Illusion» in seinem Buch *Die Rätsel der Philosophie*[32] dargestellt hat.

«Die Empfindungen, welche wir durch äußere Eindrücke erhalten, sind nicht abhängig von der Natur dieser Eindrücke, sondern von der Natur unserer Nervenzellen. Wir empfinden nicht, was auf unseren Körper einwirkt, sondern nur, was in unserem Gehirn vorgeht.»

Auch heute noch ist diese Auffassung der Physiologie des Physiologen J. Rosenthal, die er 1877 niedergeschrieben hat, keineswegs überwunden. Denn dem in seinem Innern in Illusionen halluzinatorischer Art abgeschlossenen Menschen steht die angeblich licht- und farbenlose, stumme, weder kalte noch warme Außenwelt gegenüber, die sich lediglich als Schwingungssystem verschiedener Wellenlängen und Geschwindigkeiten in materiellen oder nichtmateriellen unbekannten Medien manifestiert. Selbstverständlich glaubt der Laie, sich über solche ausgeklügelten, jedoch von ihm als absurd empfundenen Gedankengänge in der Lebenspraxis hinwegsetzen zu können, und tut es auch. In Wirklichkeit aber könnte nur eine eingehende Untersuchung klären, wie verheerend sich für unser gesamtes kulturelles Leben die Tatsache auswirkt, daß die Naturwissenschaft und Medizin sich bis heute außerstande sehen, die Wesenhaftigkeit der Qualitäten und Naturerscheinungen zu erfassen und das Zusammenwirken von Leib und Seele in den Sinnesprozessen zu durchschauen.

Man denke nur daran, welche bedrohliche Situation im Landbau und auf dem Ernährungsgebiet durch das Verkennen der qualitativen Elemente entstanden ist. Die Naturwissenschaft vermag weder dem Landwirt noch dem Künstler, noch dem Pädagogen und anderen wirklich fruchtbare Anregungen für das entsprechende *Lebens*gebiet zu geben. Da sie mit ihrer Denkweise alle Lebensgebiete beherrscht, drohen immer mehr Methoden um sich zu greifen, die am Wesen des Lebendigen und des Menschen vorbeigehen und es vergewaltigen. In der Tat hätte auch die im folgenden zu schildernde Wandlung der Welt der Wahrnehmungen nicht solche katastrophalen Ausmaße erreicht, wenn man sich der Bedeutung der Sinnesqualitäten für das Leben und die Entwicklung des Menschen bewußt gewesen wäre.

Die moderne Zivilisation hat durch die Verstädterung und Industrialisierung zu einer großen Naturentfremdung geführt, die vor allem als Verarmung im Bereich der Sinneswahrnehmungen bezeichnet werden muß. Das tragende, seelisch anregende und bereichernde Mitleben mit den vielfältigen, von Schönheit, Weisheit und Harmonie durchdrungenen Naturerscheinungen droht auszusterben. An die Stelle ist getreten die mit Recht als Reizüberflutung erkannte Eigenwelt chaotischer, unabgestimmter, künstlicher Sinneseindrücke, die von Häuser- und Schaufensterfronten, von der Reklametechnik, vom Verkehrslärm ausgehen oder in der Fabrikhalle in Kauf genommen werden müssen. Die Sinne werden so zu Toren fortlaufend irritierender, ja krankmachender Einflüsse.

Die angedeutete Chaotisierung der Sinneswahrnehmungen inmitten des Vakuums naturgegebener Eindrücke hat den seelischen Hungerzustand, der durch die gleichzeitige religiöse und weltanschauliche Sinnentleerung bedingt ist, weitgehend verstärkt. Im Bereich der Sinnessphäre tritt er als schier unstillbarer *Bildhunger* der Menschenseele auf. So war der Raum geschaffen zum Aufbau und Einbruch einer neuen Welt von Wahrnehmungen, die der technische Fortschritt ermöglichte. Illustrierte, Kino, Schallplatte, Funk und Fernsehen schufen eine Fülle künstlicher, mechanisierter Sinneseindrücke, bei der die Frage nach der Qualität und Auswirkung auf das Seelenleben – gemessen an den Bedürfnissen der Massen – als zweitrangig zurückgestellt wurde. Inzwischen droht das Angebot der Massenmedien weitgehend zur Seelennahrung der Menschheit zu werden.

In dieser Entwicklung ergibt sich ein letzter Schritt aus der Tatsache, daß die in jeder Menschenseele schlummernde Sehnsucht nach übersinnlicher Erkenntnis und die unbewußte Liebe zum Geist in Wirklichkeit doch nicht gestillt werden können. So wird ein großer Teil der Programme und Inhalte der Massenmedien immer mehr auf die Sensationslust und das Ansprechen niederer Triebe und Instinkte abgestellt. Der «Vegetarisierung» der passiv gemachten Empfängerseelen folgt die «Animalisierung der Leiber» auf dem Fuße. Wie Filmreklame, Krimisendungen und Comicstrips und anderes zeigen, ist inzwischen eine regelrechte, gekonnte Technik des Aufpeitschens sinnlich-antisittlicher Gefühle entstanden.

Im Hinblick auf den Schulungsweg ergibt sich demnach zweierlei: Die Überzeugung von den theoretischen Vorstellungen der heutigen Sinnesphysiologie würde es dem modernen Menschen unmöglich machen, an die Wahrnehmungen eine geistige Schulung im Sinne des moralischen Naturerlebens anzuknüpfen. In den Augen strenger Wissenschaft ist diese Seite des Erkenntnisweges ein phantastisches Unterfangen. Die geschilderte Reduzierung, Chaotisierung, Mechanisierung und Animalisierung der Wahrnehmungssphäre ist hinwiederum geeignet, den «Konsumenten» nicht nur immer mehr seelisch zu veräußerlichen und oberflächlich zu machen, sondern sie erzeugt Gewohnheiten in Lebensstil und Lebensformen, die das Seelenleben im Sinne anti-meditativer Verhaltensweisen umprägen. So werden auch auf diesem Gebiete die sich «gegen den Geist auftürmenden Widerstände» sichtbar.

Daß sie dazu veranlagt sind, den Menschen den Weg in die Zukunft abzuschneiden, geht unter anderem aus den Ausführungen Rudolf Steiners in dem Vortrag «Der individualisierte Logos»[33] hervor. Die einzigartige Schilderung des menschlichen Ätherleibes, die dort gegeben wird, geht von den Sinnen aus und wirft ein helles Licht auf die Bedeutung der Qualität unserer Sinneswahrnehmungen. In der Sinnesperipherie erwacht in der Nacht eine nach dem Inneren des Organismus verlaufende, vielfältige

Tätigkeit, welche die – wie aufgestaute – Reaktion auf die täglichen Empfindungsprozesse ist. Sie ist gleichsam eine ins Ganze des Organismus hineingesteigerte Tätigkeit, die wir tagsüber im kleinen in der die Nachbilder und Gegenfarben schaffenden ätherischen Tätigkeit des Auges gewahr werden. Als phosphoreszierendes Glimmen und Leuchten, das von den innerlich sonnenhaft erstrahlenden schlafenden Augen ausgeht; als melodisches Klingen, wärmendes Weben usw. werden diese ätherischen Gegenprozesse geschildert. Weisheitsvoll und harmonisch zusammenklingend, offenbaren sie den individualisierten Logos. Für unsere Betrachtung ist wesentlich, daß das innere Endziel dieser Regsamkeiten jene bedeutsame Zukunftsorganisation ist, welche als ätherisches «Vordergrat» zu bezeichnen ist.

«Die erwähnten Strahlungen und Strömungen verlaufen in dem ätherischen Leibe so, daß sie jetzt nicht ausgehen von diesem Gegenrückgrat, sondern in ihm gewissermaßen zusammenströmen und mit all dem, was sie haben, an der Vorderseite des menschlichen ätherischen Leibes zusammenwirken. Das gibt ein ungemein schönes, großartiges, gewaltiges, ätherisches Organ, das ... sich insbesondere so enthüllt während des Schlafzustandes des Menschen ... Dieses Organ durchsetzt dasjenige, was ich einmal, weil solche Dinge mit völliger anschaulicher Bildhaftigkeit beschrieben werden müssen, als die einzelnen Lotosblumen charakterisiert habe. So daß Sie erkennen können, wie durch dieses Organ, das aus dem Ätherleibe zusammenströmend sich selber erwirkt und dann mit den Strömungen des astralischen Leibes die Lotosblumen formt – wie durch dieses Organ der Mensch eben weiter seinen Anschluß findet an die äußerliche astralische, kosmische Welt.»[34]

Damit ist eine ätherische Brücke geschlagen von den der Außenwelt zugewandten Sinnen zu den geistigen Sinnesorganen des Menschen. Jeweils die Hälfte der Blütenblätter dieser inneren Erlebniszentren ist seit Urzeiten als Geschenk der Götter bereits entwickelt. Dieser Tatsache verdanken wir die wesentliche Möglichkeit, über unser sinnen- und gehirngebundenes Gegenstandsbewußtsein hinaus trotz aller Abschnürung von der übersinnlichen Welt ein Wahrheitsgefühl zu besitzen und die Stimme des Gewissens vernehmen zu können. Durch den zugleich – wenn auch unbewußt – gegebenen «Anschluß an die astralische, kosmische Welt» sind wir aber zugleich mit den Sympathie- und Antipathieprozessen der elementarischen Welt verbunden.[35] Auf diesem verborgenen Wechselbezug, der innig mit den geschilderten nächtlichen Ätherströmungen zusammenhängt, beruht zugleich die Möglichkeit echten sinnlich-sittlichen Naturerlebens, das ja – wie oben geschildert – bereits auf keimhaften Inspirationen beruht. Die dort erwähnte innere Resonanz auf den mit reiner Hingabe und in Seelenruhe empfangenen Sinneseindruck verdanken wir bereits der stillen Tätigkeit der Lotosblumenorganisation. Beim rechten Üben des moralischen Naturerlebens – sowie bei jedem künstlerischen Schaffen und Genießen – beginnen schon bei Tage jene Äthergegenströme zart zu fließen, welche die physischen und die geistigen Sinne nächtlich verbinden. Es wird jetzt auch ersichtlich, warum nicht nur die Meditation allein, sondern die meditative, seelische Vertiefung geeigneter, natürlicher Sinneswahrnehmungen die Lotosblumen ihrerseits auszubilden vermag. Denn «aus den Gefühlen und Gedanken, die so entstehen, bauen sich die Hellseherorgane ebenso auf, wie sich durch Naturkräfte aus belebten Stoffen Augen und Ohren des physischen Körpers aufbauen».[36]

Die Lotosblumen wurzeln gleichsam im Gegenrückgrat. Die aufgeblühte Blätterhälfte bedarf dauernd einer gewissen Ernährung und Erhaltung, die offensichtlich mitbewirkt wird durch das Vordergrat. Die rechte Ausbildung dieses ätherischen Mutterbodens ist aber von den nächtlichen Einströmungen aus der Sinnesperipherie – also zweifellos auch von der Qualität der täglichen Wahrnehmungen – abhängig. Denn mit jedem Sinneseindruck empfangen wir ätherische und astralische Ingredienzien, für welche die festgestellten Wellen oder Molekularstrukturen im physikalisch-chemischen Bereich lediglich die Träger sind.

Der Kampf der Widersachermächte um den Menschen ist nicht nur auf dem geistigen Felde entbrannt, er spielt sich auch im Bereich der Sinneswahrnehmungen mit apokalyptisch zu nennender Intensität ab. Die Verkennung und Korrumpierung der Sinnessphäre würde dem Menschen eine geistige Entwicklung unendlich erschweren; der im Wahrnehmungsbereich inszenierte Niedergang hat das Ziel, an der Zerstörung der bereits bestehenden Lotosblumenorganisation zu arbeiten, um so den Menschen auch von dieser Seite her endgültig von seiner Verbindung mit der übersinnlichen Welt abzuschnüren. In diesem Lichte müssen auch gewisse Bestrebungen der modernen «Antikunst» betrachtet werden.

Die Verkennung der wahren Natur der Wahrnehmungen ist eine Folge des «intellektuellen Sündenfalls», in dem vor allem die ahrimanischen Mächte wirken. Die Einseitigkeit der heutigen Sinnesphysiologie beruht darauf, daß die Sinnesorgane nur als passive Apparate betrachtet werden, welche durch Einwirkung entsprechender Elemente von außen zu chemisch-physikalischen Reaktionen gezwungen werden. Für diese, nur auf die physische Außenseite gerichtete Beobachtung handelt es sich um seelenlose Instrumente. Zwischen der Linsen- und Glaskörperorganisation des Auges und seiner Netzhaut und dem bilderzeugenden Fotoapparat wäre demnach kein wesentlicher Unterschied. Als die luziferische Versuchung die Menschen dazu führte, daß ihre Augen aufgetan wurden, wodurch die fortschreitende Abschnürung von der Verbindung mit den übersinnlichen «Paradieswelten» eintrat, ergriffen Abbau und Todesprozesse die Nervenorganisation, auf die sich das gegenständliche Spiegelbildbewußtsein stützt. Diese Todesprozesse dehnten sich auch auf die Sinnesorgane aus:

«Jedes Licht, das in unser Auge dringt, stirbt in unserem Auge, und vom Tode des Lichtes in unserem Auge haben wir es, daß wir sehen können ... Wir sind so angefüllt mit demjenigen, was in uns ersterben muß, damit wir unser menschliches Erdenbewußtsein haben.»[37]

Ohne diesen Todesprozeß würden wir das fortwährend einströmende Leben und Weben der elementarischen Welt mitwahrnehmen, wir könnten uns von ihr nicht distanzieren und damit kein Freiheitsbewußtsein haben. Mit dem Nicht-Überwinden-Können dieses Todesprozesses hängt auch die oben geschilderte einseitige Sinnesphysiologie zusammen. Die Zukunft aber erfordert, daß wir die Früchte vom Baume des Lebens genießen lernen. Dies gilt auch für den Umgang mit den Sinnesorganen, deren Tätigkeit wir seelisch beleben müssen und auch können, weil sie von unseren höheren Wesensteilen voll durchdrungen sind.

Als Glieder des dreigliedrigen menschlichen Organismus haben die Sinnesorgane teil an allen Grundprozessen, auf die sich Vorstellen, Fühlen und Wollen stützen. «*Sinneswahrnehmung* ist zunächst Stoffwechsel, *dann* Atmung, *dann* Nerven-Sinnes-Leben», schrieb Rudolf Steiner am 9. Juni 1922 in ein Notizbuch.[38] Daß hier der dem Willen zugeordnete Prozeß zuerst genannt wird, ist kein Zufall, sosehr dies überraschen mag. Besonders in den pädagogischen Zusammenhängen hat Rudolf Steiner immer wieder auf die *aktive* Seite der Sinnesprozesse verwiesen und ihre Willensnatur dargestellt: «Was uns zunächst in den Sinnen ... in Beziehung bringt zur Außenwelt, das ist nicht erkenntnismäßiger, sondern willensmäßiger Natur ... das ist nicht so sehr das Passive; es ist das Aktive, das, was wir willentlich den Dingen entgegenbringen.»[39]

Das «Augenlicht» ist eine Realität! Wir greifen mit ätherisch-astralischen Fangarmen nach den zu sehenden Gegenständen. In ähnlicher Weise strömen in allen Sinnesorganen die Kräfte unserer übersinnlichen Wesensglieder den hereinströmenden Weltqualitäten – in gegenseitiger Durchdringung – entgegen. Dabei befreien die Sinnesorgane letztere von dem physischen Trägersubstrat; so läßt z.B. das Trommelfell die von der physikalischen Schwingung bewegte «trommelnde» Luft selbst nicht durch und vernichtet im

Innenohr auch die Schwingungen. Erst mit der so von ihrer physischen Trägerhülle befreiten Qualität, z.B. dem eigentlichen Tonelement, vermag der Wahrnehmungswille sich zu verbinden und darin aufzuleben. So weisen die Sinne den Wesensgliedern den Weg zum Erfassen der Außenwelt.

In dem Vortragszyklus *Die Sendung Michaels* hat Rudolf Steiner dieses Thema in einen welthistorischen Zusammenhang hineingestellt und dabei zugleich aufgedeckt, warum der abendländische Schulungsweg nicht mehr primär im rhythmischen System, etwa im Sinne der alten Joga-Methoden, ansetzen kann, sondern vom Kopfbereich, also von einer Wandlung des Denkens einerseits und von der Sinneswahrnehmung andererseits ausgehen muß. Letztere muß als verfeinerter Atmungsprozeß erfaßt werden. Das «... Richtige kann nur angestrebt werden, wenn wir uns einer viel feineren Beziehung des Menschen zur Außenwelt bewußt werden, so daß mit Bezug auf unseren Ätherleib etwas stattfindet, das immer mehr und mehr in unser Bewußtsein hereinkommen muß, ähnlich wie der Atmungsprozeß.»[40]

Zurückkommend auf die vorher geschilderte Tatsache, daß seit dem Mysterium von Golgatha das Seelische der Atmosphäre sich dieser entzogen und auf das innere Licht des Erdorganismus übergegangen sei, verweist Rudolf Steiner dann auf die Nachbildtätigkeit des Auges:

«In diesem Prozeß steckt etwas sehr, sehr Bedeutsames. Da drinnen ist nunmehr das Seelische, das vor drei Jahrtausenden mit der Luft ein- und ausgeatmet worden ist. Und wir müssen lernen, in einer ähnlichen Weise den Sinnesprozeß in seiner Durchseelung einzusehen, wie man vor drei Jahrtausenden den Atmungsprozeß eingesehen hat ... Wir aber müssen die Feinheiten unseres Verkehres mit der Welt ausbilden so, daß wir in unserem Aufnehmen der Welt nicht bloß sinnliche Wahrnehmungen haben, sondern Geistiges haben. Wir müssen uns gewiß werden, daß wir mit jedem Lichtstrahl, mit jedem Ton, mit jeder Wärmeempfindung und deren Abklingen in seelischen Wechselverkehr mit der Welt treten, und dieser seelische Wechselverkehr muß für uns etwas Bedeutsames werden.»

Rudolf Steiner, der in dem Kapitel «Die Welt als Illusion» seines Buches *Die Rätsel der Philosophie* nachdrücklich auf die Verkennung der Sinnesprozesse und auf die scheinbar unüberbrückbare Dualität von Mensch und Welt hingewiesen hat, entwickelt 29 Jahre später aus der Inspiration der Michael-Schule heraus den «Kreuzungspunkt», ohne dessen Heraufheben in das Bewußtsein der Mensch sich in seiner Isolierung geistig verlieren müßte. Dem Irrtum der dem Ungeist der Zeit verfallenen Sinnesphysiologie mit ihren «grobklotzigen Vorstellungen» stellt er gegenüber:

«Die Wirklichkeit ist vielmehr diese, daß ein seelischer Prozeß vor sich geht von außen nach innen, der erfaßt wird durch den tief unterbewußten, inneren seelischen Prozeß, so daß die Prozesse sich übergreifen. Von außen wirken die Weltengedanken in uns herein, von innen wirkt der Menschheitswille hinaus. Und es durchkreuzen sich Menschheitswillen und Weltgedanken in diesem Kreuzungspunkte, wie sich im Atem das Objektive mit dem Subjektiven einstmals überkreuzt hat. Wir müssen fühlen lernen, wie durch unsere Augen unser Wille wirkt und wie in der Tat die Aktivität der Sinne leise sich hineinmischt in die Passivität, wodurch sich Weltengedanken mit Menschheitswille kreuzen. *Diesen neuen Joga-Willen, den müssen wir entwickeln.*»[41]

In diesen neuen Willen sollen wir jedoch nicht nur in den Wahrnehmungsorganen erwachen, er urständet in dem in Freiheit gefaßten Willensentschluß des Geistesschülers, den Erkenntnisweg als solchen mit Energie und Beharrlichkeit zu beschreiten. Er ist nicht mit dem gewöhnlichen Willen identisch. «Im gewöhnlichen Leben fühlt man sich selbst im Mittelpunkt dessen, was man will oder was man wünscht. Denn auch im Wünschen ist ein gleichsam angehaltener Wille wirksam. Der Wille strömt von dem Ich aus und taucht in das Begehren, in die Leibesbewegung, in die Handlung unter. Ein

Wille in dieser Richtung ist unwirksam für das Erwachen der Seele aus dem gewöhnlichen Bewußtsein. Es gibt aber auch eine Willensrichtung, die in einem gewissen Sinne dieser entgegengesetzt ist. Es ist diejenige, welche wirksam ist, wenn man, ohne unmittelbaren Hinblick auf ein äußeres Ergebnis, das eigene Ich zu lenken sucht. In den Bemühungen, die man macht, um sein Denken zu einem sinngemäßen zu gestalten, sein Fühlen zu vervollkommnen, in allen Impulsen der Selbsterziehung äußert sich diese Willensrichtung. In einer allmählichen Steigerung der in dieser Richtung vorhandenen Willenskräfte liegt, was man braucht, um aus dem gewöhnlichen Bewußtsein heraus zu erwachen.»

Es ist für unsere Betrachtung bedeutsam, daß Rudolf Steiner bei dieser Schilderung des neuen Jogawillens in dem Buche *Vom Menschenrätsel* den umgekehrten Weg beschreitet und, von dem umfassenden Hinweis ausgehend, auch wieder auf die Sinneswahrnehmung zu sprechen kommt: «Eine besondere Hilfe leistet man sich in der Verfolgung dieses Zieles dadurch, daß man mit innigerem Gemütsanteil das Leben in der Natur betrachtet. Man sucht zum Beispiel eine Pflanze so anzuschauen, daß man nicht nur ihre Form in den Gedanken aufnimmt, sondern gewissermaßen mitfühlt das innere Leben, das sich in dem Stengel nach oben streckt, in den Blättern nach der Breite entfaltet, in der Blüte das Innere dem Äußeren öffnet und so weiter. In solchem Denken schwingt der Wille leise mit; und er ist da ein in Hingabe entwickelter Wille, der die Seele lenkt; der nicht aus ihr den Ursprung nimmt, sondern auf sie seine Wirkung richtet. Man wird naturgemäß zunächst glauben, daß er seinen Ursprung in der Seele habe. Im Erleben des Vorganges selbst aber erkennt man, daß durch diese Umkehrung des Willens ein außerseelisches Geistiges von der Seele ergriffen wird.»[42]

Im vorliegenden Falle wird nicht nur der Licht- und Farbensinn, sondern vor allem auch der Bewegungssinn zum «moralischen» Miterleben und Mitgestalten aufgefordert und durch ein hingebungsvolles Mitarbeiten der Vorstellungskräfte unterstützt, ein Prozeß, der in der Samenkornübung dann nach innen hineingenommen wird in die eigentliche Meditation. Der echte Jogawille ist stets auf dem Wege, ein leibfreier Wille zu werden.

Das auch in diesen Ausführungen geschilderte, übende Beleben der Sinnesempfindungen bedarf der Auferstehungskräfte selbst, um die im Sinnes-Nerven-Prozeß waltenden Todesprozesse zu überwinden und in der in den rhythmischen und Stoffwechsel-Prozessen webenden Geistigkeit aufleben und aufwachen zu können. Wenn wir so «in der Natur das Seelische mitempfangen lernen mit der Sinnesanschauung, dann werden wir das Christus-Verhältnis zu der äußeren Natur haben. Da wird das Christus-Verhältnis zur äußeren Natur etwas sein wie eine Art geistigen Atmungsprozesses.»

Der durch die antimichaelischen Wesen in unserer Zivilisation weitgehend usurpierten und korrumpierten Sphäre der Sinneserlebnisse werden wir so mit Wachheit, Umsicht, Hingabe und ehernem Übungswillen den sinngerechten Fortgang der Evolution abtrotzen können. Dann tragen wir bei zum Entstehen desjenigen, «was man die Michaelkultur nennen kann». Denn «wenn wir durch die Welt schreiten in dem Bewußtsein, mit jedem Blick, mit jedem Ton, den wir hören, strömt Geistiges, Seelisches wenigstens in uns ein und zu gleicher Zeit strömen wir in die Welt Seelisches hinaus, dann, dann haben wir das Bewußtsein errungen, das die Menschheit für die Zukunft braucht.»[43]

VI.

VOM LEBEN
MIT DER ERDE

DIE ERDE –
EIN BESEELTER ORGANISMUS

Die Geologie ist nichts anderes,
als die eben begonnene Erinnerung des Planeten
an seine früheren Intuitionszustände.

J. Purkinje

Es gehört zur Signatur des letzten Drittels dieses Jahrhunderts, daß die Menschheit sich immer mehr mit dem Risiko ihres technischen Fortschritts konfrontiert sieht. Die weltweite Kränkung, ja tödliche Gefährdung des Lebens der Erde mit allen unguten Rückwirkungen auf den Menschen selbst wird der Öffentlichkeit bewußt und verlangt von den Regierungen entsprechende Maßnahmen. Diese machen einen ungeheuren Einsatz von Intelligenz und materiellen Mitteln notwendig, erfordern letzten Endes aber auch ein moralisches Fundament, um tiefgreifend genug angesetzt werden zu können. Die von Albert Schweitzer aus tiefer Gläubigkeit postulierte und praktizierte «Ehrfurcht vor dem Leben» ist für diese gigantische «Heilfunktion» an der Erde mit erforderlich. Solche Andacht wird sich jedoch nur bilden können, wenn die Erde selbst nicht nur als Zufallsprodukt erkalteter Massen, sondern als lebendiger, ja beseelter Organismus erkannt wird, dessen Leben und Sinngehalt in der Geistigkeit des Kosmos urständet. Im folgenden sei deshalb der Versuch unternommen, unter einem bestimmten Gesichtspunkt zu einer solchen Erweiterung des von der Zeit geforderten globalen Blicks, der die übersinnliche Ganzheit des Erdenwesens und seiner Naturreiche einbezieht, anzuregen.

Dem Bewußtsein der vorchristlichen Menschheit war das Erleben übersinnlicher Weltzusammenhänge noch möglich. Es konnte sich vom bloßen, sinnlich wahrgenommenen Gegenstand, z.B. einem Planeten, zu dessen Sphäre erheben; als inspiriertes Bewußtsein erlebte es die Sternenrhythmen als «Harmonien der Sphären» und wußte so um die Geistigkeit des Kosmos und seiner Wesenheiten. Auch die Erde wurde als eine umfassende Ganzheit, als Organismus betrachtet, den eine Erdpsyche belebt oder ein Erdgeist zum Selbstbewußtsein führt. In vielen Traditionen des Mittelalters, am großartigsten in Dantes *Göttliche Komödie*, finden wir die Überreste dieses alten Weltbildes, das Goethe in seinem *Faust* aufgreift. Faust erlebt beim Anblick des Zeichens des Makrokosmos das «Auf- und Niedersteigen» der Himmelskräfte, kann aber der Erscheinung des im Feuer sich offenbarenden Erdgeistes nicht standhalten. Auch Kepler war von der Existenz einer Seele der Erde fest überzeugt und suchte in ihrer Empfindungsfähigkeit für die Gestirnskonstellationen und die Sphärenharmonie den Grund für die Ordnung der irdischen Natur oder z.B. den Umschwung der Witterung.

«Die ganze Erde ist beseelt, und dadurch wird die große Harmonie sowohl auf der Erde als auch zwischen ihr und den Gestirnen hervorgebracht. Diese Seele wirkt durch den Erdkörper, hat aber in einem gewissen Teil desselben, so wie die menschliche Seele in dem Herzen, ihren Sitzpunkt. Und von da gehen wie von einem Fokus oder einer Quelle ihre Wirkungen in den Ozean und in die Atmosphäre der Erde aus. Daher die Sympathie zwischen der Erde und den Gestirnen, daher die regelmäßigen Naturwirkungen.»

Eine allerletzte Abendröte des Wissens um die übersinnliche Wesenheit des Erdorganismus findet sich in einem merkwürdigen Fragment, das 1847 in Breslau erschien unter dem Titel *Neues Planetenbuch oder Mikro- und Makrokosmos*, Hypothese von Ernst. Das gewählte Pseudonym zeigt, daß es der Verfasser mit seinem «Papierstreifen aus dem Portefeuille eines verstorbenen Naturforschers» sehr ernst gemeint hat, aber die Reaktion seiner materialistisch denkenden Zeitgenossen glaubte fürchten zu müssen. Es war

Prof. Johannes Purkinje, der Begründer des Physiologischen Instituts der Universität Breslau, der eine Arbeit über Goethes Farbenlehre geschrieben hatte und durch Vermittlung des Dichters nach Breslau berufen worden war. Folgende Überschriften einzelner Kapitel zeigen das Anliegen des Verfassers:

«Gegenständliches Anschauen des Seelenlebens in der Natur»

«Dämonisches»

«Die Erde als physisch-geistiges Individuum»

«Die Persönlichkeit des Erdgeistes»

«Der Atmosphärensinn der Erdpsyche» usw.

Purkinje ist sich im klaren, daß nur durch eine Bewußtseinserweiterung der Mensch selbst in die übersinnlichen Kräftebereiche der Erde oder gar in das Erleben der Erdenseele eintreten kann. Er schreibt:

«Ich will hier versuchen, die mir durch Autognosie empirisch gegebene psychologische Anschauung imaginär zu erweitern und auf das große Erdindividuum zu übertragen, soweit mir seine Natur näher bekannt ist, um in ihm zu fühlen und zu schauen, wie ich in diesem meinem Körper schaue und fühle. Vorerst gehe ich von den Schranken meiner Sinne aus und suche diese zu durchbrechen, um ... das materielle Dasein in höherer Weise zu fühlen und zu genießen. – Da denke ich mir z.B. die Gewässer der Erde allesamt als Geschmacksorgane der Erdseele.»

Er verfolgt nun den Wasserkreislauf der Erde bis in alle Einzelheiten und hält z.B. das Sich-Lösen von Salzen in den Tiefen der Erde oder in den Pflanzenwurzeln und ihre Abscheidungen für besonders wichtig, er sieht sie als funktionelle Grundlagen, an denen sich das Seelenleben der Erde entzündet.

«In allen diesen verschiedenen Zuständen und Rührungen des Erdwassers denke ich mir einen gemeinsamen Erdsinn mitgerührt, in unendlichen Empfindungen, die ich meinem Geschmack vergleichen möchte, sich wandelnd und wahrnehmend.»

In ähnlicher Weise verfolgt er die Bewegungen der Atmosphäre und die Durchmischung der Luft mit Duftstoffen und anderen Ingredienzien:

«Und der Geist der Luft empfindet alles dies in sich und teilt es dem Erdgeiste mit und regt diesen an zu Lust und Schmerz mit den ohne Unterlaß entstehenden und schwingenden Luftgärungen.»

Er vermutet dann, «daß die Dunstkugel der Erde, je indifferenter in sich selber, desto mehr äußeren astralen Einflüssen hingegeben wäre, die dann der Erdpsyche als höhere Anschauung des Universums sich offenbarten». Hier klingen offensichtlich die Keplerschen Auffassungen durch. Besonders wichtig erscheint, daß Purkinje sich die Entstehung der toten Erdrinde aus belebten Vorzuständen vorstellen kann und sich denken kann, «daß überhaupt aller chemische Prozeß ursprünglich auch organisierend ist und die unorganische Kristallisation erst immer späteren Perioden angehört».

Die Vorstellung eines belebten irdischen Mutterschoßes in einer beseelten kosmischen Umgebung ermöglicht ihm ferner den Gedanken, «daß der Mensch sich von jeher mitten darinnen befand, durch alle embryonalen Formen hindurch bis zur vollendeten gottgleichen Menschengestalt».

Es darf als symptomatisch gelten, daß diese interessante und kühne Studie mit dem Kapitel «Der Erdsinn der Erdpsyche» fragmentarisch abbricht. Es reicht die Kraft nicht aus, dieses Licht, das vom Weisheitserbe vergangener Zeiten zehrt, durch die Finsternis des Materialismus in der zweiten Hälfte des 19. Jahrhunderts hindurchzutragen.

Erst im 20. Jahrhundert ermöglicht es uns der Erkenntnisweg der Geisteswissenschaft Rudolf Steiners, auch hier den verlorenen Faden einer großartigen Vergangenheit wieder aufzugreifen und neu geknüpft in die Zukunft zu führen, im Zusammenhang mit einer in unserer technisierten Zeit so dringend notwendigen Spiritualisierung der gesamten Naturwissenschaften.

Das Sprechen von der Wirklichkeit übersinnlicher Kräfte der

Erde in Form einer Erdpsyche oder eines Erdgeistes setzt voraus, daß die Erde selbst zunächst in den Rang eines Organismus erhoben werden kann. Nur eine belebte Ganzheit, nicht ein aus anorganischen Stoffen und chemisch-physikalischen Gesetzen zusammengewürfelter, toter Globus vermag den Leib für eine Beseelung abzugeben. Diese unerläßliche Vorarbeit hat der verstorbene Leiter der Naturwissenschaftlichen Sektion am Goetheanum, der Freien Hochschule für Geisteswissenschaft in Dornach, Günther Wachsmuth, in seinem umfassenden Werk *Erde und Mensch* geleistet.[1] Er geht von der Beobachtung aus, daß sich in allen Naturreichen in unzähligen chemisch-physikalischen Erscheinungen der Erde und physiologischen Prozessen der Lebewesen einschließlich des Menschen eine 24stündige Rhythmik findet, die mit der täglichen Drehung der Erde um ihre Achse zu tun hat, jedoch nicht unmittelbar parallel dem täglichen Sonnengang verläuft. Im menschlichen Organismus z.B. werden fast alle physiologischen Funktionen nachts um 3.00 Uhr umgeschaltet. Es beginnt die Zunahme der Gallen- und Wärmeproduktion, die nachmittags um 3.00 Uhr ihren Höhepunkt erreicht. Bestimmte Pflanzen, wie z.B. der Sauerklee, beginnen um die gleiche Zeit nach Mitternacht, wo die Intensität der Zellteilung ihr Maximum hat, ihre in Schlafstellung befindlichen Blätter wieder sachte anzuheben, obwohl es noch kühler wird und die erste Dämmerung vielleicht erst um 5.00 Uhr einsetzt. Ganz rätselhaft ist die tägliche doppelte Luftdruckwelle mit ihrem Morgen- und Abendmaximum.

Die Naturwissenschaft konnte die eigentliche Ursache, welche all diesen Erscheinungen zugrunde liegt, bisher nicht finden. Es ist das Verdienst von Günther Wachsmuth, sie als Atmung des Organismus Erde erkannt zu haben. Er geht von den geisteswissenschaftlichen Forschungsergebnissen aus, daß auch die Erde, wie jedes Lebewesen, eine ätherische Organisation hat, und er kann zeigen, daß die 24stündige atmende Zusammenziehung und Ausdehnung der Bildekräftesphären der Erde als übergeordneter Faktor alle Einzelerscheinungen der rätselhaften Tagesperiodik impulsiert und erklärt. Diese ist ein gewaltiger Ausdruck des Eigenlebens unseres Planeten, das von der Sonne nur angeregt wird.

Suchen wir Seele und Geist dieses planetarischen Organismus, so müssen wir die Naturreiche selbst, aus denen die Erde als Ganzes besteht, in einem tieferen Sinne betrachten lernen. Eine uralte Mythologie läßt die Erde aus dem aufgeteilten Leib des Riesen Ymir hervorgehen. Aus seinen Knochen entstanden die Gebirgsrücken, sein Blut fließt in Bächen und Strömen, und sein Lebensodem ist im Wehen von Wind und Sturm zu spüren. Da dieser Riese kein Untier war, sondern menschenähnliche Gestalt hatte, deutet uns die Sage an, daß im Menschen selbst das Urbild der uns umgebenden Natur zu suchen ist. In der Tat wird uns im folgenden die okkulte Wahrheit beschäftigen müssen, daß jedes Naturreich, wenn man die zu ihm gehörende übersinnliche Wirklichkeit in die Erkenntnis einbezieht, ein «zerlegter Mensch» ist, nämlich eine viergliedrige Ganzheit.

Dies läßt sich im Tierreich am leichtesten zeigen. Der Mensch unterscheidet sich vom Tier dadurch, daß er als Einzelorganismus Träger einer selbständigen geistigen Wesenheit, also einer Entelechie ist. Kein Tier aber ist als Einzelindividuum im Besitze eines Ich. Es hat deshalb auch kein Ich-Bewußtsein. Blickt der Geistesforscher jedoch auf die alle tierischen Individuen zusammenfassende Gattung hin, so offenbaren sich ihm in der astralischen Welt, in welche die Menschenseele gleich nach dem Tode eintritt, die Gruppen-Iche der Tiergattungen als selbständige Wesenheiten. Sie sind unter anderem die Träger der Weisheit, welche sich in der tierischen Organisation, ihren Instinkten und Verhaltensweisen offenbart. Ihre führende, den Einzelindividuen übergeordnete Richtkraft zeigt sich z.B. sehr anschaulich im den Erdball umspannenden Phänomen der Vogelzüge. Als Sitz der Tier-Iche gibt Rudolf Steiner die einzelnen Planeten an, welche bei ihrem Gang durch den Sternenumkreis, den «Tierkreis», den Gruppenseelen die astralischen Kräfte vermitteln, aus welchen sie im Laufe der Evolution ihre irdischen Leiber formten. Ein kleiner Hinweis auf solche Zusammenhänge ergibt sich aus der Tatsache, daß die Zugvögelarten sich bei ihren Flügen nach der Konfiguration des Fixsternhimmels kompaßartig orientieren. So zwingt uns bereits eine umfassende Betrachtung des Tierreiches, das Leben des ganzen planetarischen Systems in das Leben der Erde einzubeziehen.

Kepler vermutete den Sitz der Erdpsyche im Inneren der Erde: «Die Seele ist im Mittelpunkt der Erde, sendet Abdrücke oder Gestalten von sich nach allen Richtungen aus und empfindet auf diese Art alle harmonischen Gegenstände und Veränderungen außer ihr.»

Wenn wir in den einzelnen Pflanzen solche «Abdrücke oder Gestalten» sehen dürfen, entsteht die Frage, ob sie als Sinnesorgane der Erdseele aufgefaßt werden können. Ein echtes Sinnesorgan unterscheidet sich von anderen Organen durch seine Reizbarkeit und Sensibilität. Als Empfindungen vermittelndes Organ ist es, wie z.B. das Auge, beseelt. Nun wäre es absurd und unwissenschaftlich, in die einzelne Pflanze eine ihr zukommende Seele hineinprojizieren zu wollen, obwohl man im vorigen Jahrhundert noch die Frage nach einem Seelenleben der Pflanze diskutiert hat. Als Lebewesen hat die Pflanze eine Organisation ätherischer Bildekräfte, die wir unter dem Begriff des Ätherleibes in der geisteswissenschaftlichen Literatur geschildert finden. Auch Tier und Mensch besitzen als organische Lebewesen, die den Gesetzen der Vererbung, der Zellteilung und des Wachstums unterliegen, einen Äther- oder Lebensleib als erstes übersinnliches Wesensglied. Die Geistesforschung zeigt jedoch, wie jede Pflanzenblüte von astralischen Kräften umspült ist, also den gleichen Kräften, die das beseelte Tierreich schaffen. In der farbigen Blumenkrone entringt sich das grünende Sproßblatt dem rein ätherischen Wirken, da die beseelenden astralischen Kräfte bereits hereinwirken, ohne sich jedoch zu verinnerlichen. Die Blüte wird so zwar kein von innen her beseeltes Organ, aber ein Bild der Kräfte, von denen Platon als von der «Weltseele» gesprochen hat.

Die farbigen Blüten zerfallen botanisch in zwei Gruppen: die getrennt blumenblättrigen (Dialypetalae) und die verwachsen blumenblättrigen Blüten (Sympetalae). Letzteren begegnen wir in den glocken-, trichter- oder rachenförmigen Blüten. Sie haben vorwiegend blaue oder rotviolette Farbtöne, während bei den getrennt blumenblättrigen, wie den Rosen, die Farben weiß, gelb und rot überwiegen. Diese botanischen Feststellungen lassen sich tiefer verstehen, wenn man die Schilderungen des «Seelenlandes», die Rudolf Steiner in seinem grundlegenden Werke *Theosophie* gibt, berücksichtigt. Danach bestehen die Grundkräfte dieses astralen Gebietes aus wogender Sympathie und Antipathie in verschiedenen Abstufungen. In den getrennt blumenblättrigen Blüten, die sich nach oben wenden und radialsymmetrisch dem ganzen kosmischen Umkreis öffnen, haben wir den Ausdruck kosmischen Sympathiewirkens vor uns. In den verwachsen blumenblättrigen Blüten, die sich meist vom Kosmos wegwenden, zweiseitig symmetrisch werden oder wie die Blüten des Fingerhutes gar zur Erde «blicken», liegt ein Ausdruck überwiegender Antipathiekräfte vor. Durch die die Blüte umwebende und in Spiralformen auf- und niedersteigende Weltenastralität werden die Pflanzen tatsächlich zu Sinnesorganen der Erdseele. Denn «es werden in der Tat die geistigen Kräfte, die in der Sonne liegen, fort und fort der Erde zugeführt, und wodurch? Durch jene die Pflanzenblüte umspülenden Astralkörper, die sich sehnen nach der Seele des Sonnenstrahls, die sie lechzend aufnehmen und hinuntersenken durch ihren Leib hindurch in die Erde.»[2] Die grüne Pflanzendecke des Lebewesens Erde darf somit der mit vielen Tausenden von sensiblen Nervenendkörperchen durchwirkten Haut des Menschen verglichen werden, die ein bevorzugter Träger aller Sinnesfunktionen ist.

Goethe geht als Schöpfer der Metamorphosenlehre in seinen botanischen Betrachtungen noch einen Schritt weiter. Bei der Entdeckung der Urpflanze glaubt er nicht nur eine abstrakte Idee gefunden zu haben, der die verschiedenen Pflanzenformen unterzuordnen sind, sondern dem in allen Pflanzen wirkenden schöpferischen Prinzip zu begegnen. Seine «anschauende Urteilskraft» erhebt die Idee Urpflanze in den Rang einer lebendigen Entelechie. Die Geisteswissenschaft vermag diese tiefe Auffassung Goethes mit ihren Forschungsmitteln zu bestätigen und zu erweitern. Denn «wenn der hellseherische Blick vordringt zu solchem Anschauen der Pflanze, dann erweitert sich die Erde, die ja dem Menschen sonst nur wie ein materielles Gebilde gegenübersteht, zu einem Organismus, der in der Mitte sein Ich hat. Und dieses Ich besteht aus allen Pflanzen-Ichen zusammen. Die Erde ist beseelt mit einem Ich.»[3] Damit leuchtet im Geistesbereich der Erde die Idee des Erdgeistes neu auf, der alle Wahrnehmungen, die ihm der Pflanzenteppich als Empfindungsorganisation des Erdenleibes vermittelt – im Sinne der Vorstellung Keplers –, in sich zusammenfaßt.

Am Baum der Weltenesche Yggdrasil, unter welchem sich der Mythos den Makrokosmos als Riesenorganismus vorstellt, darf das Mineralreich als die aus höheren, lebendigen Vorstufen abgeschiedene Rinde betrachtet werden. Für den geistigen Blick erscheinen die Kristalle wie Hohlformen, die von der Fülle ätherischer Kräfte umwoben werden. Nur beim Wachstum der Kristalle greifen diese Bildekräfte etwas ein und lassen das fertige Gebilde als totes Mineral aus seinem kosmischen Zusammenhang weitgehend herausfallen. Aber auch der Totalität des Minerals kommen alle Wesensglieder zu, die wir beim Menschen kennen. Der Geistesforscher findet im unteren Geistgebiet die Astralkräfte und im oberen Geistgebiet die Gruppen-Iche der Mineralien. Ihr inneres Leben macht einen Teil des «Astralempfindens» der Erde und des Kosmos aus. Nur auf diesem Hintergrund sind folgende Schilderungen des Geistesforschers zu verstehen:

«Wenn Sie ein Mineral zerschlagen, so empfindet es nicht Schmerz, sondern im Gegenteil Lust und Wollust, und ganze

Ströme von Wollust entströmen einem Steinbruch, wenn das Gestein zerschlagen und zersplittert wird ... Denken Sie sich ein Glas mit warmem Wasser, Sie werfen ein Stück Salz hinein. Indem sich das Salz auflöst, löst sich nicht nur Materie auf, sondern Wohlgefühl erfüllt das warme Wasser. Wollust im Zerreißen der mineralischen Teile beim Auflösen. Wenn Sie aber nun das Wasser abkühlen, so daß das Salz sich wieder herauskristallisiert, dann ist dieser Vorgang mit Schmerzgefühl verbunden.»[4]

Durch solche Vorstellungen der Geisteswissenschaft gewinnen die Anschauungen Purkinjes, der «die Gewässer der Erde allesamt als Geschmacksorgane der Erdseele» auffaßt, überraschend Wirklichkeitscharakter. Alle Lösungs- und Abscheidungsvorgänge des Mineralischen sind mit «Astralempfindungen» verbunden. Dies gilt auch, «wenn ein Teil der Wässer, mit Kohlensäure imprägniert, in die felsigen Tiefen der Erde steigt und die mannigfaltigsten Minen auflöst, um sie wieder in Gangspalten abzusetzen, oder in Quellen auf die Oberfläche empor rieseln ... In allen diesen verschiedenen Zuständen und Rührungen des Erdwassers», also in scheinbar rein physikalischen, toten Prozessen, dürfen wir bis «in den Saftlauf der Pflanzenwelt hinein unendliche Empfindungen ... sich wandelnd und wahrnehmend» im Sinne des *Planetenbuches* von Purkinje erblicken.

In dem Maße, wie wir bei einem Gang ins Hochgebirge die Baum- und Vegetationsgrenze hinter uns lassen, treten die Elemente der Erde, Luft, Wasser und das Felsige, in ihrer Reinheit und Majestät hervor. Stumme Blöcke und steile Felswände, zackige, erstarrte Gipfelgrate und Schnee- und Gletschermassen bilden einen eigenartigen Gegensatz zum beweglichen Wasser der rauschenden, springenden Gebirgs- und Gletscherbäche. Alles wird von der reinen Luft umspült, die bald als regelmäßiger Berg- und Talwind daherzieht oder als mächtiger Sturm die Gipfel umbraust. Im Zusammenwirken aller dieser Elemente kommt es zur Verwitterung des Gebirges, d.h. zu einem fortwährenden Zersplittern,

Zerbröckeln, Zermalmen und Zermahlen des felsigen Elementes. Riesige Schutthalden von Steinen aller Größe an den Berghängen und rundgeschliffene Kieselsteine und der Ufersand der Bäche geben davon ein beredtes Zeugnis. Das Wasser, das in den eisigen Höhen in die Ritzen der Erde eindringt und gefriert, leistet durch die damit verbundene Sprengwirkung die wichtigste Grundlage dieser Abbauprozesse. Wir überlassen es dem Leser, sich weitere Vorgänge solcher Art, wie etwa die Prozesse in einer Gletschermühle oder im Küstengebiet der Kontinente, auszumalen. Im Astralkörper der Minerale sind alle diese Regsamkeiten mit unendlich vielen Lustgefühlen verbunden, die der «Seele des Mineralreichs» ihren Gesteinsleib zu Bewußtsein bringen.

Denken wir daran, daß im Menschen die Abbauprozesse der Großhirnrinde unser Bewußtsein ermöglichen, so könnte man die mineralisierte Erdrinde mit ihren Gebirgswindungen als eine Art «Gehirn» der Erde bezeichnen. Es sind die Gruppen-Iche der Mineralien, welche alle Vorgänge ihrer drei über den Kosmos ausgebreiteten Wesensglieder zusammenfassen und zu Weltgedanken verarbeiten, in denen Ursprung, Ziel und Werden unserer planetarischen Evolution aufleuchtet. In diesem Zusammenhang sagt Rudolf Steiner, «es sei das Eigentümliche, daß dieses Gruppen-Ich der Mineralien eigentlich nirgends so recht ein Ende hat, wenn wir in den Weltenraum hinausgehen, daß es im ganzen weiten Weltenraum ist ... außerhalb des Planetensystems ... Diese Gruppenseelen der Mineralien wirken strahlenförmig von außen nach innen.» Mit dem im Erdinnern verankerten Gruppen-Ich der Pflanzen und den im planetarischen Umkreis lebenden Tier-Ichen umspannt so die Geistigkeit der Erde alle übersinnlichen Bereiche. Die Gesamtheit des Erdplaneten ist so groß wie der Makrokosmos. In diesem weltenweiten Lebewesen möchte man die auf Erden verkörperte Menschheit als das Herz bezeichnen. Die durch das Tor der Geburt hereinströmenden und durch das Tor des Todes in die geistige Welt zurückkehrenden Menschenseelen gleichen dem

Blutstrom, der dieses Herz mit seiner Peripherie verbindet. Dabei arbeitet der Mensch in der geistigen Welt zusammen mit den Gruppenseelen an dem Antlitz der Erde, um diese in geeigneter Weise für seine neue Verkörperung vorzubereiten. Er findet auf ihr, die Herder als «Pflanzstätte der Geister» bezeichnet hat, zugleich alle makrokosmischen Geheimnisse der geistigen Welten im Spiegel der Naturreiche als «offenbare Geheimnisse» wieder vor. Er ist, so gesehen, mit dieser seiner Behausung tief verbunden und sollte sich in steigendem Maße für das Leben der Erde, ihr Wohlergehen und ihre Entwicklung verantwortlich fühlen. Denn ihr Schicksal wird auch sein Schicksal sein. Wir möchten diese Betrachtung mit folgenden Worten aus dem *Planetenbuch* schließen:

«So wandert unser Stern in tiefer, in sich abgeschlossener Meditation, scheinbar einsam, durch den Weltraum, aber nur scheinbar, denn in seinem Inneren regt sich ein unendlich mannigfaches, heiteres, helles Leben, und die Erdpsyche gelangt in ihm zu den höchsten Genüssen ihres eigenen Wesens, dessen unendlicher Geist und Gemüt durch immer höhere organische und psychische Lebensschöpfungen zur Offenbarung kommt. Daß aber der Erdgeist nicht in dieser Vereinsamung sich verliere, wohl aber an einem höheren Leben brüderlicher Sterne teilnehme und nur Glied sei der unendlichen Weltenharmonie der Geister, das zu ahnen ist dem Menschen nicht versagt und gibt ihm das Bürgerrecht in dieser hohen Gemeinde.»

DAS MASS
DES REGENBOGENS

Der Regenbogen gehört zu den Naturerscheinungen im Bereich der Elemente, die am leichtesten Erstaunen wecken und das Gemüt des Menschen zutiefst bewegen. Es sind die vollendete Rundung seiner zum Himmel auf- und niedersteigenden Gestalt, die regelmäßige Anordnung der gebänderten reinen Farbigkeit und seine ruhevolle Majestät, die unsere Bewunderung erheischen. Die schon im Alten Testament als Symbol des Friedens erlebte Lichterscheinung wirkt jedoch besonders eindrucksvoll im Hinblick auf den Kontrast der Elemente während ihrer Entstehung: Düstere, sturmgepeitschte Wolkenballungen lösen sich langsam in dem der Schwere folgenden Tropfenfall des Regens auf und begegnen dem hereinflutenden, schwerelosen Lichtstrom der Sonne.

An anderer Stelle[1] wurde ausgeführt, wie dem Regenbogen als Lichterscheinung in vieler Beziehung eine merkuriell-vermittelnde Rolle zukommt, was Gestalt und Farbigkeit und was zeitliches und räumliches Auftreten im irdischen Bereich anlangt. Zwischen dem grellen, in die Erde einschlagenden Blitz, der im Süden des tropischen Gewittergürtels seine eigentliche Heimstätte hat, und den in großen Höhen aufflackernden und verleuchtenden Nordlichtfahnen und -draperien hält der zumeist in östlicher oder westlicher Richtung erscheinende, milde Farbenbogen phänomenologisch die Mitte.

Abb. 17: Die Strecke A – B ist bei Punkt C im Goldenen Schnitt geteilt. Der Minor entspricht dabei ungefähr 3/8, der Major 5/8 der Linie A – B.

Goethe sprach von der Wechseldauer des Regenbogens. Sind es doch Tausende und Abertausende von Tropfen, die im herabströmenden Regen stafettenartig ihr farbenfunkelndes Aufleuchten und Verglühen laufend an die nachfolgenden Tropfen weitergeben. Millionen im kleinsten Bereich sich abspielende Einzelvorgänge lassen das in sich ruhende, ganzheitliche Bild des Bogens erscheinen.

Es entstand daher die Frage, ob nicht das Maß des Regenbogens, dem ja eine allen Einzelvorgängen übergeordnete Gesetzmäßigkeit zugrunde liegt, etwa von der Teilung im Sinne des Goldenen Schnittes bestimmt wird. Sie ist bekanntlich unter den unendlich vielen asymmetrischen Teilungsmöglichkeiten einer Strecke oder Fläche diejenige, bei welcher sich der kleinere Teil, der sogenannte Minor (s. Abb. 17, C–B), zum größeren, dem Major (A–C), so verhält wie dieser zum Ganzen. Auch bei vielfältiger Wiederholung dieser Aufteilung in immer kleinere Elemente bleibt deren Beziehung zum Ganzen stets bewahrt. An der geometrischen Urfigur des Goldenen Schnittes, dem Pentagramm, ist dies deutlich abzulesen.

Der Halbkreis des Regenbogens tritt nur im Augenblick des Sonnenauf- oder Sonnenuntergangs in seiner Vollendung in Erscheinung. Er darf deshalb ein Sohn der Morgen- und Abendstunde genannt werden. Der zentrale Strahl, der Sonne und Menschenhaupt verbindet und in den Mittelpunkt des Regenbogens einmündet, kommt dabei auf den Horizont in Ost oder West – der

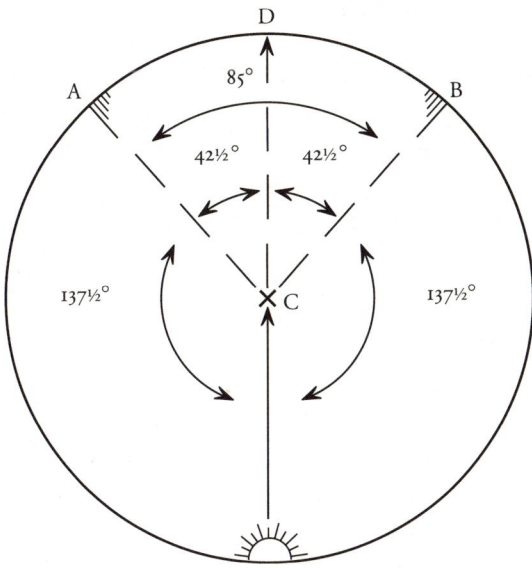

Abb. 18: Die Winkelmaße des Regenbogens bei auf- oder untergehender Sonne, vom Beobachter C aus auf den Horizont projiziert. Punkt D entspricht dem Mittelpunkt des Bogens der Sonne gegenüber und A und B den Auftreffpunkten des Regenbogens, die einen Winkel von 85° bilden. Er stellt die Spannweite desselben dar.

Sonne gegenüber – zu liegen. Die folgenden Ausführungen orientieren sich an diesem idealen Zeitpunkt. Bei höherem Sonnenstand sehen wir keine engeren Bögen, sondern nur kleinere Ausschnitte des gleichen großen Halbkreises. In seltenen Fällen kann dieser im Gebirge oder vom Flugzeug aus sogar als ganzer Kreis gesehen werden.

Die Größe des Regenbogens kann nur in Winkelgraden ausgedrückt werden (s. Abb. 18). Vom Mittelpunkt des Bogens bei Punkt D bis zu seiner höchsten Stelle im roten Streifenbereich oder bis zu einem oder zwei Auftrefforten A und B am Boden werden stets 42,5° gemessen. Wenn der Beschauer, der zur Mitte des Bogens blickt, seine Arme um 85° (=2 · 42,5°) ausbreitet, weisen sie zu den Auftreffpunkten des Bogens. Seine Spannweite beträgt demnach knapp ein Viertel des ganzen Horizontes. Der Farbenbogen muß verschwinden, wenn die Sonne selbst die Höhe von etwa 42° erreicht hat, so daß in unseren Breitengraden um die Mittagsstunde meistens kein Regenbogen mehr auftreten kann. Von der Sonne bis zu den Auftreffpunkten werden stets rund 137° gemessen. Sind diese Winkel, die durch die Brechungsverhältnisse des Lichtes in jedem Wassertropfen bedingt werden, zufällig, oder weisen sie auf tiefere Zusammenhänge hin?

Die Teilung im Goldenen Schnitt kann an Strecken, Flächen und Winkeln in Erscheinung treten oder vorgenommen werden. Sie spielt bekanntlich bei vielen Baudenkmälern und Kunstwerken eine große Rolle. In der Natur wurde der Goldene Schnitt wohl zum ersten Mal von Botanikern in der ersten Hälfte des neunzehnten Jahrhunderts als maßgebendes Bauprinzip im Pflanzenreich entdeckt. Bei der genaueren Beobachtung der Blattstellungen im merkuriellen Bereich des Sprosses zeigte sich, daß der Winkelabstand zwischen einem Blatt und dem nächstfolgenden am Stengel nie unter 90° liegt, sondern fast stets eine Größenordnung von mindestens 120° bis etwa 145° aufweist. Die Gebrüder Bravais an der Sorbonne in Paris berechneten aufgrund vieler Messungen für diesen «Divergenzwinkel» einen Durchschnittswert von 137° 30' 48", ohne diese Größe näher erklären oder begründen zu können. Die deutschen Botaniker Braun und Schimper gingen zur gleichen Zeit von der Beobachtung der rhythmisch angeordneten Schuppenspiralen der Tannenzapfen aus und kamen dazu, von bestimmten Blattzyklen im Sproßbereich zu sprechen. Diese ergeben eine mathematisch-geometrische Reihe, die sich wie ein «geistiges Band» durch die verschiedensten Pflanzenarten hindurchzieht und die Teile zu einer höheren Ganzheit verbindet. Die sogenannte Braunsche Reihe lautet: $1/2$, $1/3$, $2/5$, $3/8$, $5/13$, $8/21$ usw. bis

²¹/₅₅. Vor allem bei den Rosengewächsen findet sich die ²/₅-Stellung. Das heißt, es windet sich die Blattspirale, jeweils fünf Blätter bildend, zweimal um den Stengel herum. Erst mit dem sechsten Blatt, das in die gleiche Richtung weist wie das erste, beginnt ein neuer Zyklus. Der Bruch besagt aber zugleich, daß nicht bereits nach 72°, also ¹/₅ des Umkreises, das nächsthöhere Blatt folgt, sondern erst nach 2 · 72° = 144°. Bei der ³/₈-Stellung der Kreuzblütler beträgt der «Divergenzwinkel» 3 · 45° = 135°. Bei ⁸/₂₁, der Hauptstellung der Nadelhölzer, errechnen sich 137° 6'. Es entbrannte ein Gelehrtenstreit über die richtige Auffassung. Den Vertretern der Zyklustheorie schien der von der Sorbonner Schule errechnete Winkel eine unnatürliche Abstraktion zu sein, während die auf ganze Zahlen abgerundeten Zyklen von dieser Schule als Willkür charakterisiert wurden, die romantischen Bedürfnissen entstamme.

Es war A. Zeising, ein Goetheanist, der im Freundeskreis von Immanuel Hermann Fichte verkehrte, welcher diesen Streit in einer 1854 in Leipzig erschienenen Veröffentlichung schlichten konnte. In ihr stellte er den Goldenen Schnitt als eine die ganze Natur durchdringende Gesetzmäßigkeit dar, welche auch die Proportionen der menschlichen Gestalt bestimmt.[2] Er wies nach, daß die – auch heute noch wissenschaftlich anerkannte – Hauptblattstellungsreihe von Braun und Schimper um einen immer genauer werdenden Winkel pendelt, der einen irrationalen Wert von 137° 30' 28" zum Ziele hat. Er weicht demnach von dem von den Gebrüdern Bravais errechneten Winkel um nur wenige Sekunden ab. Der umstrittene Winkel ergibt sich überraschenderweise als der Minor des Umkreises von 360°, wenn man diesen im Goldenen Schnitt aufteilt. Der dazugehörige restliche Majorwinkel umfaßt 222,492° nach Zeising. Offensichtlich hatten beide Parteien, die sich unter verschiedenen Gesichtspunkten an das gleiche Problem herangetastet hatten, recht. Gemäß der Qualität, die der «proportio divina» innewohnt, vermochte diese die aufgetauchten Gegen-

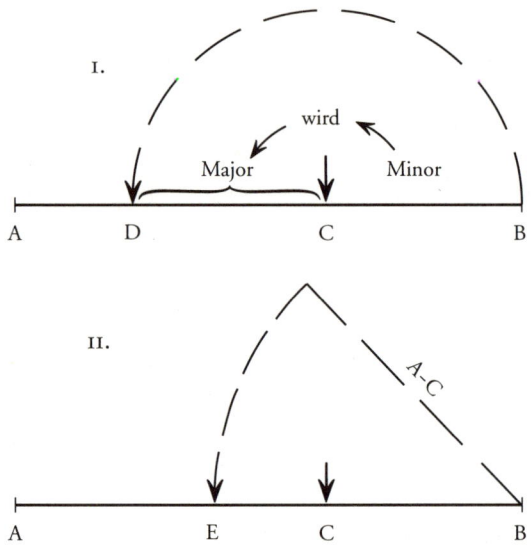

Abb. 19, I und II: Die weitere stetige Aufteilung der Strecke A – B im Goldenen-Schnitt-Verhältnis.

sätze zu überbrücken. Dieses Prinzip – so schreibt Zeising – «versöhnt die Idee der Einheit und Gleichheit mit der Verschiedenheit und Mannigfaltigkeit und führt aus dem Reich der Endlichkeit [abgerundete Zahlen; der Verfasser] in das Unendliche» [irrationaler Winkelwert].

Mit dieser Entdeckung weist uns die ergründende Pflanze aber zugleich auf die Lösung der gestellten Fragen nach dem Maß des Regenbogens hin. Die Teilung im Sinne des Goldenen Schnittes wird auch *stetige Teilung* genannt. Sie ist nämlich – wie bereits erwähnt – die einzige asymmetrische Teilung, die sich – einmal durchkonstruiert – in sich selber fortbildet. Wenn die Strecke A–B dementsprechend in Punkt C aufgeteilt wird (s. Abb. 19,I) und der Minor (C–B) in den Major verlegt wird, ergibt sich ohne erneute

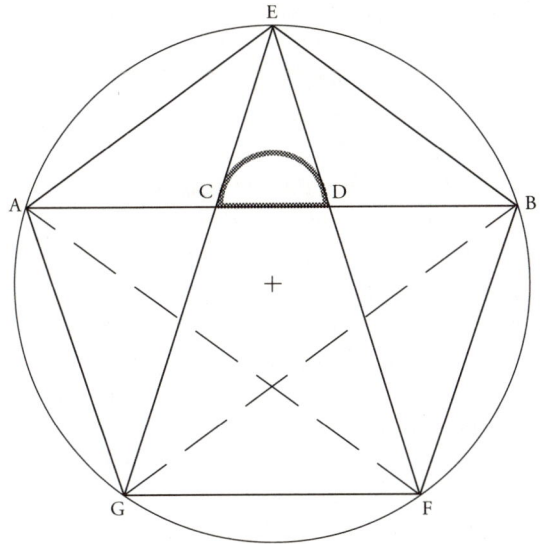

Abb. 20: Das Maß des Regenbogens, abgelesen am Pentagramm. Die Seite des großen Fünfecks (A–E) verhält sich zur Diagonale A–B wie der Minor zum Major. Die Diagonale E–F teilt die Diagonale A–B beim Kreuzungspunkt D im Goldenen Schnitt. Der so gewonnene Major A–D, welcher der Länge der Fünfeckseite (A–E) entspricht, wird durch die dritte Diagonale E–G ebenfalls im gleichen Sinne geteilt, wobei der neue Minor C–D entsteht. Dieser entspricht der Größe des Regenbogens, wenn der Horizont als die in eine Gerade verwandelte Diagonale A–B gedacht wird.

Konstruktion das gleiche Größenverhältnis. Der bisherige Minor C–B wird in A–C zum Major (D–C) und erzeugt als einen neuen zu ihm gehörenden Minor die Strecke A–D. Dieser Prozeß ließe sich bis in kleinste Dimensionen fortsetzen.

Eine andere Möglichkeit der stetigen Teilung ergibt sich, wenn man auf der Strecke A–B den Major A–C von B aus zusätzlich auf der ganzen Linie abträgt (s. Abb. 19,II). Jetzt erhalten wir ein symmetrisches, dreigegliedertes Streckengebilde, in welchem der kleinste Minor (C−E) in der Mitte liegt. Er ist mit der Minorstrecke A−D der Länge nach identisch (s. Abb. 19,I).

Es entsteht die bekannte Aufteilung der Diagonalen des Pentagramms, die sich im Fünfeck − von selbst − aus dem Durchkreuzen der Diagonalen ergibt (s. Abb. 20). Sie ist ein überraschender, anderer Aspekt der Stetigkeit unserer Teilung.

Auf den Umkreis angewendet, erweist sich diese Art der Teilung (die Diagonale als solche in Gedanken zum Horizont gerundet) als der Schlüssel zum tieferen Verständnis der Maße des Regenbogens.

Wenn man sich nämlich von der aufgehenden Sonne aus jeweils um den in der Pflanzenwelt vorgebildeten Goldenen-Schnitt-Winkel von 137° 30' nach links und rechts bewegt, trifft man genau auf diejenigen Orte, an denen der Regenbogen − nach dem Volksmund auf goldenen Schüsselchen − die Erde berührt. Seine Auftreffpunkte teilen jeweils den gesamten Umkreis im Goldenen Schnitt! Der Querdurchmesser des Regenbogens entpuppt sich aber dabei, gemessen am Gesamthorizont, als der oben bereits konstruierte kleinste Winkel (A−C−B in Abb. 18), der im Pentagramm in Abb. 20 der Strecke C−D entspricht. 360° weniger 275° (= 2 · 137° 30') ergeben 85°! Mit dem obersten Randpunkt des Bogens und der Sonne bildet der Betrachter dabei wiederum stets den Goldenen Minorwinkel des Umkreises von 137° 30', auch wenn das Tagesgestirn sich über den Horizont erhoben hat.

Das Rund des Regenbogens stellt sich also auch in seinen Maßen in sinnvoller Weise in die Polarität von Himmel und Erde sowie Licht und Finsternis hinein. Seine Goldene-Schnitt-Verhältnisse sind ein weiterer Grund, uns mit dieser Naturerscheinung innerlich verwandt zu fühlen. Denn die Gesetzmäßigkeit des Ätherleibes, der den physischen Leib nach den Proportionen des Goldenen Schnittes herausarbeitet, ist wesentlich mitbestimmt durch die fünf Hauptströme, die ihn ätherisch gleichsam als «Knochengerüst»[3], ein Pentagramm bildend, durchziehen.

Auf dem Gebiete der Pädagogik wird in Zukunft viel davon

abhängen, ob es gelingt, in den heranwachsenden Jugendlichen nicht nur echtes Staunen, sondern eine tiefere Ehrfurcht vor den Naturerscheinungen und dem Leben zu erwecken auf der Grundlage einer goetheanistischen oder spirituell durchdrungenen Naturwissenschaft. Die entsprechende Betrachtung der Entstehung des Regenbogens und seines Zusammenhanges mit den Metamorphosen der Lichterscheinungen in der Natur sowie mit dem Menschen kann dazu ein Musterbeispiel sein. Die Tatsache und das Rätsel, daß jeder einzelne Mensch einen anderen, nämlich seinen individuellen Regenbogen sieht, sollte für jeden jungen Menschen ein Erlebnis werden.[4] Man könnte dem Kind im entsprechenden Alter sagen: Stelle dich mit dem Rücken zum Regenbogen und blicke zur aufgehenden Sonne. Und nun ahme mit einer sich rundenden Geste der Arme den ganzen Horizont nach. Wo sich die Fingerspitzen berühren, ist die Sonne. Wenn du jetzt den linken Arm absinken läßt und dann den rechten Arm, ergibt deine übrigbleibende Schulterbreite das Maß des Regenbogens, gemessen am ganzen Horizont. Du könntest ihn so tragen, dein Haupt umrundend, wie der Riese Atlas die ganze Erde. – Vielleicht wird man in höheren Schulklassen darauf zurückkommen und bei der Erläuterung des Goldenen Schnittes nunmehr zeigen, daß die Aufteilung des Horizontes – wie von uns gezeigt – der Gliederung des Menschen bei ausgestreckten Armen entspricht. Ergibt doch jeder Arm den Minor zur vollen Strecke der ausgebreiteten Arme. Die Schulterbreite kommt – wie aus Zeisings Darstellungen hervorgeht – daher dem mittleren Minor (der inneren Fünfeckseite) der Diagonalen des Pentagramms gleich. Es sollte dabei die Erweckung des intimen sinnlich-sittlichen Gefühls erreicht werden, welches das Erlebnis dieser Verwandtschaft auszulösen vermag.

Es wurde mehrfach angedeutet, daß sich das Goldene-Schnitt-Verhältnis in stetiger Teilung bis ins kleinste fortsetzen läßt und den Bezug zum Ganzen bewahrt. Der kleinste Baustein des Regenbogens ist der freischwebende Wassertropfen. Als lichtdurchlässige

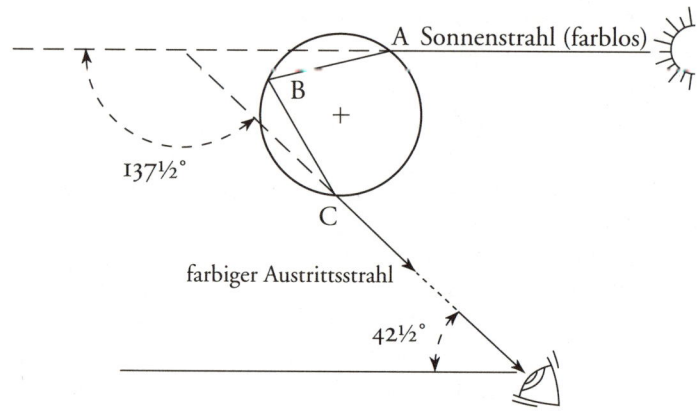

Abb. 21: Strahlengang und physikalische Verarbeitung des Lichtes im Wasser-tropfen. Der bei A eintretende farblose Sonnenstrahl wird gebrochen, danach an der Rückwand bei B spiegelartig reflektiert und tritt bei C als farbiger Strahl aus. Er wurde insgesamt um 137 ½° umgewendet.

Kugel verarbeitet dieser einen Teil der eintretenden Lichtstrahlung in ganz besonderer Weise, aus der – rein physikalisch gesehen – die Entstehung des Farbenbogens erklärlich wird (s. Abb. 21). Blicken wir auf einen Tropfen an dem obersten Rand des Bogens. Der farblose Lichtstrahl der Sonne wird beim Eintritt bei A gebrochen und von der Rückwand bei B reflektiert. Bei C tritt er schließlich als farbiger Strahl aus und wird im Tropfen um den uns schon bekannten Winkel von insgesamt 137° 30' umgeleitet. Als solchen vermag ihn das Auge oder das Haupt des Betrachters zu empfangen, wenn es sich um rund 42° anhebt. Im Tropfen spielt sich demnach ein Teilungsgeschehen im Sinne des Goldenen Schnittes ab. Das gleiche Prinzip gilt – entsprechend abgewandelt – für alle Tropfen, deren farbiges Aufstrahlen das menschliche Auge aus dem flutenden Farbenmeer herausgliedert. Letzteres ist also in seiner Ganzheit von der Gesetzmäßigkeit des Goldenen Schnittes durch-

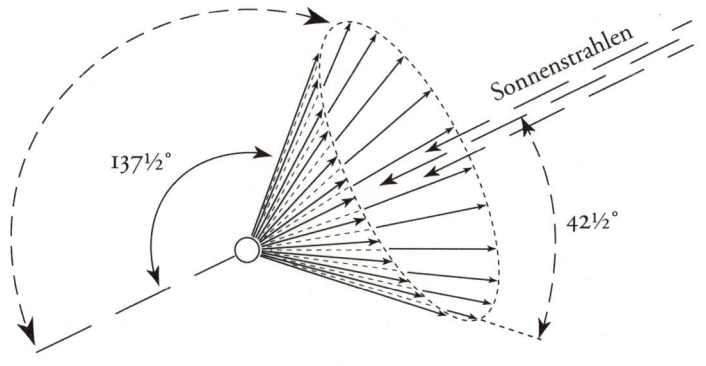

Abb. 22: Strahlenbrechung und Reflexion im Wassertropfen. Entstehung eines fächerartigen Farbentrichters an Tau- und Regentropfen. Entnommen (und leicht variiert) mit freundlicher Erlaubnis des Verlags am Goetheanum der Schrift des Verfassers: Nordlicht, Blitz und Regenbogen. Metamorphosen des Lichtes.

woben.[5] Für den in Ruhe befindlichen, im Strahl der Morgensonne glitzernden Tautropfen gelten ähnliche Verhältnisse. Dieser strahlt einen blumenkelchartigen Farbentrichter zurück. Wer im entsprechenden Winkel von 42° zum einfallenden Sonnenstrahl auf seinen Rand blickt, für den funkelt der Tropfen in allen Farben des Spektrums (s. Abb. 22). Es ist der das Gemüt so erregende Augenblick, in dem – zunächst unbemerkt – der Einklang der Gesetzmäßigkeit des Goldenen Schnittes mit derjenigen des eigenen Lebensleibes über das sonnenverwandte Auge erfaßt wird. Zugleich kann uns zum Bewußtsein kommen, daß das im Tropfen webende licht- und klangätherische Wirken im Umkreis der betauten Pflanze in dieser selbst aus dem bewegten, aufsteigenden Säftestrom – vom Sonnenlicht befeuert – die Gesetzmäßigkeit des Goldenen Schnittes im rhythmischen Sprießen der Blätter physisch verleiblicht. Die von den Tauperlenketten geschmückte

Pflanze ist also ein wahres Kunstwerk der Natur. In ihm erscheint der farbenfunkelnde Umkreis mit der im Inneren wirkenden Bildekräftetätigkeit zu einer Einheit ganzheitlich verwoben.

Die einzigartige Begegnung von Licht- und Wasserstrom, aus welcher sich der Regenbogen bilden kann, ist entscheidend nicht nur von der Durchlässigkeit und der Kugelgestalt des Tropfens, sondern vor allem von der sogenannten optischen Dichte des Wassers abhängig. Der damit zusammenhängende Brechungsindex des Wassers beträgt 1,33, derjenige von Glas 1,5. Es darf angenommen werden, daß das Wasser, das aus den Nebelmassen der atlantischen Zeit hervorging, erst gegen Ende derselben die heutige Dichte und innere Struktur erreicht hat. Erst jetzt konnte der Regenbogen entstehen. Jede kleinste Veränderung der Struktur des Wassers in Richtung Schwere oder Leichte würde den Regenbogen verändern oder seine Entstehung ganz verhindern und aus der Gesetzmäßigkeit des Goldenen Schnittes herauslösen.

Eine solche Betrachtung läßt erahnen, warum dieser auch als «proportio divina», als «göttliche Proportion», bezeichnet wurde. Es darf hier auch an die Worte Rudolf Steiners erinnert werden, wonach einmal «Chemiker und Physiker kommen» werden, «welche lehren werden: Die Materie ist aufgebaut in dem Sinne, wie der *Christus* sie nach und nach angeordnet hat! – Man wird den Christus bis in die Gesetze der Chemie und Physik hinein finden. Eine spirituelle Chemie, eine spirituelle Physik ist das, was in der Zukunft kommen wird.»[6]

Bei dem Wasser in seiner merkuriellen Sonderstellung in den Naturreichen könnte ein so hoher geistiger Zusammenhang vielleicht am ehesten entwickelt werden. Ist es doch der eigentliche stoffliche Vermittler für das Eingreifen der Umkreiskräfte des Ätherischen in die physische Welt und als solches die bekannte materielle Grundlage für die Entstehung und Existenz aller organischen Lebewesen.

Das Urbild des Goldenen Schnittes ist letzten Endes in der

geistigen Welt zu finden und wird von dort aus als besonderer Ausdruck eines weisheitsvollen Götterwirkens in viele Naturerscheinungen, zu denen auch der Regenbogen zählt, ordnend eingewoben. Deshalb erblickt ihn der Seher, dem sich in der Apokalypse (Offb. 4,3) die Majestät Gottes eröffnet, als hervorragenden Repräsentanten der «proportio divina» unmittelbar um den Thron der Gottheit gerundet.

Möge der Regenbogen im Sinne dieser Ausführungen für möglichst viele Menschen zum Tor werden für eine Ehrfurcht gebietende Naturbetrachtung.

ANMERKUNGEN
UND
NACHWEIS DER AUFSÄTZE

Involution als schöpferisches Weltprinzip

Nachweis: Unveröffentlichte, leicht überarbeitete Nachschrift eines Vortrages, gehalten 1958 in der Burghalde, Bad Liebenzell-Unterlengenhardt.

Die Entdeckung der Urpflanze – Goethes Geistestat

Nachweis: Als Beitrag in: J. W. Goethe, *Die Metamorphose der Pflanzen,* Herford: Die Arche 1947.

1 J. W. Goethe, *Naturwissenschaftliche Schriften.* Mit Einleitungen, Fußnoten und Erläuterungen im Text herausgegeben von Rudolf Steiner. Fotomechanischer Nachdruck nach der Erstauflage (1883 – 1897) in «Deutsche National-Litteratur», Historisch-kritische Ausgabe, herausgegeben von Joseph Kürschner. 4. Aufl. (Sonderausgabe) Dornach 1982.

2 Rudolf Steiner, *Grundlinien einer Erkenntnistheorie der Goetheschen Weltanschauung, mit besonderer Rücksicht auf Schiller* (1886). Gesamtausgabe Bibl.-Nr. 2, Dornach ⁷1979. – *Wahrheit und Wissenschaft* (1892). Bibl.-Nr. 3, Dornach ⁵1980. – *Goethes Weltanschauung* (1897). Bibl.-Nr. 6, Dornach ⁸1990.

3 Rudolf Steiner, *Grundlinien einer Erkenntnistheorie der Goetheschen Weltanschauung.* Abschnitt: Die organische Natur (siehe Anm. 2).

Nachweis: In *Der Beitrag der Geisteswissenschaft zur Erweiterung der Heilkunst – ein anthroposophisch-medizinisches Jahrbuch.* Dornach: Hybernia 1950, S. 411 – 429.

   1 Siehe Rudolf Steiner, *Theosophie. Einführung in übersinnliche Welterkenntnis und Menschenbestimmung,* Bibl.-Nr. 9, Dornach ³¹1887, Kapitel «Das Seelenland».

Die neungliedrige Pflanze – Urpflanze und Kosmos

Nachweis: Der Aufsatz erschien ursprünglich in einer Folge von drei Beiträgen in *Das Goetheanum,* 1977. Die neungliedrige Pflanze, Nr. 31, S. 246 – 248; Urpflanze und Kosmos, Nr. 45, S. 357 – 359 und Nr. 46, S. 367 – 368.

   1 Lothar Stettner, Über Ausdehnung und Zusammenziehung bei der Pflanze. *Die Drei,* 1948, Heft 23.

   2 Rudolf Steiner, Vortrag vom 26. März 1920 in Dornach. In: *Geisteswissenschaft und Medizin.* Bibl.-Nr. 312, Dornach ⁶1985, S. 119.

   3 Rudolf Steiner, Vortrag vom 10. April 1924 in Stuttgart. In: *Die Methodik des Lehrens und die Lebensbedingungen des Erziehens.* Bibl.-Nr. 308, Dornach ⁵1986, S. 63.

   4 A.a.O. (Anm. 3), S. 64.

   5 Rudolf Steiner, a.a.O. (Anm. 2), S. 120.

   6 A.a.O. (Anm. 2), S. 120.

   7 A.a.O. (Anm. 2), S. 119.

   8 A.a.O. (Anm. 2), S. 120.

   9 A.a.O. (Anm. 2), S. 120.

 10 A.a.O. (Anm. 2), S. 120.

 11 A.a.O. (Anm. 3), S. 65.

 12 A.a.O. (Anm. 3), S. 65.

 13 A.a.O. (Anm. 3), S. 65.

Nachweis: In *Mitteilungen aus der Anthroposophischen Arbeit in Deutschland*, Johanni 1977, Heft 120, S. 97 – 103.

1 Rudolf Steiner, Vortrag vom 2. Juni 1907 in München. In: *Die Theosophie des Rosenkreuzers.* Bibl.-Nr. 9, Dornach ⁷1985, S. 99.
2 A.a.O. (Anm. 1), S. 99.
3 A.a.O. (Anm. 1), S. 99.
4 A.a.O. (Anm. 1), S. 99.
5 Rudolf Steiner, *Die Geheimwissenschaft im Umriß.* Bibl.-Nr. 3, Dornach ³⁰1989, S. 160.
6 A.a.O. (Anm. 5), S. 169.
7 A.a.O. (Anm. 5), S. 163.
8 A.a.O. (Anm. 5), S. 160.
9 Rudolf Steiner, Vortrag vom 7. März 1914 in Pforzheim. In: *Vorstufen zum Mysterium von Golgatha.* Bibl.-Nr. 152, Dornach ³1990, S. 111.
10 Rudolf Steiner, Vortrag vom 15. April 1922 in London. In: *Das Sonnenmysterium und das Mysterium von Tod und Auferstehung.* Bibl.-Nr. 211, Dornach ²1986.

Das Atmen des Makrokosmos

Nachweis: In *Sternkalender 1949*, Dornach 1949, S. 70 – 80.

Der 33jährige Rhythmus von Sonne und Merkur

Nachweis: Ursprünglicher Titel: Vom 33jährigen Rhythmus. In *Mitteilungen aus der anthroposophischen Arbeit in Deutschland*, Ostern 1953, S. 32 – 34.

1 Siehe hierzu Rudolf Steiners Ausführungen in dem Vortrag «Et incarnatus est» vom 23. Dezember 1917 in Basel. In: *Mysterienwahrheiten und Weihnachtsimpulse. Alte Mythen und ihre Bedeutung.* Bibl.-Nr. 180, Dornach ²1980.

Nachweis: In *Sternkalender 1970/1971*, Dornach 1970, S. 88 – 100.

1 Rudolf Steiner, Das Ich und die Sonne, der Mensch innerhalb der Sternenkonstellation. Vortrag vom 5. Mai 1921 in Dornach: In: *Perspektiven der Menschheitsentwickelung.* Bibl.-Nr. 204, Dornach 1979, S. 231.

2 Suso Vetter, Heliozentrische und geozentrische Planetensphären. *Sternkalender 1969/1970*, Dornach 1969, S. 81 – 86.

3 Rudolf Steiner, Vorträge zwischen dem 12. und 18. April 1909 in Düsseldorf. In: *Geistige Hierarchien und ihre Widerspiegelung in der physischen Welt.* Bibl.-Nr. 110, Dornach ⁷1991.

4 Franz Kaiser, Die geozentrische Marssphäre. *Sternkalender 1966/1967*, Dornach 1966, S. 92 – 99.

5 Rudolf Steiner, *Theosophie. Einführung in übersinnliche Welterkenntnis und Menschenbestimmung.* Bibl.-Nr. 9, Dornach ³¹1987.

6 W. Brunner-Hagger, Neuer Erklärungsversuch für den 26monatigen Rhythmus der Höhenwinde. *Elemente der Naturwissenschaften,* Nr. 5, Dornach 1966.

7 Rudolf Steiner / Ita Wegman, *Grundlegendes für eine Erweiterung der Heilkunst nach geisteswissenschaftlichen Erkenntnissen.* Bibl.-Nr. 27, Dornach ⁷1991.

8 Rudolf Steiner, *Wahrspruchworte.* Bibl.-Nr. 40, Dornach ⁷1991.

9 Rudolf Steiner, a.a.O. (Anm. 1), S. 231.

10 A.a.O. (Anm. 1), S. 235.

11 A.a.O. (Anm. 1), S. 234.

Vom Wesen des Rhythmus im menschlichen Organismus

Nachweis: In *Weleda-Korrespondenzblätter für Ärzte,* Heft 99, 1980, S. 7 – 18.

1 Walther Bühler, *Die geistigen Hintergründe der Kalenderordnung.* Vom Wesen der Woche, die Beweglichkeit des Osterfestes, Kalenderform. Stuttgart ²1978.

2 Rudolf Steiner, *Anthroposophische Leitsätze* (Nr. 34). *Der Erkenntnisweg der Anthroposophie. Das Michael-Mysterium.* Bibl.-Nr. 26, Dornach ⁹1989, S. 208.

3 Rudolf Steiner, *Theosophie. Einführung in übersinnliche Welterkenntnis und Menschenbestimmung.* Bibl.-Nr. 9, Dornach ³¹1987.

Der Atemrhythmus als psychosomatisches Lebensgeschehen

Nachweis: In *Weleda Nachrichten,* Heft 176, Weihnachten 1989, S. 11 – 15.

1 Siehe die Schrift des Verfassers: *Der Leib als Instrument der Seele in Gesundheit und Krankheit.* Stuttgart ¹¹1990.

2 Siehe Walther Bühler, *Die zweifache Abstammung des Menschen,* Merkblatt Nr. 40 der Sozialhygienischen Schriftenreihe des Vereins für ein erweitertes Heilwesen, Bad Liebenzell 1982.

3 Siehe das Buch des Verfassers: *Anthroposophie als Forderung unserer Zeit. Eine Einführung auf der Grundlage einer spirituellen Naturanschauung,* Schaffhausen ²1990.

Die Haut als Organ des Ich

Nachweis: Vortrag während der Tagung am 28. Juni 1975 in der Weleda AG, Schwäbisch Gmünd.

1 Hermann Poppelbaum, *Mensch und Tier – fünf Einblicke in ihren Wesensunterschied,* Dornach ⁶1956.

Zur Sinnesfunktion der Herzklappen

Nachweis: In *Beiträge zu einer Erweiterung der Heilkunst,* 1/1970, S. 34 – 36.

1 Rudolf Steiner, Vortrag vom 9. April 1908 in Berlin. In: *Die Erkenntnis der Seele und des Geistes.* Bibl.-Nr. 56, Dornach ²1985, S. 283.

Nachweis: In *Beiträge zu einer Erweiterung der Heilkunst nach geisteswissenschaftlichen Erkenntnissen,* Heft 4, Juli/August 1959.
  1 Siehe Wilhelm Pelikan, *Sieben Metalle. Vom Wirken des Metallwesens
  in Kosmos, Erde und Mensch,* Dornach ⁴1981.

Vom Ursprung und Wesen des sinnlich-sittlichen Fühlens

Nachweis: Der Aufsatz erschien ursprünglich in einer Folge von drei
Beiträgen: Moralisches Naturerleben als Aufgabe der Geistesschülerschaft. In *Mitteilungen aus der anthroposophischen Arbeit in Deutschland,*
Ostern 1973, Heft 103, S. 8 – 15; Vom Ursprung und Wesen des sinnlich-
sittlichen Fühlens. In *Mitteilungen aus der anthroposophischen Arbeit in
Deutschland,* Johanni 1973, Heft 104, S. 101 – 107; Der neue Joga-Wille
und seine Widersacher. In *Mitteilungen aus der anthroposophischen Arbeit
in Deutschland,* Michaeli 1973, Heft 105, S. 180 – 187.
  1 Rudolf Steiner, *Wie erlangt man Erkenntnisse der höheren Welten?*
  Bibl.-Nr. 10, Dornach ²³1982.
  2 A.a.O. (Anm. 1), S. 132.
  3 A.a.O. (Anm. 1), S. 132f. (Hervorhebung original).
  4 A.a.O. (Anm. 1), S. 43ff. (Hervorhebung original).
  5 Rudolf Steiner, Vortrag vom 3. April 1912 in Helsingfors. In: *Die
  geistigen Wesenheiten in den Himmelskörpern und Naturreichen,* Bibl.-
  Nr. 136, Dornach ⁵1986, S. 18.
  6 A.a.O. (Anm. 1), S. 134.
  7 A.a.O. (Anm. 1), S. 44ff.
  8 Rudolf Steiner, *Wahrspruchworte.* Bibl.-Nr. 40, Dornach ⁷1991, S. 31.
  9 Rudolf Steiner, Die Anthroposophie und das menschliche Gemüt.
  In: *Der Jahreskreislauf als Atmungsvorgang der Erde und die vier großen Festeszeiten.* Bibl.-Nr. 223, Dornach ⁷1990.
  10 Rudolf Steiner, Vortrag vom 30. November 1919 in Dornach. In: *Die
  Sendung Michaels. Die Offenbarung der eigentlichen Geheimnisse des
  Menschenwesens.* Bibl.-Nr. 194, Dornach ³1983, S. 112.

11 Rudolf Steiner, Vorträge vom 13. und 14. Februar 1915 in Stuttgart. In: *Die geistigen Hintergründe des Ersten Weltkrieges.* Bibl.-Nr. 174b, Dornach 1974.

12 A.a.O. (Anm. 5).

13 Rudolf Steiner, *Die Philosophie der Freiheit. Grundzüge einer modernen Weltanschauung – Seelische Beobachtungsresultate nach naturwissenschaftlicher Methode.* Bibl.-Nr. 4, Dornach ¹⁵1987.

14 A.a.O. (Anm. 5), S. 24.

15 A.a.O. (Anm. 1), S. 49 (Hervorhebung original).

16 Rudolf Steiner, Vortrag vom 28. September 1923 in Wien. In: A.a.O. (Anm. 9), S. 112.

17 A.a.O. (Anm. 5).

18 A.a.O. (Anm. 5), S. 23f.

19 A.a.O. (Anm. 1), S. 44.

20 Rudolf Steiner, Vortrag vom 27. Mai 1910. In: *Die Offenbarungen des Karma.* Bibl.-Nr. 120, Dornach ⁶1975, S. 192.

21 A.a.O. (Anm. 5), S. 22.

22 A.a.O. (Anm. 1), S. 44.

23 A.a.O. (Anm. 5), S. 25.

24 Rudolf Steiner, *Theosophie. Einführung in die übersinnliche Welterkenntnis und Menschenbestimmung.* Bibl.-Nr. 9, Dornach ³¹1987.

25 A.a.O. (Anm. 5), S. 25.

26 Asja Turgenieff, *Rudolf Steiners Entwürfe für die Glasfenster des Goetheanums,* Dornach 1961, S. 45 – 47 (Hervorhebung nachträglich).

27 A.a.O. (Anm. 1), Anmerkung zu S. 47.

28 Rudolf Steiner, *Die Schwelle der geistigen Welt.* Abschnitt: Von dem Ich-Gefühl und von der Liebefähigkeit der menschlichen Seele und deren Verhältnissen zur elementarischen Welt. Bibl.-Nr. 17, Dornach ⁷1987, S. 55.

29 A.a.O. (Anm. 28), S. 53ff.

30 Rudolf Steiner, *Vom Menschenrätsel.* Abschnitt: Ausblicke. Bibl.-Nr. 20. Dornach ⁵1984.

31 A.a.O. (Anm. 28), Abschnitt: Von dem ätherischen Leib des Menschen und von der elementarischen Welt, S. 25.

32 Rudolf Steiner, *Die Rätsel der Philosophie*. Bibl.-Nr. 18, Dornach ⁹1985.

33 Rudolf Steiner, Der individualisierte Logos, Vortrag vom 2. Mai 1923 in Stuttgart. In: *Die menschliche Seele in ihrem Zusammenhang mit göttlich-geistigen Individualitäten. Die Verinnerlichung der Jahresfeste.* Bibl.-Nr. 224, Dornach ²1983.

34 A.a.O. (Anm. 33), S. 40f.

35 A.a.O. (Anm. 1).

36 A.a.O. (Anm. 1), S. 45.

37 Rudolf Steiner, Vortrag vom 16. Juli 1914 in Norrköping. In: *Christus und die menschliche Seele*. Bibl.-Nr. 155, Dornach ²1982, S. 197.

38 Beiträge zur Rudolf Steiner Gesamtausgabe, Heft 39, S. 20.

39 Rudolf Steiner, Vortrag vom 23. August 1919 in Stuttgart. In: *Allgemeine Menschenkunde als Grundlage der Pädagogik*. Bibl.-Nr. 293, Dornach ⁹1991, S. 48f.

40 A.a.O. (Anm. 10), S. 109.

41 A.a.O. (Anm. 10), S. 110ff. (Hervorhebung nachträglich).

42 A.a.O. (Anm. 30), S. 163f.

43 A.a.O. (Anm. 10), S. 113.

Die Erde – ein beseelter Organismus

Nachweis: In *Beiträge zu einer Erweiterung der Heilkunst nach geisteswissenschaftlichen Erkenntnissen*, 1971, Heft 6, S. 197 – 203.

1 Günther Wachsmuth, *Erde und Mensch. Ihre Bildekräfte, Rhythmen und Prozesse*, Dornach ⁴1980.

2 Rudolf Steiner, Vortrag vom 6. August 1908 in Stuttgart. In: *Welt, Erde und Mensch*. Bibl.-Nr. 105, Dornach ⁵1983, S. 58.

3 A.a.O. (Anm. 2), S. 53.

4 A.a.O. (Anm. 2), S. 56.

Nachweis: In *Das Goetheanum*, 67. Jahrgang, Nr. 11, 13. März 1988.

1 Walther Bühler, *Nordlicht, Blitz und Regenbogen. Metamorphosen des Lichtes*, Dornach ³1977.

2 A. Zeising, *Neue Lehre von den Proportionen des menschlichen Körpers, aus einem bisher unerkannt gebliebenen, die ganze Natur und Kunst durchdringenden morphologischen Grundgesetz entwickelt*. Mit 177 in den Text gedruckten Holzschnitten, Leipzig 1854.

3 Rudolf Steiner, Vortrag vom 13. September 1907 in Stuttgart. In: *Mythen und Sagen. Okkulte Zeichen und Symbole*. Bibl.-Nr. 101, Dornach 1987, S. 145.

4 Näheres in dem Kapitel «Mensch und Regenbogen» in W. Bühler, a.a.O. (s. Anm. 1).

5 Eine genauere Darstellung dieser Verhältnisse findet sich in der in Anm. 1 genannten Schrift.

6 Rudolf Steiner, *Die geistige Führung des Menschen und der Menschheit* (Dritter Vortrag). Bibl.-Nr. 15, Dornach ¹⁰1987, S. 66.

BIBLIOGRAPHIE:
WERKE VON WALTHER BÜHLER

1. Bücher

Über Mondenwirksamkeit in Nativität, Diss. Freiburg 1940 (nachgedruckt in: *Natura,* Bd. 5, Arlesheim / Schweiz.

Nordlicht, Blitz und Regenbogen – Metamorphosen des Lichtes, (1. Aufl. in *Goethe in unserer Zeit,* Dornach 1949), 3. erw. Aufl., Dornach: Verlag am Goetheanum 1977.

Der Leib als Instrument der Seele in Gesundheit und Krankheit, Sozialhygienische Schriftenreihe 1, hrsg. vom Verein für ein erweitertes Heilwesen, Stuttgart: Freies Geistesleben (1955) ¹¹1990.

Meditation als Erkenntnisweg. Bewußtseinserweiterung mit der Droge, Stuttgart: Freies Geistesleben (1957) ⁴1980.

Die Sternenschrift unseres Jahrhunderts, Anregungen zur anthroposophischen Arbeit 1, Stuttgart: Freies Geistesleben 1962 (vergr.).

Das bewegliche Osterfest. Kalenderreform und Osterdatum als Problem des Rhythmus, Tübingen: Katzmann 1965; Wiederauflage unter dem Titel: *Geistige Hintergründe der Kalenderordnung. Vom Wesen der Woche, die Beweglichkeit des Osterfestes, Kalenderreform,* Stuttgart: Urachhaus ²1978.

Die Sonne als Weltenherz, Anregungen zur anthroposophischen Arbeit 7, Stuttgart: Freies Geistesleben 1966 (vergr.).

Der Mensch zwischen Übernatur und Unternatur, Nürnberg: Verlag Johannes Martin 1966 (vergr.).

Rauschgift – Krieg gegen das Ich (zusammen mit L. F. C. Mees und W. Schimpeler), Stuttgart: Urachhaus 1980.

Der Stern der Weisen. Vom Rhythmus der großen Konjunktion Saturn – Jupiter, Stuttgart: Freies Geistesleben 1983.

Anthroposophie als Forderung unserer Zeit. Eine Einführung auf der Grundlage einer spirituellen Naturanschauung, Schaffhausen: Novalis (1987) ²1990.

2. Aufsätze

Die Boraginaceen, in: *Beiträge zu einer Erweiterung der Heilkunst nach geisteswissenschaftlichen Erkenntnissen,* 1/1946, S. 22f.

Die Entdeckung der Urpflanze – eine Geistestat, in: J. W. Goethe, *Die Metamorphose der Pflanzen,* Herford: Die Arche 1947.

Das Atmen des Makrokosmos. Die 18,6jährige Knotenperiode des Mondes, in: *Sternkalender* 1949, Dornach 1949, S. 70 – 80.

Neue Wege der Heilpflanzenerkenntnis, in: *Der Beitrag der Geisteswissenschaft zur Erweiterung der Heilkunst – ein anthroposophisch-medizinisches Jahrbuch,* Dornach/Basel: Hybernia 1950, S. 411 – 429.

Geisteswissenschaftliche Menschenkunde als Grundlage der Heilkunst, in: *Beiträge zu einer Erweiterung der Heilkunst nach geisteswissenschaftlichen Erkenntnissen,* 1/2 1950, S. 2 – 13.

Die Mundpartie. Eine kosmologische Betrachtung, in: *Beiträge zu einer Erweiterung der Heilkunst nach geisteswissenschaftlichen Erkenntnissen,* 4/1950, S. 129 – 135.

Das Traumleben im Bewußtseinswandel der Menschheit, in: *Die Drei,* 5/1950, S. 279 – 287.

Vom 33jährigen Rhythmus, in: *Mitteilungen aus der Anthroposophischen Arbeit in Deutschland,* Ostern 1953, S. 32 – 34.

«Da Mercurius in der Waage stand». Der kosmologische Aspekt der Grundsteinlegung, in: *Mitteilungen aus der Anthroposophischen Arbeit in Deutschland,* Michaeli 1953, S. 107 – 112.

Lebensschritte der Pflanze zwischen Qualität und Quantität, in: *Weleda-Nachrichten* Nr. 33, Weihnachten 1953, S. 5 – 10.

Krankheit der Verantwortlichen («Manager»), in: *Die Drei,* 4/1954, S. 220 – 223.

Die Kalenderreform im Widerspruch zum Geist unserer Zeit, in: *Die Drei,* 2/1955, S. 59 – 69.

Die Kalenderreform, in: *Mitteilungen aus der Anthroposophischen Arbeit in Deutschland,* Ostern 1955, S. 31 – 32.

Wochenrhythmus und Kalenderreform, in: *Sternkalender 1956,* Dornach 1955, S. 61 – 75.

Geburt ohne Schmerz?, in: *Weleda-Nachrichten* Nr. 45, Weihnachten 1956, S. 1 – 7.

Die Gefährdung der Entwicklung des Menschen als Persönlichkeit, in: *Weleda-Nachrichten* Nr. 51, Johanni 1958, S. 1 – 6.

Die große Konjunktion – Vom Sphärenklang Saturns und Jupiters, in: *Sternkalender 1960/61*, Dornach 1960, S. 61 – 75.

Der Stern der Weisen, in: *Mitteilungen aus der Anthroposophischen Arbeit in Deutschland*, Weihnachten 1960, S. 165 – 173.

Haben wir Ostern 1962 zum rechten Zeitpunkte gefeiert?, in: *Mitteilungen aus der Anthroposophischen Arbeit in Deutschland*, Johanni 1962, S. 102 – 103.

Der eugenetische Okkultismus, in: *Mitteilungen aus der Anthroposophischen Arbeit in Deutschland*, Weihnachten 1964, S. 224 – 232.

Das Sonnengeheimnis in der Beweglichkeit des Osterfestes, in: *Das Goetheanum*, 17/1965, S. 133 – 135.

Zur sozial-hygienischen Bedeutung der Woche, in: *Weleda-Nachrichten* Nr.77, Ostern 1965, S. 6 – 8 (Auszug aus: *Das bewegliche Osterfest*, Tübingen: Katzmann 1965).

Die Sonne als Weltenherz (I – III), in: *Beiträge zu einer Erweiterung der Heilkunst nach geisteswissenschaftlichen Erkenntnissen*, 1/1966, S. 1 – 12, 2/1966, S.48 – 58, 3/1966, S. 106 – 114.

Geburt ohne Schmerz?, in: *Weleda-Nachrichten* Nr. 81/82, Ostern 1966, S. 13 – 19.

Zum 70. Geburtstag von Frau Dr. med. Margarethe Hauschka, in: *Beiträge zu einer Erweiterung der Heilkunst nach geisteswissenschaftlichen Erkenntnissen*, 5/1966, S. 202.

Wilhelm zur Linden 70 Jahre, in: *Beiträge zu einer Erweiterung der Heilkunst nach geisteswissenschaftlichen Erkenntnissen*, 6/1966, S. 236 – 237.

Soziale Hygiene, in: *Beiträge zu einer Erweiterung der Heilkunst nach geisteswissenschaftlichen Erkenntnissen*, 1/1967, S. 27.

Die Selbstbeherrschung des Wagenführers, in: *Beiträge zu einer Erweiterung der Heilkunst nach geisteswissenschaftlichen Erkenntnissen*, 1/1967, S. 27 – 29.

Nervosität und Ichheit. Vortrag von Rudolf Steiner, in: *Beiträge zu einer Erweiterung der Heilkunst nach geisteswissenschaftlichen Erkenntnissen*, 4/1967, S. 137.

Die Bedeutung der Gehirnfunktion, in: *Weleda-Nachrichten* Nr. 86, Johanni 1967, S. 3 – 6.

Vom rechten Zeitmaß menschlicher Entwicklung, in: *Erziehungskunst*, 3/4 1968, S. 103 – 107.

Schöpfungsrhythmus und Weltkalender, in: *Manipulierte Zeit*, Stuttgart: Evangelisches Verlagswerk 1968, S. 25 – 47.

Lebensrhythmus im Zeitalter der Technik, in: *Weleda-Nachrichten* Nr. 94, Johanni 1969, S. 6 – 9.

Hygiene als soziale Frage, in: *Mitteilungen aus der Anthroposophischen Arbeit in Deutschland*, Michaeli 1969, S. 186 – 190.

Die elementarische Mondbevölkerung, in: *Das Goetheanum*, 48/1969, S. 378 – 380.

Mondfahrt. Ahrimanische Verlockung oder michaelische Zukunftsaufgabe? in: *Mitteilungen aus der Anthroposophischen Arbeit in Deutschland*, Weihnachten 1969, S. 263 – 270.

Marssphäre und Sprachbildung, in: *Sternkalender* 1970/71, Dornach 1970, S. 88 – 100.

Zur Sinnesfunktion der Herzklappen, in: *Beiträge zu einer Erweiterung der Heilkunst nach geisteswissenschaftlichen Erkenntnissen*, 1/1970, S. 34 – 36.

Die Beziehungen von Wille und Stoffwechsel, in: *Weleda-Nachrichten* Nr. 98, Ostern 1970, S. 6 – 9.

Zur Bedrohung naturgemäßer Heilmittel, in: *Beiträge zu einer Erweiterung der Heilkunst nach geisteswissenschaftlichen Erkenntnissen*, 5 (Sondermerkblatt)/1970, S. 104 ff.

Die Erde – ein beseelter Organismus, in: *Beiträge zu einer Erweiterung der Heilkunst nach geisteswissenschaftlichen Erkenntnissen*, 6/1971, S. 197 – 203.

Das Wesen des Todes. Gedanken zur Unsterblichkeitsfrage, in: *Die Drei*, 11/1972, S. 497 – 505.

Eindrucksvoller Halo am 4.8.1972, in: *Mitteilungen aus der Anthroposophischen Arbeit in Deutschland*, Ostern 1973, S. 83 – 84.

Moralisches Naturerleben als Aufgabe der Geisteswissenschaft, in: *Mitteilungen aus der Anthroposophischen Arbeit in Deutschland*, Ostern 1973, S. 8 – 15.

Vom Ursprung und Wesen des sinnlich-sittlichen Fühlens, in: *Mitteilungen aus der Anthroposophischen Arbeit in Deutschland*, Johanni 1973, S. 101 – 107.

Der neue Joga-Wille und seine Widersacher, in: *Mitteilungen aus der Anthroposophischen Arbeit in Deutschland*, Michaeli 1973, S. 180 – 187.

Wandlungen der Heilmittelfindung, in: *Weleda-Nachrichten* Nr. 115, Michaeli 1974, S. 3 – 7.

Der Lehrer, der nicht schimpfte, in: *Mitteilungen aus der Anthroposophischen Arbeit in Deutschland*, Weihnachten 1974, S. 310 – 314.

Anthroposophische Medizin und zeitgemäße Heilmittel, in: *Weleda-Nachrichten* Nr. 117, Ostern 1975, S. 7 – 10.

Die Nervosität und ihre Überwindung, in: *Weleda-Nachrichten* Nr. 119, Michaeli 1975, S. 3 – 7.

Urbild und Metamorphose des Potenzierverfahrens, in: *Beiträge zu einer Erweiterung der Heilkunst nach geisteswissenschaftlichen Erkenntnissen*, 2/1976, S. 33 – 39.

Das Pflanzenleben als Bild der Weltentwicklung, in: *Mitteilungen aus der Anthroposophischen Arbeit in Deutschland*, Johanni 1977, S. 97 – 103.

Die neungliedrige Pflanze, in: *Das Goetheanum*, 31/1977, S. 246 – 248.

Urpflanze und Kosmos, in: *Das Goetheanum*, 45/1977, S. 357 – 359 und 46/1977, S. 367 – 368.

Vom Wärmeätherwirken des deutschen Volksgeistes, in: *Mitteilungen aus der Anthroposophischen Arbeit in Deutschland*, Johanni 1978, S. 103 – 112.

Seelische Ursachen des Krankseins, in: *Weleda-Nachrichten* Nr. 133, Ostern 1979, S. 3 – 7.

Die Idee der Wiederverkörperung. Lebensrhythmus und Höherentwicklung, in: *Die Drei* 11/1980, S. 673 – 684.

Vom Wesen des Rhythmus im menschlichen Organismus, in: *Weleda Korrespondenz-Blätter für Ärzte,* 99/1980, S. 7 – 18.

Von der Bedeutung rhythmischer Lebensgestaltung, in: *Weleda-Nachrichten* Nr. 140, Weihnachten 1980, S. 7 – 12.

«Das Gesetz alles Seins». Zur dreifachen Konjunktion von Saturn und Jupiter, in: *Mitteilungen aus der Anthroposophischen Arbeit in Deutschland,* Ostern 1981, S. 7 – 15.

Bildhunger und Drogensucht, in: *Weleda-Nachrichten* Nr. 142, Johanni 1981, S. 1 – 6.

Die Entwicklung des Wesens Philosophia im Blickfeld der «Großen Konjunktion», in: *Das Goetheanum,* 3/1982, S. 17 – 21.

Vorstufen geistiger Kommunion, in: *Mitteilungen aus der Anthroposophischen Arbeit in Deutschland,* Johanni 1982, S. 114 – 117.

Rhythmus als Träger des Lebens, in: *Weleda-Nachrichten* Nr. 152, Weihnachten 1983, S. 4 – 7.

Die Idee der Wiederverkörperung. Ein Baustein zum Frieden, in: *Friedensfähigkeit durch Anthroposophie,* Zeichen der Zeit 3, hrsg. von der Sozialwissenschaftlichen Forschungsgesellschaft Stuttgart e.V., Stuttgart: Freies Geistesleben ²1984, S. 73 – 90.

Erweiterung der Medizin durch Anthroposophie, in: *Weleda-Nachrichten* Nr. 159, Michaeli 1985, S. 3 – 8 (Auszug aus dem Merkblatt *Anthroposophische Medizin und ihre Heilmittel*).

Verbreitete Süchte des Alltags (zusammen mit Otto Wolff), in: *Weleda-Nachrichten* Nr. 162, Johanni 1986, S. 8 – 14 (Auszug aus dem Merkblatt «Die tolerierte Sucht»).

Präventivmedizin als Zeitforderung, in: *Weleda-Nachrichten* Nr. 165, Ostern 1987, S. 2.

Gesundheit durch Selbsterziehung, in: *Weleda-Nachrichten* Nr. 165, Ostern 1987, S. 3 – 10.

Der funkelnde Tropfen, in: *Merkurstab,* 12/1987, Sonderheft zum 80. Geburtstag von Gisbert Husemann, S. 6 – 7.

Das Maß des Regenbogens, in: *Das Goetheanum,* 11/1988, S. 79 – 83.

Die Weltenseele am Kreuz des Erdenleibes. Kosmologische Aspekte zum Puls/Atem-Quotienten, in: *Merkurstab* 2, 1989, S. 49 – 62.

Der Atemrhythmus als psychosomatisches Lebensgeschehen, in: *Weleda-Nachrichten* Nr. 176, Weihnachten 1989, S. 11 – 15.

Das unbekannte Organ. Eine menschenkundliche Betrachtung über die Haut, in: *Weleda-Nachrichten* Nr. 178 (*70 Jahre Weleda*), 1991, S. 3 – 6.

Anthroposophische Medizin und zeitgemäße Heilmittel, in: *Weleda-Nachrichten*, Sonderheft 1991, S. 3 – 5.

3. Soziale Hygiene. Merkblätter des Vereins für ein erweitertes Heilwesen

Soziale Hygiene. Seelisch-geistige Selbsthilfe im Zeitalter der Lebenskränkung, Sozialhygienische Schriftenreihe 6, hrsg. vom Verein für ein erweitertes Heilwesen, Stuttgart: Freies Geistesleben ³1984, S. 25 – 32 (mit mehreren Beiträgen von Walther Bühler).

Mit Kindern leben. Zur Praxis der körperlichen und seelischen Gesundheitspflege, Sozialhygienische Schriftenreihe 8, hrsg. vom Verein für ein erweitertes Heilwesen, Stuttgart: Freies Geistesleben ³1984, S. 11 – 32 (mit mehreren Beiträgen von Walther Bühler).

Du und dein Auto (zusammen mit Berthold Peipers), Merkblatt Nr. 16 der Sozialhygienischen Schriftenreihe des Vereins für ein erweitertes Heilwesen, Bad Liebenzell 1982, S. 1 – 16.

Der Heilberuf als Lebensaufgabe, Merkblatt Nr. 26 der Sozialhygienischen Schriftenreihe des Vereins für ein erweitertes Heilwesen, Bad Liebenzell 1975, S. 1 – 10.

Fernsehen in der Kindheit. Bildungsmittel oder Zivilisationsgift?, in: Merkblatt Nr. 27 der Sozialhygienischen Schriftenreihe des Vereins für ein erweitertes Heilwesen, Bad Liebenzell o.J., S. 1 – 12.

Das Märchen – Nahrung oder Gift für Kinderseelen? (zusammen mit Elisabeth Klein), Merkblatt Nr. 29 der Sozialhygienischen Schriftenreihe des Vereins für ein erweitertes Heilwesen, Bad Liebenzell o.J., S. 1 – 12.

Meine Arbeit und ich. Zur Gesundung und Humanisierung der Arbeitswelt, Merkblatt Nr. 30 der Sozialhygienischen Schriftenreihe des Vereins für ein erweitertes Heilwesen, Bad Liebenzell o.J., S. 1 – 12.

Die zweifache Abstammung des Menschen. Evolution und Menschwerdung, Merkblatt Nr. 40 der Sozialhygienischen Schriftenreihe des Vereins für ein erweitertes Heilwesen, Bad Liebenzell 1982, S. 1 – 19.

Die Nervosität. Ursachen, Vorbeugung und Heilung (zusammen mit Rudolf Treichler), Merkblatt Nr. 101 der Sozialhygienischen Schriftenreihe des Vereins für ein erweitertes Heilwesen (urspr. Merkblatt 1), Bad Liebenzell ²1982, S. 1 – 13.

«Ich habe keine Zeit.» Vom bewußten und heilsamen Umgang mit der Zeit (zusammen mit Alfred Schütze), Merkblatt Nr. 101 der Sozialhygienischen Schriftenreihe des Vereins für ein erweitertes Heilwesen (urspr. Merkblatt 13), Bad Liebenzell ²1982, S. 15 – 28.

Radio – die fragwürdige Geräuschkulisse. Ist Radiohören gesundheitsschädlich?, in: *Radio und Kino. Gefahren für die Seele,* Merkblatt Nr. 102 der Sozialhygienischen Schriftenreihe des Vereins für ein erweitertes Heilwesen (urspr. Merkblatt 2), Bad Liebenzell 1980, S. 1 – 8.

Heilkräfte des Denkens, Merkblatt Nr. 104 der Sozialhygienischen Schriftenreihe des Vereins für ein erweitertes Heilwesen, Bad Liebenzell ²1983, S. 1 – 24.

Wie entsteht Krebs? – Wie kann man dem Krebs vorbeugen? (zusammen mit Rita Leroi), in: *Krebs – die Krankheit unserer Zeit. Ursachen, Vorbeugung, Behandlung,* Merkblatt Nr. 105 der Sozialhygienischen Schriftenreihe des Vereins für ein erweitertes Heilwesen, Bad Liebenzell ³1982, S. 2 – 10.

Mit dem Bildschirm leben, Merkblatt Nr. 110 der Sozialhygienischen Schriftenreihe des Vereins für ein erweitertes Heilwesen, Bad Liebenzell 1982, S. 1 – 32.

Die Furcht vor dem Tode – Schöpferisches Altern, Merkblatt Nr. 111 der Sozialhygienischen Schriftenreihe des Vereins für ein erweitertes Heilwesen (urspr. Merkblatt 25), Bad Liebenzell 1982, S.1 – 17.

Weltproblem Alkohol (zusammen mit Otto Wolff), in: Die tolerierte Sucht. Alkohol, Rauchen, Merkblatt Nr. 112 der Sozialhygienischen Schriftenreihe des Vereins für ein erweitertes Heilwesen, Bad Liebenzell 1982, S. 2 – 15.

Sie rauchen noch?, in: *Die tolerierte Sucht. Alkohol, Rauchen,* Merkblatt Nr. 112 der Sozialhygienischen Schriftenreihe des Vereins für ein erweitertes Heilwesen, Bad Liebenzell 1982, S. 16 – 35.

Anthroposophie und Medizin, in: *Anthroposophische Medizin und ihre Heilmittel,* Merkblatt Nr. 113 der Sozialhygienischen Schriftenreihe des Vereins für ein erweitertes Heilwesen, Bad Liebenzell 1982, S. 3 – 18.

Abhärtung im Kindesalter (zusammen mit Wilhelm zur Linden), in: *Kinderkrankheiten sind gesund! Unzeitgemäße Abhärtung – Das Rachitisproblem,* Merkblatt Nr. 114 der Sozialhygienischen Schriftenreihe des Vereins für ein erweitertes Heilwesen, Bad Liebenzell 1982, S. 1 – 13.

Vom Sinn der Kinderkrankheiten (zusammen mit Wilhelm zur Linden), in: *Kinderkrankheiten sind gesund! Unzeitgemäße Abhärtung – Das Rachitisproblem,* Merkblatt Nr. 114 der Sozialhygienischen Schriftenreihe des Vereins für ein erweitertes Heilwesen, Bad Liebenzell 1982, S. 15 – 22.

Meditation als Heilkraft der Seele, Merkblatt Nr. 118 der Sozialhygienischen Schriftenreihe des Vereins für ein erweitertes Heilwesen, Bad Liebenzell 1983, S. 3 – 31.

Hat das Leben einen Sinn? Schicksal und Wiederverkörperung, Merkblatt Nr. 120 der Sozialhygienischen Schriftenreihe des Vereins für ein erweitertes Heilwesen, Bad Liebenzell 1984, S. 1 – 35.

Willensschulung – eine Notwendigkeit in Pädagogik und Selbsterziehung (zusammen mit Kurt Brotbeck), Merkblatt Nr. 123 der Sozialhygienischen Schriftenreihe des Vereins für ein erweitertes Heilwesen, Bad Liebenzell 1985, S. 1 – 40.

Gedanken zu Tschernobyl, Sonderheft der Sozialhygienischen Schriftenreihe des Vereins für ein erweitertes Heilwesen, Bad Liebenzell 1986, S. 1 – 13.

Lach dich gesund! Die Heilkraft des Humors (zusammen mit Dorothea Rapp), Merkblatt Nr. 137 der Sozialhygienischen Schriftenreihe des Vereins für ein erweitertes Heilwesen, Bad Liebenzell 1990, S. 1 – 39.

4. Vorträge und Manuskriptdrucke

Meditation als Erkenntnisweg. Vortrag, *Arzt und Seelsorger* 10/1, Stuttgart: Stuttgarter Gemeinschaft «Arzt und Seelsorger» 1959.

Die Bedeutung des Ostervollmondes, Vortragsskript Paracelsus-Krankenhaus Nr. 2, Bad Liebenzell-Unterlengenhardt.

Ostermorgen in uns, Vortragsskript Paracelsus-Krankenhaus Nr. 4, Bad Liebenzell-Unterlengenhardt.

Hat die Pflanze eine Seele? Vom Geheimnis der Blüte, Vortragsskript Paracelsus-Krankenhaus Nr. 8, Bad Liebenzell-Unterlengenhardt.

Der Stern von Bethlehem im Lichte der dreifachen Konjunktion von Saturn und Jupiter, Sonderdruck aus *46 Sternbilder und ihre Legenden, Frühlingssternbilder* des Vereins für ein erweitertes Heilwesen, Bad Liebenzell-Unterlengenhardt.

Geburtstagsfeier mit den Sternen, Sonderdruck aus *46 Sternbilder und ihre Legenden, Frühlingssternbilder* des Vereins für ein erweitertes Heilwesen, Bad Liebenzell-Unterlengenhardt.

Involution als schöpferisches Weltprinzip, unveröffentlichte Nachschrift eines Vortrages, gehalten in der Burghalde, Bad Liebenzell-Unterlengenhardt.

Die neungliedrige Pflanze im Lichte von Mond, Merkur und Venus, unveröffentlichter Manuskriptdruck.

Pflanzenwerden im Lichte der obersonnigen Planeten, unveröffentlichter Manuskriptdruck.

Sonne, Mond und Weltenwerden (Ostern), unveröffentlichter Manuskriptdruck.

Die Bewegungsdynamik des Planetensystems, unveröffentlichter Aufsatz.

Von den seelischen Ursachen des Krankseins, unveröffentlichter Aufsatz.

Die Haut als Organ des Ich, Manuskript eines Vortrages, gehalten während der Tagung am 28. Juni 1975 in der Weleda AG, Schwäbisch Gmünd, S. 1 – 7.

ÜBER WALTHER BÜHLER

Walther Bühler wurde am 2. April 1913 in Homburg/Saar geboren, damals einer Kleinstadt von etwa 10 000 Einwohnern. Er lernte dort noch mancherlei ländliche Seiten des Lebens kennen. Der Vater war Jurist und stieg bis zum Landrat auf. Er bestand darauf, daß der Junge eine humanistische Ausbildung bekam, obwohl dieser schon damals lieber Sterne beobachtete, Mineralien sammelte, naturkundliche Bücher las und mit seinem «Märklin»- und Chemiebaukasten experimentierte, als klassische Sprachen zu lernen. Die Mutter wurde durch den Arzt und Zweigleiter Wilhelm Engelen in Saarbrücken auf die Anthroposophie aufmerksam gemacht und organisierte gleich einen Einführungsvortrag durch den Historiker Karl Heyer, zu dem sie auch ihren sechzehn Jahre alten Sohn Walther mitnahm. Dieser war durch die sich öffnende Möglichkeit, alle Weltfragen in neuem Licht zu sehen, sogleich fasziniert. Seine erste «anthroposophische» Frage an den Redner war: Gibt es die Sphärenharmonie der Sterne? – Schnell arbeitete er sich in die Anthroposophie ein.

Vor allem in Freiburg und Basel studierte er Medizin, vornehmlich, um in den dortigen Studentengruppen und am Arlesheimer anthroposophischen Krankenhaus auf dem eingeschlagenen Weg weiterzukommen und geisteswissenschaftliche Heilmethoden kennenzulernen. Dort bildete sich ein Freundeskreis von Gleichgesinnten (Dr. Gisbert Husemann, Dr. Walter Holtzapfel u.a.), die ein Leben lang miteinander in Verbindung blieben. 1940 schloß Walther Bühler seine Dissertation mit dem selbstgewählten Thema «Mondenwirksamkeit in der Nativität» (Geburtenhäufigkeit der Knaben und Mädchen im zu- und abnehmenden Mond) ab und stellte damit ein erstes durch die Anthroposophie Rudolf Steiners angeregtes Forschungsergebnis vor.

An der neueröffneten Krankenanstalt Burghalde in Bad Liebenzell, wo inzwischen Dr. Engelen als Arzt wirkte, machte Bühler die erste Assistentenzeit durch (später gründete und leitete er an demselben Ort das Paracelsus-Krankenhaus). Arbeitsdienst und Kriegsteilnahme folgten, wobei er im Krieg bis 1945 als Sanitätsoffizier bei der Luftwaffe diente. Drei Jahre dieser Zeit verbrachte er in Lappland, wo er auf völlig abgelegenem Posten wichtige Erlebnisse mit Mitternachtssonne und Polarlichterscheinungen hatte – Eindrücke, die ihn später zu seiner goetheanistischen Arbeit über *Nordlicht, Blitz und Regenbogen* (1949) inspirierten. Während der Kriegszeit lernte er auch den Umgang mit Horoskopen kennen. Jahrelange Studien über die Sterne setzten die astronomisch-kosmologische Forschungsrichtung, die sich schon in der Kinderzeit angekündigt hatte, fort und führten zu vielen Artikeln und Büchern über Sternenrhythmen. Aus Anlaß einer geplanten Kalenderreform erschien von ihm eine größere Publikation über den Wochenrhythmus und das bewegliche Osterfest *(Die geistigen Hintergründe der Kalenderordnung)* nebst zahlreichen Begleitartikeln, die mithalfen, ein Abgleiten in einen ungeistigen Kalender zu vereiteln.

1945 auf abenteuerlichen Wegen aus Lappland und englischer Kriegsgefangenschaft nach Heidelberg heimgekehrt, lernte Walther Bühler dort seine spätere Frau, die Medizinstudentin Gunda, geborene Schmiedel, kennen. Mit ihr zusammen kehrte er zurück nach Bad Liebenzell. 1952 war er maßgeblich beteiligt an der Gründung des «Vereins für ein erweitertes Heilwesen», in dessen Vorstand er noch heute ist. 1956 wurde das von ihm dann durch weitere zwölf Jahre geleitete Paracelsus-Krankenhaus gebaut. Viele seiner goetheanistischen Studienergebnisse trug er dort zuerst seinen Patienten vor.

Anschließend widmete sich Bühler durch achtzehn Jahre der Tätigkeit als hauptamtlicher Vortragsredner für die anthroposophische Gesellschaft. Er siedelte nach Stuttgart über, wo das Ehepaar zehn Jahre lang lebte. An verschiedenen Instituten hielt er zahlreiche Seminare, wobei die jährlichen Arbeitswochen auf Schloß Elmau vielleicht am stärksten in nicht-anthroposophische Kreise hineinwirkten. Bei all seinen Vorträgen und Seminaren verfolgte er eine volkshygienische Zielsetzung, die auch deutlich in den zahlreichen Merkblättern des «Vereins für ein erweitertes Heilwesen» zum Ausdruck kommt.

1983 zog Bühler wieder nach Bad Liebenzell, wo er sich in unmittelbarer Nähe des Büros des «Vereins für ein erweitertes Heilwesen» einen Alterssitz geschaffen hat. Seine Vortragstätigkeit und die schriftstellerische Arbeit gingen wenig eingeschränkt weiter. Die Werke aus jüngerer Zeit befaßten sich mit der großen Konjunktion zwischen Jupiter und Saturn *(Der Stern der Weisen)* und einer grundlegenden Einführung in die Geisteswissenschaft Rudolf Steiners *(Anthroposophie als Forderung unserer Zeit)* als Frucht der langjährigen Vortragstätigkeit. Noch aber ist das Lebenswerk nicht abgeschlossen. Ein größeres Buch über *Das Pentagramm und den Goldenen Schnitt als Schöpfungsprinzip* steht bevor, womit Bühler ein Studium abschließen wird, das ihn seit dem Abitur beschäftigt hat, als er in der später zerbombten Bibliothek seines Vaters ein einschlägiges Werk aus dem 19. Jahrhundert entdeckte.

Neben dem Einsatz für den «Verein für ein erweitertes Heilwesen» widmet sich Walther Bühler insbesondere noch der «Gesellschaft anthroposophischer Ärzte», der Aus- und Fortbildung von Berufskollegen und fördert in zahlreichen Vorträgen das geistige Leben innerhalb der Anthroposophischen Gesellschaft.

Georg Kniebe